个体行为的
机器识别与决策协同

陈鹏展 著

知识产权出版社
全国百佳图书出版单位

图书在版编目（CIP）数据

个体行为的机器识别与决策协同/ 陈鹏展著. —北京：知识产权出版社，2018.7
ISBN 978-7-5130-5485-0

Ⅰ.①个… Ⅱ.①陈… Ⅲ.①人工智能－应用－行为科学 Ⅳ.①C-39

中国版本图书馆 CIP 数据核字（2018）第 053885 号

内容提要

本书从人类个体行为的三类常见形式——肢体动作、面部表情、言语话音——入手，开展了个体行为的机器捕捉及识别理解的相关研究，阐述了实施行为捕捉的传感空间、进行行为识别的理论基础及实现行为识别的智能系统框架，提出了相关的算法策略及模型，并提供了相应的研究结果。在上述研究结果基础上，根据对个体行为的机器识别研究结果，提出了人机决策协同的模型及框架。

责任编辑：彭喜英　尹　娟　　　　　　　　　　　　责任印制：孙婷婷

个体行为的机器识别与决策协同
GETI XINGWEI DE JIQI SHIBIE YU JUECE XIETONG

陈鹏展　著

出版发行：	知识产权出版社 有限责任公司	网　　址：	http://www.ipph.cn;
电　　话：	010－82004826		http://www.laichushu.com
社　　址：	北京市海淀区气象路 50 号院	邮　　编：	100081
责编电话：	010-82000860 转 8539	责编邮箱：	pengxy@cnipr.com
发行电话：	010-82000860 转 8101	发行传真：	010-82000893
印　　刷：	北京中献拓方科技发展有限公司	经　　销：	各大网上书店、新华书店及相关专业书店
开　　本：	720mm×1000mm　1/16	印　　张：	17.75
版　　次：	2018 年 7 月第 1 版	印　　次：	2018 年 7 月第 1 次印刷
字　　数：	318 千字	定　　价：	68.00 元
ISBN 978-7-5130-5485-0			

出版权专有　侵权必究

如有印装质量问题，本社负责调换。

前　言

　　人类一直没有停止对自身的研究和探索。通过对人体行为进行捕捉，探究人体各类动作行为背后的规律，不仅可以理解各类行为的真实意图，而且可对人体的行为进行预测，并与相关对象进行舒适自然的交流互动，为其提供优质的服务。如通过对服务对象声音信号进行捕捉，控制外部的设备；或对用户面部表情进行观测，推测用户的情绪状态，通过播放音乐或调节灯光等方式对其情绪进行调节；或对用户的肢体动作进行捕捉，与游戏中的角色进行互动，分析用户的身体状态等。

　　人类个体的各类行为产生都不是偶然的，是在受其意识支配下产生并完成整个过程的，并具有自发性和多变性的特点：每个人的行为都由其内在的个性动因驱使形成，外在环境因素可以影响个体行为的方向与强度，却不能发动个体行为；个体行为不仅存在多种表现形式，而且会随环境变化或个体追求目标的变化而改变；个体行为的表现是多类外部因素与自身状态综合作用下的结果。

　　个体行为表现形式多样、动因复杂，对进行人体行为的分析理解带来了困难，但在纷繁复杂的动因和行为表现中，个体行为也会表现出一定的规律性，国内外已有许多学者尝试对个体行为的内在规律进行探索研究，但个体行为的数据集非常庞大，且同一类个体行为对应的外部条件无法再现，目前还没有一套进行个体行为分析识别的成熟完整的理论体系。

　　虽然利用机器进行个体行为识别的工作烦琐复杂，但仍然不能减少研究人员对个体行为识别理解的兴趣。国内外已有许多学者、机构分别从肢体捕捉、语音识别、语义理解、行为建模、表情理解、习惯建模等多个方面开展个体行为的识别研究，在许多领域取得了良好的结果。例如，在语音识别领域，识别准确率已经达到了 97.5%；在肢体动作捕捉领域，基于图像的动作捕捉方法能够获得 100Hz 的刷新率，并能实现对 36 类肢体动作行为的准确分类。随着越来越多的科研人员对人体行为研究感兴趣，基于机器的个体行为理解相关研究一定会取得更大的发展。

　　综合目前的进展和成果总结，进行个体行为研究需要完成以下工作：行为数据的传感与采集、数据采样后的分析处理、行为数据的特征提取与行为分类模型的选择。本书根据作者自身理解，结合已经完成的研究经历，对进行个体行为识别研究涉及的传感方法、理论基础、软件框架进行阐述。

个体行为的表现形式主要归结于以下几类：肢体动作、声音语言、面部表情等，而在上述几类行为中又包含了个体的行为习惯、内在情感等因素，前者是个体行为的外在表现，后者则是个体行为的驱动因素。一般地，在个体行为的识别理解过程中，需要通过相关的传感测量装置，对个体的语音信号、肢体动作、面部表情等进行测量捕捉，获得个体行为过程的大量原始数据，然后，选择相关的样本特征和分析模型，获得对个体行为的内在因素及行为意图的准确理解。

个体行为的机器识别包括人体行为的数据获取、数据处理、识别模型、识别系统等环节，本书根据上述流程需要，结合个体行为特点，分别从行为测量传感方法、数据处理模型、行为识别系统构建等环节进行分析阐述，并以肢体动作捕捉、语音情感理解、面部表情识别的实际应用作为案例，进行详细的分析，并给出利用深度学习框架进行数据分析的基本框架流程，最后，根据对个体行为捕捉识别的结果，提出人机协同工作的运行模式，各章节内容安排如下：

第1章给出个体行为的定义及特征，对个体行为影响因素进行分析，并对目前的相关研究进行阐述和总结；

第2章分析个体行为识别的智能空间，分别从视觉获取、可穿戴传感获取、非穿戴传感获取三个角度对目前的个体行为传感技术进行总结，并给出进行个体行为识别的系统框架；

第3章对进行个体行为识别的理论依据进行阐述，包括数据滤波与数据分割、特征选择方法、分类工具及信息融合手段；

第4章根据行为识别的需求，结合深度学习的两类框架，给出进行行为识别的流程与案例；

第5章针对人体行为中的语义理解及情感识别需求，对语义理解及情感分析流程进行阐述，提出基于KNN的语音情感识别方法和利用深度学习平台的情感分析流程；

第6章针对人体行为过程中的肢体动作捕捉及行为识别进行分析，给出基于视觉的肢体动作捕捉和基于惯性传感的动作捕捉流程，并提供基于获得的数据进行手语识别及行为理解的案例；

第7章针对人体面部特征识别和表情理解进行分析，从面部特征的定位策略、图像处理方法、特征提取及情感理解模型进行阐述，提出一类融合LBP及LPQ

的情感识别方法；

第 8 章提出人机协同的概念，探索人体行为习惯建模的基本方法和人机协同的基本框架。

人体行为识别理解需要融合多个学科的知识，涉及传感器的相关学科正处于发展中，本书所涉及的工作及提出的模型不仅会在实际应用过程中进行优化改进，而且会随着相关学科的发展产生新的思路。

目　　录

第1章　绪论 ··········· 1
  1.1　个体行为的定义及特征 ··········· 1
    1.1.1　行为的表现形式 ··········· 1
    1.1.2　行为的时空特性 ··········· 2
    1.1.3　行为的层次结构 ··········· 2
  1.2　个体行为的影响因素 ··········· 4
    1.2.1　环境因素 ··········· 4
    1.2.2　习惯因素 ··········· 4
    1.2.3　生理状态 ··········· 5
  1.3　人体行为的分类 ··········· 5
    1.3.1　肢体行为分类 ··········· 5
    1.3.2　情绪状态分类 ··········· 6
  1.4　行为识别的研究意义与进展 ··········· 7
    1.4.1　行为识别的应用领域 ··········· 7
    1.4.2　行为识别的科学价值 ··········· 8
    1.4.3　行为识别的研究进展 ··········· 9
  参考文献 ··········· 9

第2章　个体行为的获取与监测 ··········· 10
  2.1　视觉获取方法 ··········· 10
    2.1.1　有标记视觉获取 ··········· 11
    2.1.2　无标记视觉获取 ··········· 15

2.2 可穿戴传感器获取·19
2.2.1 生物传感器获取·20
2.2.2 惯性传感器获取·25
2.3 非穿戴监测方法·30
2.3.1 声音信号监测·30
2.3.2 电容场信号监测·34
2.3.3 电子标签监测·37
2.4 行为获取系统框架·42
参考文献·45

第3章 行为识别的理论依据·48
3.1 行为数据的处理·49
3.1.1 数据滤波·49
3.1.2 数据分割·52
3.2 行为数据的特征选择及提取·63
3.2.1 主分量分析·63
3.2.2 独立分量选择·64
3.2.3 核函数的方法·69
3.2.4 特征选择算法·71
3.3 行为的分类工具·76
3.3.1 最近邻与 K 最近邻·76
3.3.2 决策树·79
3.3.3 卷积神经网络·83
3.3.4 支持向量机·89
3.4 识别过程中的信息融合·93
3.4.1 多数投票法·93
3.4.2 贝叶斯理论的分类器融合·94
3.4.3 基于证据理论的分类器融合·95
参考文献·99

第 4 章 行为识别系统的系统平台 101
4.1 行为识别系统的结构 102
4.2 行为识别系统中的任务分配 104
4.2.1 视频读取与预处理的实现 105
4.2.2 行为识别系统训练过程的实现 106
4.2.3 行为识别系统特征可视化的实现 109
4.2.4 行为识别系统识别过程的实现 111
4.3 行为识别的软件环境 112
4.3.1 计算机视觉库 OpenCV 113
4.3.2 跨平台用户界面框架 QT 114
4.3.3 行为识别系统软件框架 114
4.4 行为识别系统的系统平台 115
4.4.1 微软 Azure machine learning 平台 115
4.4.2 谷歌 TensorFlow 平台 120
参考文献 127

第 5 章 语言识别及情感分析 128
5.1 语言中的文字识别 128
5.1.1 语音信号预处理 128
5.1.2 语音识别的特征提取 129
5.1.3 文字识别模型及系统 135
5.2 基于语言文本的情感识别 136
5.2.1 文本数据信息抽取 137
5.2.2 文本内容的分类与聚类 139
5.3 基于语音信号的情感识别 142
5.3.1 基于改进 KNN 算法的语音情感识别 142
5.3.2 基于微软 Azure 平台的语音情感识别 144
参考文献 147

第 6 章 肢体动作捕捉及行为识别 148
6.1 手势捕捉及识别 149

vii

6.1.1　手势捕捉的特点 149
　　6.1.2　基于视觉的手势识别 150
　　6.1.3　基于惯性传感的手势捕捉 168
　6.2　肢体动作捕捉 175
　　6.2.1　基于视觉的肢体动作捕捉 176
　　6.2.2　基于惯性传感的肢体动作捕捉 181
　6.3　肢体行为的行为识别 193
　　6.3.1　手语识别 194
　　6.3.2　肢体动作行为识别 197
　参考文献 201

第 7 章　面部特征识别与表情理解 205
　7.1　面部的精确定位 206
　　7.1.1　肤色混合高斯模型 207
　　7.1.2　光线补偿 209
　　7.1.3　肤色区域检测 210
　　7.1.4　肌肉纹理 210
　　7.1.5　嘴唇定位 212
　　7.1.6　眉毛检测 215
　7.2　面部图像滤波及归一化 217
　　7.2.1　面部图像滤波 217
　　7.2.2　面部图像归一化 219
　7.3　面部表情的疲劳状态检测 221
　　7.3.1　疲劳状态面部特征 221
　　7.3.2　疲劳程度判断 222
　　7.3.3　基于粗糙集理论的疲劳状态判断 222
　7.4　面部表情的情感理解 224
　　7.4.1　面部情感类别及标准库 224
　　7.4.2　融合 LBP 及 LPQ 特征的面部情感识别 226
　参考文献 231

第 8 章 基于个体行为理解的人机协同系统 234

8.1 人机协同的基本概念 235
8.1.1 人机协同的定义 236
8.1.2 人机协同的问题 238
8.1.3 研究现状与发展趋势 243

8.2 个体行为的习惯建模 246
8.2.1 行为习惯认知及意义 246
8.2.2 个体行为习惯挖掘的相关工作 247
8.2.3 个体行为习惯模式 249
8.2.4 基于个体行为习惯的人类动力学建模 250

8.3 人机协同决策与推理机制 253
8.3.1 推理的基础知识 254
8.3.2 人机推理对比 258
8.3.3 人机协同系统的结构特征与推理机制 260

8.4 人本控制系统架构 262

8.5 人机协同系统案例 263
8.5.1 "沃森"简介 263
8.5.2 "沃森"的工作机制 264
8.5.3 沃森医生——"肿瘤专家顾问"专家系统 267
8.5.4 沃森医生与人类医生共同协作 269

参考文献 270

第1章 绪 论

1.1 个体行为的定义及特征

行为是指人们一切有目的的活动,它是由一系列简单动作构成的,在日常生活中所表现出来的一切动作的统称。

1.1.1 行为的表现形式

在面向人体的感知应用中,感知对象的行为主要表现为三大类:时空属性,行为属性和生理属性(图1.1)。

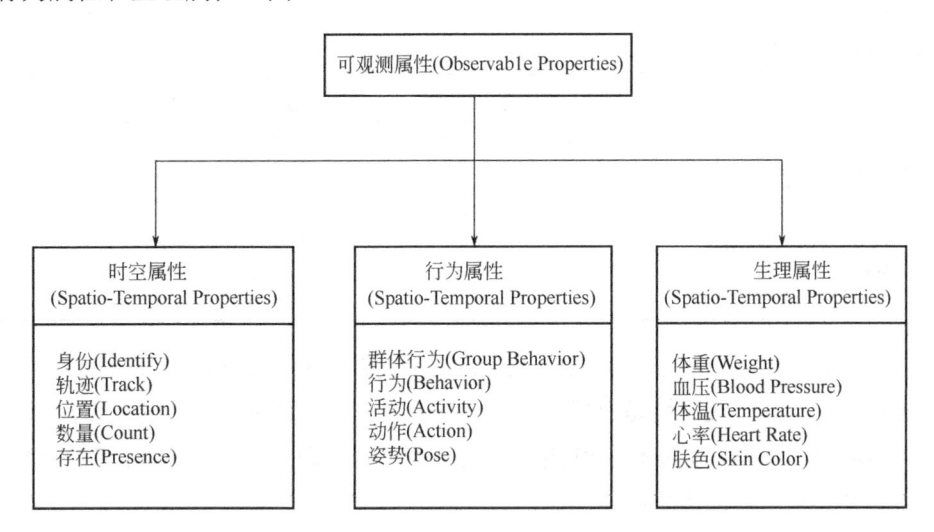

```
                      可观测属性(Observable Properties)
                      ┌──────────┬──────────┐
          时空属性              行为属性              生理属性
    (Spatio-Temporal       (Spatio-Temporal       (Spatio-Temporal
        Properties)            Properties)            Properties)

      身份(Identify)       群体行为(Group Behavior)    体重(Weight)
      轨迹(Track)          行为(Behavior)            血压(Blood Pressure)
      位置(Location)       活动(Activity)            体温(Temperature)
      数量(Count)          动作(Action)              心率(Heart Rate)
      存在(Presence)       姿势(Pose)                肤色(Skin Color)
```

图 1.1 在感知研究范畴下个体行为的表现形式

(1)时空属性反映了人与其所在环境之间具有的时空关联关系。例如,人是否存在于某个房间、位于房间的某个位置、经过的位置序列是什么等。

(2)行为属性描述了人的行为或活动的层次结构,反映的是人的行为的粒度划分。例如,由姿势组合形成动作、动作序列形成活动、活动的执行体现人的行为等。

(3)生理属性是指人这一生命有机体的各项生理指标,主要包括生命体征信

· 1 ·

号及其他健康参数等。

从图 1.1 可以看出，除了人的生理属性外，时空属性和行为属性均与人的活动与行为密切相关，因此可将它们看作人类活动在时空维度和层次结构的不同表征。

1.1.2 行为的时空特性

行为执行的过程本质是人与其所在的周围环境中物体的动态交互过程，这一过程能够被部署在生活或工作环境中的感知设备、附着在物体上的传感器或穿戴在身体上的感知单元实时捕获，最终形成带有时空信息的数字化行为记录[1]。其中，空间信息标识该行为发生所在的空间物理位置或使用的物体，时间信息标识行为发生的起始时间及持续时间。根据图 1.1 所表示的观点，表 1.1 给出了行为的五个属性构成部分，以及各属性的功能描述和感知/捕获方式。

表 1.1 行为的五个属性构成、功能描述及感知/捕获方式

属性	描述	感知/捕获方式
存在（Presence）	时空属性的最小构成单元，用于说明空间中是否至少存在一个人	运动传感器、距离传感器、开关传感器、压力传感器及 RFID 等
数量（Count）	行为的存在属性在数量方面的递进描述，用于回答活动发生时环境中共有多少人	环境出入口处的热像仪、视频传感器等
位置（Location）	行为的存在属性的空间细化描述，用于说明执行活动的人在环境中的什么地方	室内摄像头或存在传感器队列，GPS 传感器或蜂窝通信及基础设施
轨迹（Track）	行为的位置属性在时间维度上的延续，是该活动涉及的一组空间位置的序列	室内摄像头或存在传感器队列，GPS 传感器或蜂窝通信及基础设施
身份（Identity）	行为的轨迹属性的一致化描述，说明产生该轨迹的主体是同一个人	复杂识别算法结合轨迹数据和其他情境信息

行为的上述时空属性具有依次递进的包含关系，第一级属性是高一级属性的构成部分，而高一级属性是对低一级属性的有序拓展。例如，轨迹是位置属性在时空维度上的延伸，而身份属性用于在轨迹不可延续跟踪或存在感知间隙的情况下，恢复移动主体的历史时空信息。

从技术实现的角度看，低级别的属性相对容易感知，而高级别属性需要在合理感知技术的基础上，使用复杂处理算法得以实现。

1.1.3 行为的层次结构

行为的层次划分是对活动进行的粒度分解，这一分解过程产生行为的层次化结构表示，表 1.2 给出了行为的层次结构、描述及感知方式。

表 1.2　行为的层次结构、描述及感知方式

属性	描　　述	感知方式
姿势（Pose）	活动的最细粒度描述，典型的姿势包括站、躺及坐等	压力传感器、加速度/角速度传感器等
动作（Action）	时间上相邻姿势的动态组合，通常也称为子活动，如跑、步行及下蹲等	加速度/角速度传感器等
活动（Activity）	某一任务对应的一系列动作，如做饭、睡觉、如厕及做家务等	开关传感器、RFID、压力传感器、声音/视频传感器等
行为（Behavior）	赋予个性化信息的活动描述，体现用户的习惯和偏好等特征，具有特定的时空模式	开关传感器、RFID、压力传感器、声音/视频传感器等
群体行为（Group Behavior）	行为从个体到群体的自然拓展，反映多个不同个体行为呈现出的共同属性	基于多源感知数据的复杂处理算法

行为的层次化结构描述有助于从不同粒度层面观察人类的行为，为深入理解人的行为特征提供了参考依据，在不同应用领域发挥着重要作用。图 1.2 描述了基于行为层次化结构表示的行为感知过程。其中，通常由多个传感器（Sensor）的感知数据同时确定一个动作（Action）或一个子活动（Sub-activity），多个子活动构成一个完整意义上的活动（Activity），而一系列活动刻画了个人的日常活动（Routine）。

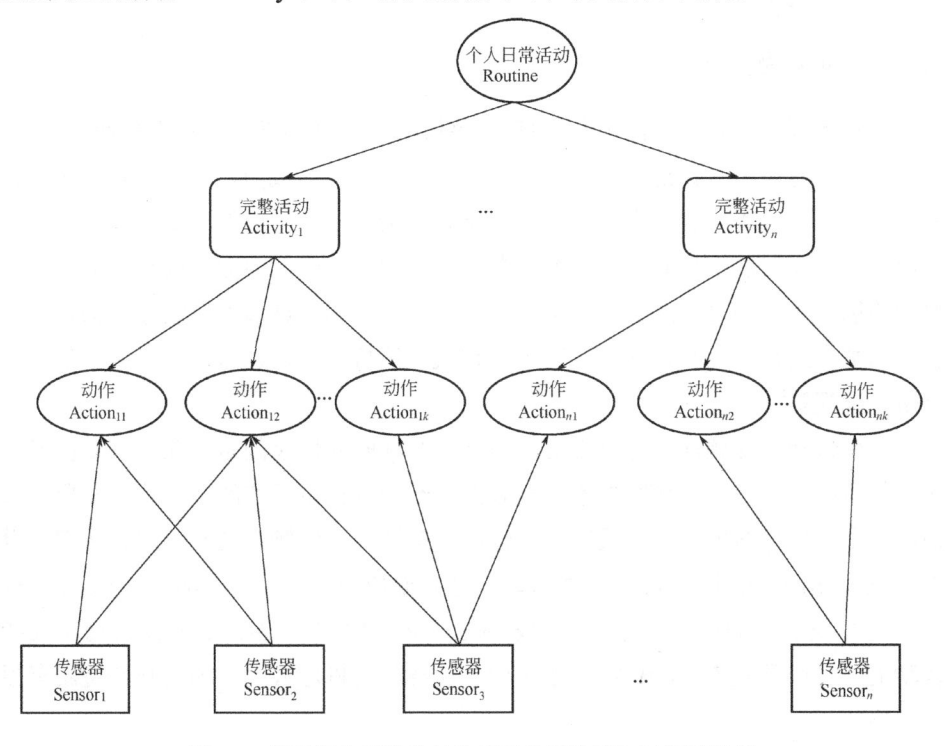

图 1.2　基于行为层次化结构表示的行为感知过程示意图

1.2 个体行为的影响因素

对于个体行为的影响因素是多种多样的，这些最基本的个体行为要受到一系列因素，包括外在环境因素和主观内在因素等的影响。

1.2.1 环境因素

环境是一个很宽泛的概念，"环境"是指围绕某一事物（通常称其为主体）并对该事物会产生某些影响的所有外界事物（通常称其为客体），即环境是指相对并相关于某项中心事物的周围环境[2]。既包括以大气、土壤、水、植物、动物、微生物等为内容的自然因素，也包括以观念、制度、行为准则等为内容的非物质因素；既包括自然环境，也包括社会环境。

根据人的行为和环境交互作用的过程，可将这些内容分为两大类：一是交互作用的形式，其可分为认知和行为；另一个是交互作用的阶段，即人作用于环境和环境反作用于人。

1.2.2 习惯因素

习惯因素主要是指人的各种心理因素的影响，包括心理过程与个性两个方面。

心理过程是由认识过程、情绪过程和意志过程所构成的。心理过程是运动、变化着的心理过程，包括人的感觉、知觉和情绪等，往往被称为事物发展变化的"内因"。事物发展变化必须具备两个条件：内因和外因。内因一向被认为是第一位的原因，外因则是第二位的原因。人的心理因素包括许多，像紧张、兴奋、沮丧、恐惧、期待、高兴、热烈、冷漠、积极、消极、肯定、否定、怀疑、信任、尊敬、鄙视等[3]。

个性包括个性倾向性与个性心理特征。个性倾向性指的是人在与客观世界的相互作用中，形成了对事物的态度与趋向。一个人在生活实践中形成的需要、兴趣、信念、理想与世界观，反映出个性的倾向性。个性倾向性不仅对改造客观世界有重要作用，而且对人的心理活动、身心健康也有很大的影响。需要是人对一定的客观事物的需求。动机是激发人去行动的主观动因，是个体发动和维持行动的一种心理状态。动机产生于需要。需要与动机对人的行为与身心健康有很大影响。

1.2.3 生理状态

行为的产生离不开一定的生理基础，因此，个体行为必然会受到生理状态的制约，主要与性别、年龄，感官系统，反应能力、记忆力、观察力，生物节律，疲劳状况等生理因素有关。

不同年龄段的人有着不同的年龄特征。年龄增长引起身体变化也是一个重要生理因素。

人体的感官系统又称感觉系统，是人体接受外界刺激，经传入神经和神经中枢产生感觉的机构。人的感觉按人的器官分类共有7种，通过眼、耳、鼻、舌、肤5个器官产生的感觉称为"五感"，此外还有运动感、平衡感。人-机-环境系统中安全信息的传递、加工与控制，是系统能够存在与安全运行的基础之一。

人对信息的自理速度是反应能力，反应能力的好和差可用时间的长短来表示。正常人对单一刺激反应的时间在 0.5~0.75s 内。反应能力是应急能力的基础。

目前科学实验已证明，人的生理、心理、表现及特征除受一定客观因素影响外，也有其不以人的意志而改变的自身变化规律，此规律称为人体生物节律。人的体力、情绪、智力从他刚出生那天起就按正弦曲线周期变化，人的一切行为都受到生物节律的影响。

生物节律处于不同的时期，人的生理表现也不同。总的来说，在高潮期，人的表现为精力旺盛、体力充沛、反应灵敏、工作效率高；低潮期的表现为情绪急躁、体力衰退、容易疲劳、反应迟钝、工作效率低；在临界期，人体变化剧烈，机体各器官协调功能下降，处于不稳定状态。

人体疲劳时，生理机能下降，反应迟钝，工作笨拙，工作效率降低，出现差错较多。人体疲劳有客观因素，但也有自身规律。人的精力是有限的。生理疲劳以肌肉疲劳为主要形式。产生肌肉疲劳时表现出乏力，工作能力减弱，工作效率降低，注意力涣散，操作速度变慢，动作的协调性和灵活性降低等现象。

1.3 人体行为的分类

1.3.1 肢体行为分类

人体的肢体行为是丰富多样的，人体的运动涉及很多部位，包括整个身体的运动或某个部位的运动，如手部运动、腿部运动或者头部运动，甚至人的表情、手势等。这些运动分别具有不同的特点和不同的复杂度，所用的研究方法也都不同。而针对人体简单动作、姿态的识别，主要局限在简单的、日常标准动作的识别，如走、跑、跳等，是当前研究的一个热点，也是本书讨论的重点。

本书对当前国内外颇具代表性的肢体行为数据库进行简要列举。它们虽然没有涵盖领域内大部分的资源，但都是经过精挑细选的、质量较高、影响较为广泛的行为数据库。

（1）HMDB51行为数据库。HMDB51分为5大组，分别对应：①一般的面部活动，有4类，分别是：微笑、笑、嚼、说；②脸部并带有物体处理的活动，有3类，分别是：吸烟、吃东西、喝东西；③一般的身体活动，有19类，分别是：侧翻筋斗、鼓掌、爬、爬楼梯、从高处往下跳、跌倒、连翻筋斗、手倒立、跳、引体向上、俯卧撑、跑步、坐、端坐、翻筋斗、站立、转身、走路、挥手；④人与物体交互的一些活动，有18类，分别是：梳头、捕捉、拔剑、运球、打高尔夫球、打击、踢球、拾起、倾斜、推、骑自行车、骑马、投篮、射箭、射机枪、棒子击球、锐剑演习、抛；⑤人与人交互的一些活动，有7类，分别是：击剑、拥抱、踢人、接吻、用拳猛击、握手、挥刀[4]。

（2）UCF01行为数据库。总共有101类活动，与HMDB51相同，也分为5个部分，分别是人与物之间的互动、仅仅身体的运动、人与人之间的互动、玩乐器和运动的活动。

（3）Hollywood2人体行为数据库。总共有12类活动，它的类别不是很多，都是日常生活中的一些活动，分别是打电话、开车、吃东西、打架、从车里出来、握手、拥抱、接吻、跑步、坐下、端坐、起来等。

1.3.2 情绪状态分类

情绪状态往往描述为离散的、形容词标签的形式，如高兴、愤怒等，丰富的语言标签描述了大量的情感状态，那么，其中哪些情感状态的研究价值更具有普遍性呢？这个问题可以归结为对基本情感类别的确定。一般认为，那些能够跨越不同人类文化，甚至能够为人类和具有社会性的哺乳动物所共有的情感类别为基本情感。表1.3列举了不同学者对基本情感的定义和划分，其中，美国心理学家Ekman提出的6大基本情感（又称为Big Six）在当今情感相关研究领域的使用较为广泛。

表1.3 不同学者对基本感情的定义

学者	基本情感
Arnold	anger, aversion, courage, dejection, desire, despair, dear, hate, hope, love, sadness
Ekman, Friesen, Ellsworth	anger, disgust, fear, joy, sadness, surprise
Fridja	desire, happiness, interest, surprise, wonder, sorrow
Gray	desire, happiness, interest, surprise, wonder, sorrow
Izard	anger, contempt, disgust, distress, fear, guilt, interest, joy, shame, surprise
James	fear, grief, love, rage
Mc Dougall	fear, disgust, elation, fear, subjection, tender-emotion, wonder
Mower	pain, pleasure
Oatley, Johnson-Laird	anger, disgust, anxiety, happiness, sadness
Panksepp	anger, disgust, anxiety, happiness, sadness
Plutchik	acceptance, anger, anticipation, disgust, joy, fear, sadness, surprise
Tomkins	anger, interest, contempt, disgust, distress, fear, joy, shame, surprise
Watson	fear, love rage
Weiner, Graham	happiness, sadness

1.4 行为识别的研究意义与进展

1.4.1 行为识别的应用领域

人体行为识别是一种通过获取和分析人体行为相关信息、判断人体行为状态的技术。其应用前景非常广泛，可以应用在以下五个领域。

（1）智能安防监控。为保障公众人身财产安全，维护社会发展稳定，视频监控已经成为安防系统必不可少的工具。在视频监控过程中，仅依靠人工监控为主要手段的监控模式，存在诸多弊端，需要消耗相当大的人力成本，同时很难保证监控过程中的实时性和有效性。由于视频监控主要是以人为监控对象，并且主要任务是监测视频中是否存在个人或者群体发生异常的行为或事件（如越界、徘徊、遗留可疑物品、群体打砸抢烧等）。因此，行为识别是智能监控技术的关键组成部分。

（2）视频内容搜索。当前用户在观看视频，想定位某个精彩的动作片段时，需要人工浏览完整的视频，其消耗的时间和视频时长成正比。这时候通过行为分析可以有效提高定位效率。同时，当前的视频主要是基于传统的文本标注的标题作为目标进行搜索。但是当标题与视频内容不符合时，会导致搜索精度的下降。利用行为识别，再结合目标识别，可以实现基于视频内容的搜索，从而提高搜索精度，并降低维度成本。

（3）体感游戏。微软公司推出的 Kinect 设备利用视频传感器捕捉人肢体的动作，并通过行为识别去分析处理这些动作。这脱离了对游戏手柄的依赖，并提高玩家的代入感。

（4）跌倒人体检测。利用行为识别，可以实时监测独居或独处的老人、小孩或者病人是否跌倒，及时发出信息提醒家人注意或通知医疗人员进行救治。

（5）虚拟现实。虚拟现实是利用计算机仿真技术生成的近乎真实的三维空间。用户在和这个虚拟世界进行交互时，身体的各个部位都会参与其中，这时行为识别就成为人机交互中不可或缺的环节。

1.4.2 行为识别的科学价值

人体行为识别的研究意义主要体现在它的实用价值上。在远程医疗基础之上建立高度智能化的行为识别系统，不仅可以在一定程度上解决因监护人员不足引起的特殊人群无人看护等问题，还可以避免因看护人依靠经验判断对结果产生的主观局限性问题。对病患的术后康复，老年人和运动障碍患者的动作分析和跌倒检测都有很大的帮助。如国家高技术研究发展计划（863 计划）项目"可穿戴型助残助老智能机器人示范平台"就是通过穿戴式传感器感知老年人或残疾人的行为意图，利用动力辅助装置，按照人体运动规律，辅助用户完成该行为，这使行为识别在医疗领域中具有非常重要的研究意义。

人体行为识别在体育运动中同样具有十分重要的研究意义，它可以作为一种辅助手段，帮助运动员分析在竞技体育中运动时的速度、幅度、角度等基本信息，甚至深入剖析每一个动作的变化规律，帮助运动员提高竞技水平。由中国科学技术大学研制的基于压力传感器的穿戴式数字运动鞋，通过嵌入鞋内的压力传感器分析运动员行进过程中的足底压力，进而计算其步长、步频、速度等信息，帮助运动员了解自身运动特点，提高技术水平。这一系统为我国的竞走项目做出了巨大贡献。

此外，人体行为识别在智能交互、游戏控制、室内定位、疲劳驾驶检测等领域都有非常重要的研究意义，它在多个领域中展现出了巨大的发展前景，根本目的是为人们提供更加智能和人性化的服务。目前，人体行为识别技术已经逐步改变我们的生活和工作方式，相关研究也引领着国内外前沿科技的发展趋势。拓展人体行为识别应用领域，提高行为识别技术层次，不仅顺应科技的发展潮流，而且迎合人民群众的生活需求。

1.4.3 行为识别的研究进展

由于人体动作识别在多个领域具有广泛的应用前景和潜在的经济价值，该研究引起了越来越多的人关注，尤其是在美国、英国等发达国家。早在1997年，美国国防高级研究项目署就设立了以卡纳基·梅隆大学为首、麻省理工学院等高校参与的视觉监控重大项目W，主要研究用于战场及普通民用环境中的自动视觉理解技术。该实时视觉监控系统不仅能够定位人和分割出人的各部分肢体，而且可通过对人体进行建模实现跟踪[5]。

我国虽然开展相关人体动作识别研究相对较晚，但发展比较快，目前各大高校，如清华大学、北京大学等都有专门从事视频行为分析的实验室。2005年，中国科学院计算技术研究所开发了一套面向体育训练的三维人体运动模拟与分析系统，已被应用于国家跳水队、蹦床队等单位的训练中，起到了一定的辅助训练作用。

参考文献

[1] 涂宏斌，岳艳艳. 基于机器学习的行为识别技术研究[M]. 北京：知识产权出版社，2016：131-135.

[2] 刘长虹. 复杂场景下人体动作识别[M]. 北京：高等教育出版社，2015：25-30.

[3] 林强，田双亮. 行为识别与智能计算[M]. 西安：西安电子科技大学出版社，2016：16-20.

[4] 汪俊. 基于惯性传感器的动作捕捉系统研究与设计[D]. 合肥：中国科学技术大学，2015：27-29.

[5] 杨波. 基于MEMS惯性传感器动作捕捉系统与轨迹追踪研究与设计[D]. 成都：电子科技大学，2011.

第 2 章 个体行为的获取与监测

目前，个体行为的获取方式主要有两种：基于视觉获取和基于可穿戴传感器获取。基于视觉的人体运动监测起步比较早，相关技术的理论研究较为成熟。随着微机电系统 MEMS 和无线通信的发展，加速度传感器、陀螺仪等微惯性传感器以其低廉的价格、较小的体积和较高的灵敏度成为体域网在健康监测应用中的常用传感器，集数据采集、处理和通信于一体的传感器节点变得越来越普及，由可穿戴的传感器节点组成的无线体域网已经成为有效获取人体运动信息的手段。微惯性传感器体积小、价格低，容易集成到手机、手表、项链等日常用品中，便于放置在身体的任何位置，具有更便携的运动数据获取方式。无论用户是走路、睡觉，还是去洗手间，都可以自由获取运动数据，同时不会侵犯用户的个人隐私。

2.1 视觉获取方法

视觉是人类感知客观世界和获取信息的主要通道。利用成像设备采集场景中的图像序列，进而采用计算机视觉技术实现对人体目标的自动检测与跟踪及其行为识别，是当前人体行为识别研究的主要技术手段。而计算机视觉是一门研究如何使机器"看"的科学，更进一步地说，就是指用摄影机和计算机代替人眼对目标进行识别、跟踪和测量等，并进一步做图形处理，使计算机处理成为更适合人眼观察或传送给仪器检测的图像。作为一个科学学科，计算机视觉研究相关的理论和技术，试图建立能够从图像或者多维数据中获取"信息"的人工智能系统。这里的信息是指由 Shannon 定义的，可以用来帮助做一个"决定"的信息。因为感知可以看作从感官信号中提取信息，所以计算机视觉也可以看作研究如何使人工系统从图像或多维数据中"感知"的科学。

计算机视觉就是用各种成像系统代替视觉器官作为输入，由计算机代替大脑来完成处理和解释。计算机视觉的最终研究目标就是使计算机能像人那样通过视觉观察和理解世界，具有自主适应环境的能力。是要经过长期的努力才能达到的目标。因此，在实现最终目标以前，人们努力的中期目标是建立一种视觉系统，这个系统能依据视觉敏感和反馈的某种程度的智能完成一定的任务。例如，计算机视觉的一个重要应用领域就是自主车辆的视觉导航，还没有条件实现像人那样能识别和理解任何环境，完成自主导航的系统。因此，人们的研究目标是实现在高速公路上具有道路跟踪能力，可避免与前方车辆碰撞的视觉辅助驾驶系统。这里要指出的一点是，在计算机视觉系统中计算机起代替人脑的作用，但并不意味着计算机必须按人类视觉的方法完成视觉信息的处理。计算机视觉可以而且应该根据计算机系统的特点来进行视觉信息的处理。但是，人类视觉系统是迄今人们所知道的功能最强大和完善的视觉系统。如在以下的章节中会看到的那样，对人类视觉处理机制的研究将给计算机视觉的研究提供启发和指导。因此，用计算机信息处理的方法研究人类视觉的机理，建立人类视觉的计算理论，也是一个非常重要和令人感兴趣的研究领域，这方面的研究被称为计算视觉（Computational Vision）。

视觉获取可分为有标记视觉获取和无标记视觉获取两类。本节将从有标记视觉获取及无标记视觉获取这两个方面入手，介绍个体行为识别的研究现状。

2.1.1 有标记视觉获取

在视觉测量系统对序列图像的处理过程中，首先是对图像中的标记目标进行自动检测；然后是编码标记目标的解码过程，即匹配编码标记目标；其次是标记目标中心像点坐标的计算；再次是非编码特征点的匹配；最后是相机的标定及三维重建计算。

在数字化图像处理中，标记目标的检测方法已有很多种，如个体检测、计算机与人工相结合的半自动化检测等，但这两种方法均需人工的干预，耗时较长且效率低下。因此，为了避免上述缺点，实现一种根据目标属性和图像本身就能够使计算机快速完成自动检测的方法是至关重要的。

2.1.1.1 图像边缘检测

由于图像的大部分信息集中在图像边缘，因此标记目标自动检测的第一步基本上是图像边缘检测。目前常用的边缘检测方法[1]主要有 Roberts 算子、Sobel 算子、Prewitt 算子、Laplace 算子及 Canny 算子等，这些算子的优、缺点如下：Roberts 算子主要依靠局部差分来寻找边缘，有较高的定位精度，不过容易丢失部分边缘且不能有效抑制噪声；Sobel 算子和 Prewitt 算子在一定程度上都能够抗噪声干扰，但是检测结果可能存在虚假边缘，且检测的边缘大部分是具有多像素宽度的；Laplace 算子及其二阶方向导数算子在机器视觉中并不常用，因为任何包含二阶方向导数的边缘检测算子都比只包含一阶导数的算子更易受噪声的影响。

通过分析以上算子可知，在实际应用中往往抑制噪声和边缘精确定位无法同时得到，然而高斯滤波函数能够很好地折中抗噪声干扰和精确定位。Canny算子[2,3]作为高斯滤波函数的一阶导函数，能够很好地抑制噪声且检测出单像素宽度边缘，但计算机处理速度相对较慢。

Canny算子边缘检测步骤为：首先对图像进行高斯滤波，再利用梯度对滤波后的图像进行卷积计算。高斯平滑可能会使图像边缘变得模糊并得到多像素宽度边缘，为使边缘具有单像素宽度，需要对梯度幅值做非极大值抑制（NMS），抑制后的边缘包含由噪声和细纹引起的虚假边缘，最后利用双阈值算法剔除虚假边缘。

2.1.1.2 标记目标识别

经Canny算子检测的边缘是离散像素点，为了对图像中的标记目标完成识别，首先需要将离散像素点连接成曲线段，而后才能根据曲线段的特征进行判断。本系统选择的边缘追踪算法利用8-邻域法可完成曲线段的连接。该边缘追踪算法能够很好地将离散像素点边缘连接成曲线段，并且不会造成疏漏离散像素点的情况。

当完成图像上所有曲线段的扫描及存储后，接下来就是对所有曲线段的特征进行分析，从而识别出标记目标。由于系统测量附件采用的是圆形标记目标作为测量特征点，而圆经过相机透视投影后为椭圆，所以需要正确地检测椭圆目标，再搜索椭圆目标周围区域来分类提取两类标记目标。

（1）椭圆目标检测。

目前，椭圆检测算法有很多，如Hough变换[4]、基于最小二乘法的椭圆检测[5]、基于中心提取的RHT椭圆检测[6]等。针对标记目标特有属性，本书选择的椭圆检测算法是根据以下4个准则提取椭圆目标的。

第一，轮廓封闭性准则。由标记目标自身特征可知，边缘轮廓必须封闭。只需比较边缘追踪后的曲线段起始像素点和终止像素点间的距离，若距离小于给定阈值，则认为轮廓封闭，否则认为是噪声并将其剔除。第二，面积准则。系统标记目标的大小是已知的，经过相机透视投影后面积应该满足$A_{min} \leqslant A \leqslant A_{max}$。区域面积可通过计算区域内像素点个数得到，然后判断是否在给定面积阈值范围内，如不在则剔除。第三，灰度准则。系统标记目标是回光反射材料制作而成的，目标内部灰度大于外部灰度，根据这个特征也可排除一些形状接近的非目标区域。第四，形状准则。形状因子计算公式：$R=C^2/(4\pi A)$，其中C为周长，A为面积。

形状准则可分别得到椭圆目标集合和周围扇形目标集合。经过以上四个原则的过滤，就能够准确地检测出椭圆标记目标。

（2）标记目标分类提取。

目前常用的标记目标分类提取方法是标记目标解码。若得到全为 0 的编码，即非编码标记目标；若不为 0，即编码标记目标。该方法无法得到标记目标周围的扇环信息。另外，若非编码标记目标周围有污染，则编码不为 0，可能造成标记目标提取错误。

针对上述可能的误差，本系统选择的分类提取方法为：首先对椭圆目标分区，得到可能的中心圆集合；然后在中心圆周围搜索得到标记目标组合结构；最后判断组合内区域个数，若大于 1 即为编码标记目标，若等于 1 即为非编码标记目标。该算法可正确地分类提取出两类标记目标。

（3）噪点剔除。

测量现场环境的复杂性会导致得到一些噪点。分析可知，它们基本上分布在非编码标记目标中，会对后续特征点匹配及三维重建过程造成一定影响，所以必须有效地剔除这些噪点。可根据以下两个准则：第一，基于标记目标的特征。由于系统标记目标背景为黑色的方框，若物体的灰度大于背景灰度，则在提取边缘时也会提取到方框边缘，所以通过检验非编码标记目标周围是否存在方框可有效过滤噪点。第二，基于拟合边界和原边界的重合程度。尽管一些噪点的大小、形状和灰度满足要求，但是其拟合边界与原边界并不相同，可通过计算二者之间的距离和标准差来剔除不满足给定阈值的噪点。经过以上两个准则的过滤，能够有效地剔除标记目标中的噪点。

2.1.1.3　标记目标自动检测流程

上述图像边缘检测及标记目标识别构成了标记目标自动检测过程，检测算法的完整流程如图 2.1 所示。

2.1.1.4　编码标记目标的解码

在视觉测量中，基于特征点匹配和三维重建计算的需要，对编码标记目标进行解码是必不可少的。根据其编码的唯一性能够建立多幅图像间编码标记目标的对应匹配关系。目前，编码标记目标的解码方法已有很多种，如基于几何不变量的解码方法、基于二进制编码的解码方法等。

（1）基于几何不变量的解码方法。相机成像一般是空间三维物体到二维平面的透视投影过程。根据相机拍摄角度的不同，空间到各图像的透视投影关系称为射影变换。基于几何不变量的解码方法就是要求物体特征对射影变换具有不变性，即物体特征不被透视投影影响，使得解码结果不随相机拍摄角度及内部参数的变化而变化。

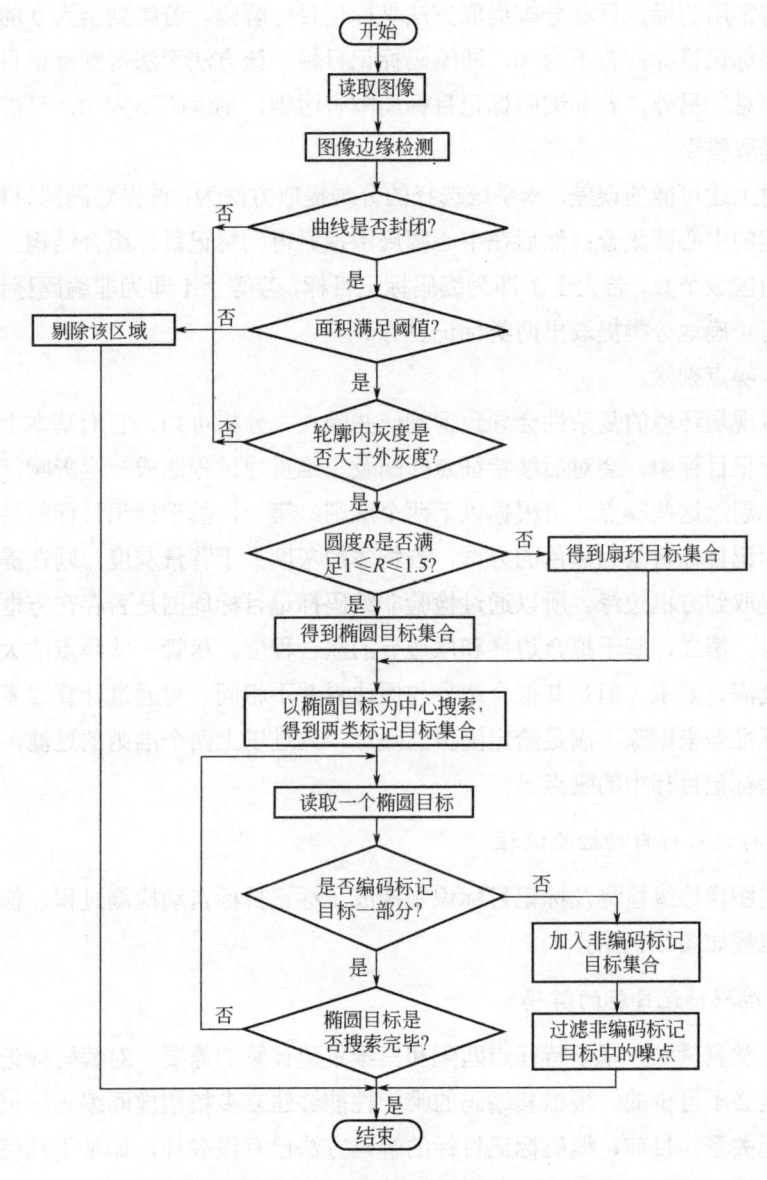

图 2.1　标记目标自动检测流程

在实际测量中，通常采用欧拉数、封闭曲线面积之比、三角形面积之比、共面五点交比等射影不变量[7]构成特征值空间来完成编码标记目标身份识别任务。在识别过程中，根据相似度函数选取匹配对象，利用式（2.1）计算模板的特征值 i 和编码标记目标的特征值 i 的相似度，总相似度如式（2.2）。

$$S_i = 1 - |\gamma_i - \varphi_i|/\max(\gamma_i, \varphi_i) \tag{2.1}$$

$$S = \sum_i S_i W_i \Big/ \sum_i W_i \tag{2.2}$$

式中，W_i 为权值，识别时选取相似度最大的模板作为成功匹配的对象。

经过大量实验分析，该方法能够对质量较好的图像完成编码标记目标的正确解码，但实际的图像并不标准，且标记目标发生了一定程度的形变，该方法随着形变增大，其错误率就越大。因此，基于几何不变量的解码方法在理论上可行，但实际应用中存在一定误差，不能做到编码标记目标的准确解码。

（2）基于二进制编码的解码方法。由系统编码标记目标的特征可知，其周围的编码带有唯一的编码信息，可用作其 ID，用来完成多幅图像间编码标记目标的自动匹配。

编码标记目标的解码原理与 15 位解码过程相同[8]，中心圆周围的圆环按照角度被平分为 14 份，每份 25.7°，对应一个二进制位，每位取前景色（白色）或背景色（黑色）对应二进制位的 1 或 0。根据读取编码的起始位不同，可得到不同的二进制编码，再求得最小十进制值作为其 ID，ID 相同，即为空间中同一目标。通过大量实验分析，此法能够正确解码图像中 85%以上的编码标记目标，但对于拍摄倾斜角度大于 60°的编码标记目标，得到的二进制编码容易出现误差，其最小十进制值偏差较大，可能造成部分编码标记目标匹配不到或误匹配。

2.1.2 无标记视觉获取

在计算机视觉领域从事的以个体为目标的研究有很多，其中以交互为目的的文献可分为两类：一类围绕特定的硬件装置或软件系统原型的设计、使用和验证；另一类是从方法的角度论述使用计算机视觉进行个体描述、检测、跟踪、识别和交互动作设计的。宏观来看，如图 2.2 所示，一个典型的基于个体的交互系统由个体描述、个体检测、个体跟踪、个体识别和多媒体交互六大模块组成，个体检测模块负责识别用户表达的交互意愿，随后跟踪模块在连续的实时视频中对个体区域进行定位，而识别模块则针对该区域确定当前的个体，该过程中的空间轨迹和个体模式作为交互信息输入应用程序中，实现相应的多媒体效果反馈给用户，而个体描述则支撑着检测、跟踪和识别的全过程。

2.1.2.1 个体检测

个体检测是全个体交互过程的基础和前提，指从图像帧或视频流中对预先定义的表达交互意愿的个体进行定位，并以此检测结果启动交互跟踪和识别的处理过程。个体检测方法可分为三类。

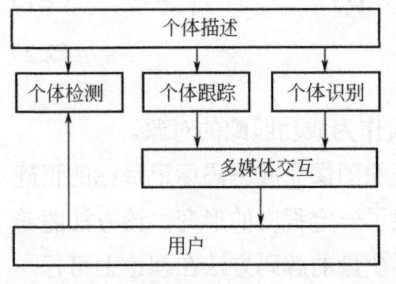

图 2.2 个体交互系统组成

（1）一些系统认为检测问题是简单的，采用相关的限制和辅助个体段进行。如约定图像区域作为开启区域[9]，采用机械或电传感器[10,11]，用户佩戴颜色标记等[12]。这里系统的前提限制了交互应用的用户体验，仅具有对相关技术的验证价值。

（2）一些系统假设在若干视频帧中背景和用户主体是静止的，仅有个体的运动，从而采用运动检测的方式对个体定位。光流方法是普遍采用的运动检测方案[13]，高斯模型的前背景建模技术[14]也被利用。这类方法的假设在交互上是合适的，但受限于实际系统的采集质量，造成快速运动时视频帧的抖动、模糊和漂移，检测的区域很不准确，这对后续的跟踪和识别提取特征造成障碍。以此为基础也有利用形状信息以头肩部等的定位为基础进行更为精确的运动检测，但无法根本上解决上述问题。

（3）多数系统的检测方案基于静止图像信息。此时把个体从场景中分离构成典型的图像分割问题。采用这种方法的系统又分为两类，一类不鉴别个体，仅把个体区域出现位置和时间作为交互初始化条件。由于个体的颜色信息是独立的，这类系统往往退化为颜色区域的检测[15,16]。显然，在实际的交互系统中，由于颜色易受光照、场景和用户样本的影响，仅以颜色为特征定位会大大提高交互的虚警率[17]。另一类系统专注于某一种确定性的静态个体，考虑其外观和纹理特征，以机器学习的方式从预先采集的个体样本库和场景样本库中训练相关的手势检测器。这类检测器在相关的人脸检测[18,19]领域取得了巨大成功。但对实际交互系统中个体来说，几何形变和样本差异，特别是样本数量不充分的限制，使得检测率不高。另外其原理是多尺度光栅扫描，运算量相对运动检测和颜色检测大得多。

2.1.2.2 个体跟踪

个体的运动状态分为全局运动和局部运动[20]。个体跟踪是将个体作为一个整体的目标，分析其全局运动，在视频序列中连续对区域定位。确切地说，是在前一帧中已确定的区域和当前帧内待确定的区域之间建立准确的位置对应关系。作为计算机视觉领域中研究历史较长的课题之一，目标跟踪问题受到了国内外研究者的广泛关注，已有大量的相关方法被先后提出[21]。总的来讲，目标跟踪过程通常包含三个基本要素，如图2.3所示。

图 2.3 个体跟踪的相关技术

目标观测模型是从对目标描述的特征进行量化的表征，以便生成目标和参考区域的描述子度量。从其生成方法来看，目标观测模型通常分为产生式模型（Generative Model）和鉴别式模型（Discriminative Model）两大类。产生式模型直接基于感兴趣目标对应图像区域内的特征来计算，直方图是最常见的一种非参数形式。依据特征的不同，具体分为颜色直方图、灰度直方图、梯度方向直方图（Histogram of Oriented Gradients）、边缘方向直方图（Edge Orientation Histogram）等。近年来，基于学习的子空间（Subspace）模型是产生式模型备受关注的研究方向。与直方图不同的是，基于子空间目标的观测模型往往需要离线或者在线采集大量关于感兴趣目标的样本，并采用机器学习方法通过样本空间中目标的统计分布来估计真实的观测模型，因而对于随时间不断变化的感兴趣目标有较强的适应能力，比较适合持续的目标跟踪任务。其代表性工作有主动形状模型（Active Shape Model，ASM）、主动外观模型（Active Appearance Model，AAM）、流形（Manifold）等。

近年来，较多的研究学者致力于如何构造鲁棒性好的离线或者在线的基于分类器的鉴别式模型。尽管该模型对目标外观变化、背景干扰、光线变化等因素的影响具有较好的鲁棒性，其实现的代价是收集大量关于目标和背景的观测样本，并对采集的样本自动标定后进行在线学习,这在很大程度上增加了学习的可能性，而学习过程本身时间复杂度高的缺点限制其在实时的跟踪环境中（如个体交互系统中）应用。然而，如果离线的产生式模型和在线的鉴别式模型得以结合的话，可以引入离线先验知识提高在线学习观测模型对目标和背景的鉴别力和置信度，进而获得鲁棒的跟踪性能，本书中的观测模型就对此有较为深入的探讨。不同跟踪器的原理即如何对感兴趣目标定位，与其中目标描述和观测模型密切相关。目标跟踪方法有多种划分方法。如 Comaniciu 根据跟踪的处理过程将目标跟踪分为自下而上的处理（Bottom-up Process）和自顶向下处理（Up-down Process）两大类。Yang则分为四类，即基于梯度的（Gradient-based）、基于特征的（Feature-based）、基于知识的（Knowledge-based）和基于学习的（Learning-based）跟踪方法。Cofiman也分为四类，即基于三维模型的（3DModel-based）、基于区域的（Region-based）、基于主动轮廓的（Active-contour-based）和基于特征的（Feature-based）跟踪方法。Yilmaz把目标跟踪方法大体分为点跟踪（Point Tracking）、核跟踪（Kernel Tracking）和剪影跟踪（Silhouette Tracking）三大类。严格地说，很多跟踪器的划分是模糊、多元的。

2.1.2.3 个体识别

所谓个体识别，是指对当前个体的状态通过某种分类器归属于预先确定的若干个具有语义的类别之一。从交互的角度来看，有意义的个体包括静态的个体和时域的动态个体。静态个体通过瞬时的个体的结构状态（Configuration）来表达某种概念层次的语义信息；而动态个体则通过一段时间内个体的连续动作来表达某种指令层次的语义信息。值得注意的是，相对于静态个体，动态个体提供了两种层次的信息，一是空间轨迹，提供了与现有的基于平面内轨迹人机交互方式（如鼠标）最为接近的交互依据，同时跟踪任务也自然地获得了视平面内轨迹信息，便于直接处理；二是个体的结构状态的连续变化，这种连续的结构变化是个体与层次的通信方式，可能提供的信息量最大，但目前来看，其分析处理的难度随着可能结构的模式量呈指数上升，不适合在现有通用计算平台下的实时人机交互任务。因而人机交互中的个体识别基础应从静态个体识别和以空间轨迹的动态个体识别来做研究。

在静态个体识别的范畴中，最为突出的困难就是如何把采集过程中投影的2D图像还原成3D的个体。由于用户在人机交互过程中很难判断个体与采集装置间的相对位置和角度，因而同一种静态个体的采集图像可能包含多种视角引入的形变，如尺度、视平面内旋转和视平面外旋转等，这为个体集的定义引入了模糊性的考虑。为解决投影问题，现有的静态个体识别方法可分为两类。

一类是基于3D模型的方法。该法利用3D的个体结构模型[22]，通过个体图像估计模型参数，进而识别参数相似的个体。由于个体的结构模型是独立于视角的，这类方法天然不受视角、形变的影响。个体结构模型中，关键的问题是利用何种有效的几何特征来描述。一类是常用链接体关节张角的模型，通过投影图像中的轮廓的分析获得参数，但处理投影和比较的计算量很大[22]，或者通过点线特征的运动学模型来还原张角，但很不精确；另一类模型是统计的模型，需要建立大量的样本库进行学习。无论何种 3D 模型，都不可避免地受制于在拍摄中人个体的自遮挡（无法提取或估计关键的模型几何参数）和用户间的差异（人个体差异很大），使得模型的鲁棒难以保证。

另一类是基于外观特征的方法。该法通过一定量的样本学习，试图根据个体图像中有效的特征，进而通过构造合适的分类器识别出静态个体[23]。由于图像数据通常是高维的，为获取有效的特征必须手工标定大量的训练数据，并学习到具备鉴别性的低维特征。因此在离线状态下获取差异化的样本并分析得到有效的特征，在在线状态下定位并快速提取特征，设计合理的分类器就成为这类方法的核心困难。

在基于空间轨迹的动态个体识别范畴中，空间轨迹通过量化的方式建模为某种观测量，并进一步识别为某种动作指令。指向性和回转性的常用动作可以通过 Kalman 滤波[24]和多状态模型[25]来识别。更为高级的指令通过规则来定义并以有限状态机来建模。在人际交互领域，规则的建立是启发式的，通过状态间的推导以是否符合预定的规则来识别。这类方法在指令集简单的交互背景下最为实用，因为其规则可以简化，以便为用户提供更大的自由性和模糊性的体验。近年来，隐马尔可夫模型（Hidden Markov Model，HMM）为更为复杂的空间个体识别提供了主流框架。隐马尔可夫模型在语音识别领域已有广泛的应用，因其相似性，易于基于概率描述一系列模糊状态间的转换模式，扩展了传统马尔可夫模型基于概率的状态转换动态模式，通过概率来处理观测与状态的关系，并通过 EM 算法计算与可能动态个体模型的概率。相关的研究已经用于空间书写类的精确轨迹识别和机器人导航系统中。基于 HMM 的动态个体识别在计算资源方面要求很高，尚处于专用系统的研究阶段。

2.2 可穿戴传感器获取

传感器技术是现代科技的前沿技术，许多国家已将传感器技术列为与通信技术和计算机技术同等重要的位置，称为信息技术的三大支柱之一。基于可穿戴传感器行为识别系统，主要包括数据获取模块，即固定在身体上的传感器节点。图 2.4 给出的是当前常见无线传感器节点，在通常情况下，传感器节点包括四个不同单元：传感器、处理器、无线通信和能量供应。

基于可穿戴传感的个体行为获取可分为生物传感器获取及惯性传感器获取。

其主要采用的传感器类型包括加速度计、陀螺仪、磁力计、压力传感器、心跳检测传感器等。其本质是通过捆绑或穿戴在身上的多个传感器节点组成的体域网（Body Sensor Network，BSN）获取身体活动时所产生的运动信号，并将信号通过接入点传输给后台，然后，在后台中心对数据进行预处理、特征提取和选择，最后，根据选择的特征对行为进行分类与识别。

BSN 是无线传感器网络的一个分支，因此，也具备无线传感器网络的若干特点，包括通信能力有限、电源能量有限、计算能力有限、感知数

图 2.4　无线传感器节点

据量大。由于所覆盖的面积比较小，它也具有自身独特性质[26]。基于可穿戴传感器的行为识别系统具有如下特点。

（1）单跳性：基于可穿戴传感器的行为识别系统中包含的无线传感器网络覆盖面积只是人体，不同于大面积无线传感器网络，其采用单跳方式足以满足数据的传输需求。

（2）低功耗性：基于无线传感器的行为识别是无线传感器网络的一项应用，要求系统低功耗是无线传感器网络的核心问题，因此，为了延长可穿戴传感器行为识别系统使用寿命，保证传感器节点能耗在较低水平是相当必要的。

（3）存储与计算能力有限性：行为运动实时产生的传感器数据量比较庞大，但传感器节点不同于 PC，对于数据的处理及存储能力相当有限，因此，考虑实际情况，在搭建基于可穿戴传感器行为识别系统过程中，不能将大量复杂运算置于传感节点中进行计算，也不能缓存大量数据。

其中，通信能力的有限并不会严重影响 BSN 的工作，因为通常情况下从传感器节点到 Sink 节点传输距离较近。但是，存储和计算能力有限是研究中制约 BSN 的两个关键的因素。识别率是模式识别领域中关键的评价指标之一，因此，对于基于 BSN 的行为识别，识别率和能量有效是该系统的两个重要衡量指标。

2.2.1　生物传感器获取

生物传感器技术是工程技术领域一个非常活跃的话题，它与生物信息学、生物芯片、生物控制论、仿生学、生物计算机等学科一起，处在生命科学和信息科学的交叉区域。生物传感器是一种集现代生物技术与电子技术于一体的高科技产品，因其具有选择性好、灵敏度高、分析速度快、成本低、能在复杂环境中进行

在线连续监测的特点，在近几十年得到迅速发展。在国民经济的各个部门，如食品、制药、化工、临床检验、生物医学、环境监测等方面有广泛的应用前景。生物传感器的研究开发已成为世界科技发展的新热点，形成21世纪新兴的高技术产业的重要组成部分，具有重要的战略意义。

2.2.1.1 组成结构

生物传感器（Biosensor）是一种对生物物质敏感并将其浓度转换为电信号进行检测的仪器，具有接收器与转换器的功能。其组成结构主要包括分子识别部分（敏感元件）和转换部分（换能器）。

（1）以分子识别部分去识别被测目标，是可以引起某种物理变化或化学变化的主要功能元件。分子识别部分是生物传感器选择性测定的基础。

（2）把生物活性表达的信号转换为电信号的物理或化学换能器（传感器），各种生物传感器有以下共同的结构：包括一种或数种相关生物活性材料（生物膜）及能把生物活性表达的信号转换为电信号的物理或化学换能器（传感器），二者组合在一起，用现代微电子和自动化仪表技术进行生物信号的再加工，构成各种可以使用的生物传感器分析装置、仪器和系统。

2.2.1.2 功能

生物传感器实现以下三个功能。

（1）感受：提取动植物发挥感知作用的生物材料，实现生物材料或类生物材料的批量生产，反复利用，降低检测的难度和成本。

（2）观察：将生物材料感受到的持续、有规律的信息转换为人们可以理解的信息。

（3）反应：将信息通过光学、压电、电化学、温度、电磁等方式展示给人们，为人们的决策提供依据。

2.2.1.3 生物传感器的主要分类

（1）按传感器输出信号分为生物亲和性传感器，代谢型或催化型传感器。

（2）按信号换能器分为电化学传感器，声学传感器，热敏电阻传感器，压电晶体传感器，光电传感器，离子敏场效应传感器——信号换能器是离子敏场效应晶体管。

2.2.1.4 个体行为信息获取

个体运动信息一般包括加速度信息和角速率信息，而加速度与角速率信息是通过惯性传感器获取的。多关节运动信息采集装置的惯性传感器包括微机械陀螺仪和微机械加速度计，它们直接安装在被测试的载体上。微机械加速度计测量沿被测载体坐标系三个坐标轴的加速度信号，而微机械陀螺仪测量沿被测载体坐标系三个坐标轴的角速率信号，并通过无线模块传输到处理器进行实时的数据处理。

（1）微机械加速度计原理。微机械加速度计用来测量被测试载体的线加速度。基于加速度很难从被测试载体上直接获取，微机械加速度计都是将被测试载体的质量变成力来测量的。微机械加速度计的原理也就是惯性原理，由牛顿第二定理可知：A（加速度）$=F$（惯性力）$/m$（质量），线加速度作用在被测试载体上形成惯性力，通过测量该惯性力就可间接地测量被测试载体所承受的加速度的大小。微机械加速度计可分为容感式、压电式和热感式等几种，每种加速度计都有各自的优点和缺点，其中容感式微机械加速度计（其原理结构图如图 2.5 所示，等效原理图如图 2.6 所示）具有输出稳定、测量精度高等优点。在容感式微机械加速度计的结构中，将被测试载体的质量在加速度作用下产生的位移用位移检测电路检测出来。测量原理为：有惯性作用的物体在外在加速度的作用下，物体和检测电极的间隙改变，从而引起与之等效的电容 C 的变化，通过测量等效电容来测量加速度的值。

通过观察图 2.6，能够将其看成变极距的差动式电容位移传感器连接 M-K-C 组成的。图 2.5 中的由两弹簧片支撑在壳体内，质量块 4 的 A 面和上固定极板 5 共同构成电容 C_1，质量块 4 的 B 面和下固定极板 1 共同构成电容 C_2。

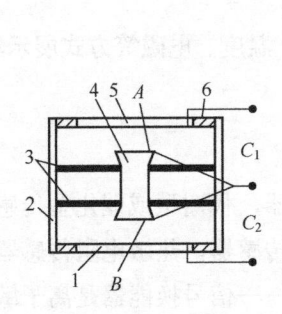

图 2.5　容感式微机械加速度计原理结构图

1—下固定极板；2—壳体；3—弹簧片；
4—质量块；5—上固定极板；6—绝缘体

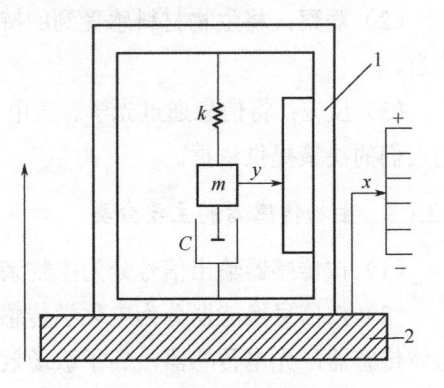

图 2.6　M-K-C 系统原理图

1—传感器底座；2—被测振动体；x—绝对位移；
y—相对位移；m—质量块

如图 2.6 所示，右边的标尺刻度表示与大地保持相对静止。x 是绝对位移，它是指图 2.6 中的被测振动体 2 和传感器底座 1 相对于参考点的位移。y 是相对位移，它是指图 2.6 中的质量块 m 相对于图中传感器底座 1 的位移。

x 和 y 两者之间的关系可以用典型的一阶比例常微分方程式（2.3）描述：

$$\frac{d^2 y}{dt^2} + 2\delta\omega_0 \frac{dy}{dt} + \omega_0^2 y = -\frac{d^2 x}{dt^2} \tag{2.3}$$

式中，ω_0 为振角频率，$\omega_0 = \sqrt{k/m}$；δ 为阻尼系数，$\delta = \dfrac{C}{2\sqrt{mk}}$，其中 C 为空气阻尼；位移 x、速度 v、加速度 a 三者间的关系如式（2.4）所示：

$$a = \frac{dv}{dt} = \frac{d^2 x}{dt^2} \tag{2.4}$$

式（2.3）、式（2.4）合并可得

$$\frac{d^2 y}{dt^2} + 2\delta\omega_0 \frac{dy}{dt} + \omega_0^2 y = -a \tag{2.5}$$

经过拉普拉斯变换可得 M-K-C 系统的传递函数式（2.6）为

$$\frac{y(s)}{A(s)} = \frac{-1}{S^2 + 2\delta\omega_0 S + \omega_0^2} \tag{2.6}$$

令 $S=j\omega$，通过上式可求得质量块相对地面运动的位移振动幅度 y_m 与被测振动体的绝对运动的加速度振动幅度 a_m 的关系式（2.7）为

$$\frac{y_m}{a_m} = \frac{\dfrac{1}{\omega_0^2}}{\sqrt{\left(1-\dfrac{\omega}{\omega_0}\right)^2 + \left(2\delta\dfrac{\omega}{\omega_0}\right)^2}} \tag{2.7}$$

上式具有低通滤波的作用。当 $\omega \ll \omega_0$ 时，可得式（2.8）

$$y_m = \frac{a_m}{\omega_0^2} \tag{2.8}$$

传感器壳体的位移 y 与 C_1、C_2 之间的关系式（2.9）为

$$\frac{C_1 - C_2}{C_1 + C_2} = \frac{y}{d_0} \tag{2.9}$$

式中，d_0 表示不振动时，电容 C_1 与 C_2 之间的极距；如果差动式电容接入电桥中，可以得到电桥开路时输出的电压幅值 U_0，U_0 的关系式可用式（2.10）来表示：

$$U_0 = \frac{E}{2} \times \frac{C_1 - C_2}{C_1 + C_2} = \frac{E}{2} \times \frac{y_m}{d_0} \quad (2.10)$$

将公式 $y_m = \frac{a_m}{\omega_0^2}$ 代入式（2.10）可得

$$U_0 = \frac{E}{2d_0 \omega_0^2} \times a_m \quad (2.11)$$

由式（2.11）可知，当 $\omega \ll \omega_0$ 时，电桥开路时输出的电压 U_0 与加速度振动幅度 a_m 成正比例关系。

（2）微机械陀螺仪原理。传统的微机械陀螺仪是利用了角动量守恒原理，一个不停旋转的物体，微机械陀螺仪的转动轴指向不随支撑它的支架的旋转而发生变化。微机械陀螺仪采用了科里奥利效果，它应用了硅超微精密环形传感器的设计，生成一个耐冲击的高精度模拟输出电压[27]。

在空间中设定动态坐标系，如图 2.7 所示。用式（2.12）～式（2.16）计算得到径向加速度、科里奥利加速度及向心加速度。

$$r = rr_0 \quad (2.12)$$

$$q_0 = \omega_0 \times r_0 \quad (2.13)$$

$$\frac{dr}{dt} = v_r r_0 + r\frac{dr_0}{dt} = v_r r_0 \times \omega \quad (2.14)$$

$$\frac{dr}{dt^2} = a_r r_0 - 2v_r r_0 \times \omega - \omega r^2 r_0 \quad (2.15)$$

$$a_{\text{Coriolis}} = -2v_r r_0 \times \omega \quad (2.16)$$

根据上面的公式，可以知道科里奥利加速度的大小与物体旋转的角速度呈线性正比关系。如果在圆周的切向安装一个加速度计检测科里奥利加速度，就可以通过以上的公式得到物体旋转的角速度。

实际的微机械陀螺仪的设计如图 2.8 所示。只有当物体在圆盘径向上有运动时，才会产生科里奥利力。因此，对于微机械陀螺仪的设计，这个圆盘被驱动，只有圆盘不停地来回做径向运动，此时对应的科里奥利力就连续不断地在横向变化，也有可能使物体在横向做细微震荡，而它的相位正好与驱动力相差 90°。微机械陀螺仪有两个方向的可移动电容板，如图 2.8 所示。径向的电容板和震荡电压迫使物体作径向运动（像微机械加速度计的自检测模式），横向的电容板测量由于横向科里奥利运动带来的电容变化（像微机械加速度计检测加速度）。由于科里奥利力正比于角速度，故由电容的变化可以计算出角速率。

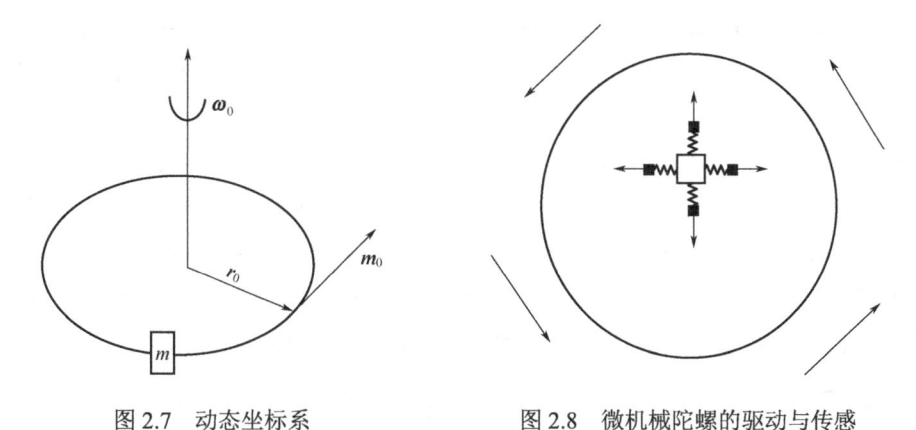

图 2.7　动态坐标系

图 2.8　微机械陀螺的驱动与传感

2.2.2　惯性传感器获取

传统基于视频的人体动作识别需要人们在规定的视频范围内进行动作，而且受到视频采集设备固定方位等因素的影响。随着微机电技术的发展，惯性传感器被广大研究者所关注，并被广泛用于采集和分析人体的动作。人们活动范围、活动特点和自身结构特点等因素对基于惯性传感器的人体动作识别系统的工作条件和测试性能提出了新的更高的要求。

（1）基于惯性传感器的人体动作识别系统的硬件采集模块在对人们的动作模式不造成影响的情况下，要求对被采集者的应用环境具有适应性。不同的工作环境要求采集设备具有不同的适应性，比如，足球运动员在踢球过程中可能会遇到恶劣天气，游泳员的工作环境是在水中等。在这些恶劣条件下，依然能够正常使用，采集到有效的动作数据。这对识别系统的硬件提出了更为严苛的要求。因此，人体动作采集模块不仅要美观、低功耗，而且要求具有便携性和穿戴的舒适性，更要求防水、防潮、抗震、耐用等。

（2）人体活动具有自由性大、不受环境局限的特点，楼上楼下、室内室外、活动多样。在室外，篮球场、足球场、田径场等场所，人们可选择许多不同的运动，运动方式多样；在室内，人们进行体操、游泳等不同形式的运动，这对数据的采集提出了更高的要求，要求采集设备便携且舒适，识别系统能够对采集到的数据进行有效的分析处理。

由于以上技术特点，目前，人们对基于惯性传感器的人体动作识别系统的研究主要集中在以下几个方面。

① 采集系统的设计。由于人体动作的多样性和传感器设备便携化的要求，系统设计越来越趋于小型化。针对人体不同动作和携带不同部位的要求，传感器节点做成了各种形状，便于采集动作数据。

② 传感器固定位置和数量。由于人体结构和人体动作多样性的特点，传感器固定位置不同，采集的数据训练和测试分类器所得到的识别结果也不尽相同。不同数量的传感器用于人体动作识别，所得到的分类结果也不相同。传感器越多，采集数据识别精度越高，与此同时，计算复杂度和测试者的舒适度等都将降低。因此，选择合适数量的传感器和合适的传感器固定位置是目前研究的一个焦点，如图2.9所示。

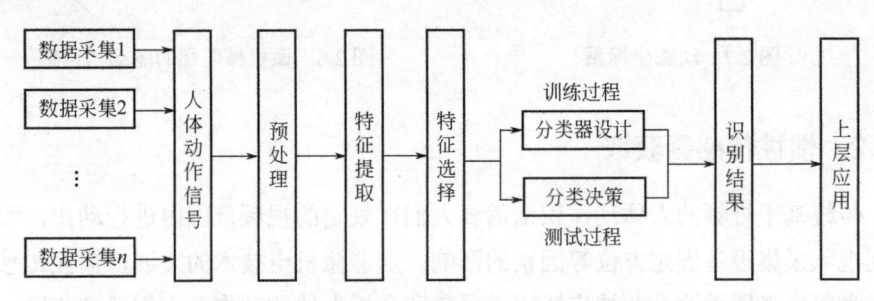

图2.9 基于惯性传感器的人体动作识别系统框架

③ 传感器电源问题：由于微机电传感器采集数据时，有电源才能工作。而由于便携性和人体活动自由的特点，人们不可能携带大量电源，也不可能有电源实时供电。因此，电源是基于惯性传感器人体动作识别系统的一大制约。目前，很多研究者正着眼于研究低功耗、高效率的采集识别硬件和软件系统。

④ 数据传输存储问题。由于人们活动场所的不同，为了能够实时监测人体动作，研究者将数据的传输和存储采用了不同的组合方式，其中有将传输和存储集成于一个电路系统中的，也有基于Zigbee等无线传输的，还有采用移动通信传输的。

2.2.2.1 基于姿态角的人体运动分析

传感器姿态角是通过传感器自身坐标系相对于东北天坐标系的转动角度来表示的，如图2.10所示。

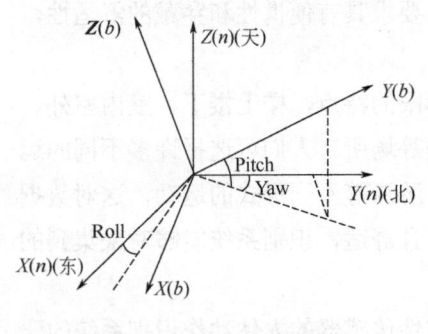

图2.10 姿态角示意图

（1）航向角Yaw：定义为传感器芯片绕Z轴转动的角度，在空间上是指芯片纵轴方向在水平面上的投影与地球子午线（即经度线）之间的夹角，即载体坐标系 $Y(b)$ 轴在东北天坐标系水平面的投影与东北天坐标系中 $Y(n)$ 的夹角。以从地理北极方向开始顺时针转动方向为正，范围是 0°～360°。

（2）俯仰角 Pitch：定义为传感器芯片绕 X 轴转动的角度，在空间上是指芯片的纵轴 $Y(b)$ 轴与地理水平面之间的夹角，即载体纵轴 $Y(b)$ 与其在东北天坐标系水平面上的投影之间的夹角。芯片抬头向上为正，向下为负，范围-90°～90°。

（3）翻滚角 Roll：定义为传感器芯片绕 Y 轴转动的角度，在空间上是指芯片的横轴 $X(b)$ 与水平面之间的夹角，即芯片横轴 $X(b)$ 与其在东北天坐标系水平面上的投影的夹角。芯片右面抬起为正，左面抬起为负，定义范围为-180°～180°。

基于惯性传感器的动作识别将传感器输出的姿态值经过实时坐标转换映射到人体骨骼模型中，从而转变成对个体关节运动的描述。以腰部传感器为例，腰部作为其他部位的父节点，以东北天坐标系作为其参考坐标系，其姿态角的变化表征了整个躯干的空间变化。

图 2.11 是人体运动的方位信息，假设人体垂直于水平面正常站立，向前走、向后退、左转身和右转身是人体的基本方位变化，表现为人体朝向的变化，而从姿态角的角度讲，则表现为航向角的变化。人在初始状态下的航向角将被初始化为 0°，随着人体朝向的变化，从右转身开始角度逐渐增大。

图 2.11 人体运动方位信息

对于俯仰角和翻滚角在人体运动分析中的应用，还是以腰部为例，人体运动的弯腰动作表示的是人体朝向不变情况下躯干在矢状面内的运动，在姿态角上表现为俯仰角的变化。而翻滚角则表征了人体在额状面的运动变化，表现为人体侧向倾斜程度。

2.2.2.2 数据采集系统

数据采集系统主要由传感器采集节点、数据接收节点和存储处理平台组成。传感器采集节点集成了加速度传感器、陀螺仪等惯性传感器器件。传感器节点固定在人体上，能够采集到与人体动作相关的惯性信息，通过传感器接收节点和存储平台，将获取的惯性数据存储起来用于后续的识别处理。数据采集系统是整个动作识别系统的基础，其性能的好坏在很大程度上影响着人体动作识别的性能。

（1）硬件采集设备。硬件采集设备主要包括嵌入惯性传感器的采集节点和接收显示装置。目前有关硬件采集设备的研究主要集中在基于研究需要的硬件采集设备和日常生活中常用的移动设备。Teague 等[27]为了量化评估肌肉骨骼损伤康复情况，开发了一种基于三种麦克风信号的可穿戴式系统，该系统能够量化测量到肌肉骨骼损伤恢复期间的声音变化。由于各个采集设备依据不同研究目的和应用需求，设备研制存在缺乏统一标准的问题。

（2）数据的存储与传输。数据的存储和传输在数据采集系统中至关重要，直接决定数据的可靠性和系统的稳定性。数据的传输方式有有线传输和无线传输之分。一些研究者将惯性传感器采集节点和数据接收、数据存储及处理单元独立设计。其中一些研究采用系统间有线连接，但是数据有线传输大大降低了用户的舒适度；一些研究采用系统间无线连接，采用这种连接方式对数据的传输质量有很高的要求。系统间的无线传输通常有 Zigbee、蓝牙技术等传输方式。一些研究将数据的采集、存储和传输模块集成在一起，从而减少数据传输对系统整体性能的影响，但是会大大增加系统设计的复杂度。还有一些研究将数据的采集、存储、传输及处理单元集成在一个装置中，这样大大提高了系统数据传输的可靠性，然而对系统的存储运算能力提出了挑战。

2.2.2.3 数据预处理

通过数据采集系统采集到的惯性传感器数据除了包含有效的人体动作信息，还包含各种噪声数据，这会对动作识别结果造成很大影响。为了给后续识别过程提供有效的动作信息，在获取初始数据后，需要对其进行预处理。预处理通常包括去噪、数据标准化、窗口分割和误差校正等。在数据采集过程中，采集到的数据往往包含传感器的测试和人的身体颤动等产生的噪声。此时需要对采集到的数据进行去噪处理，获得能更真实反映动作信息的数据。Khan 利用智能手机中内置的加速度传感器进行人体动作采集，在进行动作识别前采用 H 阶滑动平均滤波算法去除噪声数据。

由于惯性传感器采集到的数据常常具有不同的量纲和不同的变异程度，因此在对动作数据进行分析之前，通常需要进行标准化处理，常用数据标准化方法有归一化和 Z-score 方法。由于惯性传感器采集到的数据是一段时间内的人体动作信息，数据较长，不易提取特征和分类。目前，在已有的研究中通常将动作数据进行窗口分割，分为一个个时间片段，每个时间片段为一个观测窗口。常用的窗口分割方法主要有以下三类。

（1）滑动窗：滑动窗通常是通过固定长度的观测窗，将动作信息分为等长的片段。该方法不需要对动作数据做其他处理，分割简单，计算量小，能满足分割算法的实时性要求。

（2）事件窗：事件窗是按照事件持续长短的不同，将动作数据分割为长度不同的时间片段，每个观测窗的起点和终点代表一个事件的开始和结束。由于该方法需要额外的设备作辅助，计算量大，在人体动作识别中并不具备通用性。

（3）动作窗：动作窗是指依据动作类型的不同，将采集到的数据分割为不同长度的观测时间窗口，每个窗口的起点和终点分别代表动作的开始和结束。该方法依据动作数据的信号特征进行分割，存在一定的风险性，不适用于实时性和可靠性要求较高的识别研究。

2.2.2.4 特征提取

特征提取是动作识别中非常重要的环节。初始的动作信号无法直观有效地反映人体动作间的差异，直接采用初始的动作信号训练分类器模型，往往得不到好的分类效果，因此需要对初始惯性数据进行特征提取，进而训练分类器。目前常见的特征提取算法大致分为三类。

（1）时域特征：也称统计特征，是指直接从采集到的时域加速度数据中提取具有统计信息的特征矢量。时域特征是动作识别中经常用到的特征提取方法，常见的特征有均值、方差或标准差、轴间相关系数、过零率、峰度、偏度等。

（2）频域特征：是指利用频域分析方法对窗口内的动作数据进行分析，从而提取到的特征信息。频域特征从频率角度描述人体的动作信息，快速傅里叶变换（FFT）是常用的时频转换方法。常见的频域特征有能量、FFT系数、能量谱密度等。

（3）时频特征：是指利用时频分析方法，将人体动作信息同时反映到时域和频域内描述，从而提取到的特征。常见的时频特征提取方法是小波分析法。小波分析法能将惯性数据分解为不同精度下的细节和近似信号。

由于日常动作种类和研究对象的不同，需要更多更具区分度的特征信息对人体动作进行描述，提高分类识别算法的性能。随着人体动作识别的深入探索，研究人员发现一些更新颖的特征信息能够对动作数据加以区分描述。

2.2.2.5 特征选择

随着特征数 M 的增加，特征空间维数也在不断提升。这不仅增加分类识别的计算开销，对分类算法的通用性也会造成很大影响，而且区分度不高和冗余的特征信息会对分类器的性能产生坏的影响，降低分类精准度。因此，特征选择是识别中的关键问题，吸引着许多研究者[28]。常见的特征选择方法主要有两个方面：

特征向量的选择和特征变换。

特征向量的选择主要是指从已有的维数为 F 的特征中选择出数量为 f 的一组最优特征子集。特征向量的选择主要包含两个方面：搜索策略和评价准则[28-30]。

基于搜索策略可将特征向量选择方法分为全局最优搜索、随机搜索和启发式搜索策略三种[28-30]。采用全局搜索策略的特征选择方法，可以确保在预定特征数目的情况下寻找到设定判据下最优的特征向量子集，其中最具代表性的方法是分支定界法。该算法在处理高维度多类问题时，运算成本高，计算效率低。随机搜索策略本质上是一种优化问题，通过非全局的最优化目标搜索算法获取最优化的特征组合，常用的搜索策略有模拟退火算法、禁忌搜索算法、遗传算法等[30]。启发式搜索策略是一种非常实用的特征选择方法，通过合理的启发规则可找到一组潜在有用的特征组合，还可依据规则对所有特征进行排序。常见的启发式搜索策略有序列前向、序列后向搜索等。

2.3 非穿戴监测方法

基于可穿戴传感的个体行为获取可分为生物传感器获取及惯性传感器获取。其主要采用的传感器类型包括加速度计、陀螺仪、磁力计、压力传感器、心跳检测传感器等。其本质是通过捆绑或穿戴在身上的多个传感器节点组成的体域网[26]（Body Sensor Network，BSN）获取身体活动时所产生的运动信号，并将信号通过接入点传输给后台。然而基于可穿戴传感器对个体行为实施监测容易导致被监测个体的不适感，以及安装相对困难等不便，因此，基于非穿戴监测方法具有更大应用范围。非穿戴监测方法主要包括声音信号监测、电容场信号监测及电子标签监测。

2.3.1 声音信号监测

本节对声音信号处理的一些基本理论进行介绍。首先对声音信号进行简单的时域分析；然后详细介绍 FFT 及其应用、声音信号的几种特征参数、声音识别算法；最后详细介绍最小二乘法线性拟合方法。

2.3.1.1 声音信号的时域分析

设计过程中采集了一段人声，将其保存为 MP3 格式，再通过计算机中的音频格式转换器将其转换为 wav 文件格式，最后在 MATLAB 仿真软件平台上，使用

wavread 函数将 wav 格式的音频信号转换成 MATLAB 列数组变量；从而进行声音数据的时域分析。采集的声音是机械中的原料从多到少，再到多的声音信号，其中采样频率为 44100Hz，声音信号的时域波形如图 2.12 所示。

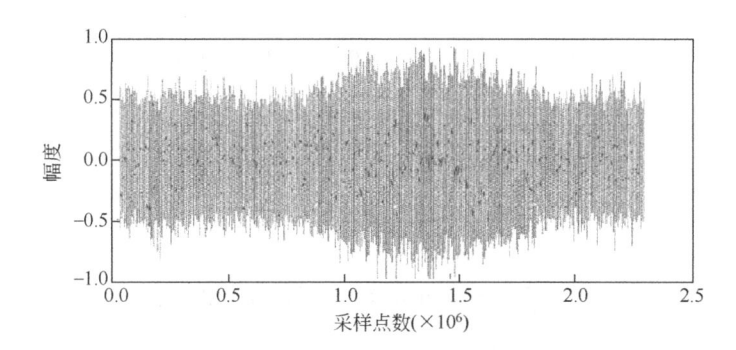

图 2.12　声音信号的时域波形图

图 2.12 中，横坐标表示声音信号按时间顺序采样点的数量，纵坐标表示该采样点对应的幅度值。从图 2.12 中可以看出，整段声音信号在时域上有较强的时变特性，只有在较短的时间内才能将声音信号视为平稳信号。从信号的时域波形中可以大致看到，随着机器中原料数量的变化，声音信号的幅度值也随之发生变化。因此，在声音信号处理中，可以使用信号在时域中的幅度值来大致描述声音的时域特征。

2.3.1.2　傅里叶变换及 FFT 的应用

对声音信号进行频域分析，可以获得信号在时域分析中不能描述的信息。通过傅里叶变换可以使时域内的信号变换为对应的频域内信号，研究发现，相对于时间变量，频率变量对于区分信号更有价值。在对信号进行频域分析时，傅里叶变换是最常用的算法。在对信号进行分析处理中，经常用到的功率谱、互谱、倒谱分析等，都是从傅里叶变换演变而来。目前频率分析已经成为数字信号处理中最重要，也是最基本的方法之一[31]。

在信号的频域分析中，应用最经典的算法就是傅里叶变换，它是将某个周期函数表示成三角函数（正弦、余弦函数）或它们的积分的线性组合。目前应用较多的倒谱分析算法就是基于傅里叶变换演变而来的。现在傅里叶变换已经被广泛应用到声音信号处理分析领域中。下面简单介绍一下离散傅里叶变换（DFT）、快速傅里叶变换（FFT）算法。

傅里叶级数针对的是周期信号，但并不是所有的信号都满足这一条件。要想将非周期信号用傅里叶级数表示，可将它看作一个周期为无穷大的周期信号，其展开式如式（2.17）所示：

$$x(t) = \frac{a_0}{2} + \sum_{n=1}^{\infty}[a_n\cos(n\omega_1 t) + b_n\sin(nw_1 t)] \tag{2.17}$$

$$a_0 = \int_0^T x(t)\mathrm{d}t \tag{2.18}$$

$$a_n = \frac{2}{T}\int_0^T x(t)\cos n\omega t \mathrm{d}t \quad (n=1,2,3,\cdots) \tag{2.19}$$

$$b_n = \frac{2}{T}\int_0^T x(t)\sin n\omega t \mathrm{d}t \quad (n=1,2,3,\cdots) \tag{2.20}$$

式中，a_0 是直流分量；n 是谐波次数。

DFT 是基于傅里叶级数提出的，经理论推导，如式（2.21）所示：

$$X(t) = \sum_{n=0}^{N-1} x_n W^{nk} \quad (k=0,1,2,\cdots,N-1) \tag{2.21}$$

$$x(n) = \frac{1}{N} X(k) W^{-nk} \quad (k=0,1,2,\cdots,N-1) \tag{2.22}$$

其中，$W = \mathrm{e}^{-j2\pi/N}$。

由 W 的表达式可看出，其具有周期性，周期为 N，$X(k)$ 为输入序列 $x(n)$ 对应的 N 个离散频率点的相对幅度。还可以看出，计算 1024 个点的 DFT，需要进行 1024^2 次复杂乘法计算，这样的计算量是相当惊人的，庞大的计算量限制了 DFT 在工程上的应用。20 世纪 60 年代，科学家图基和库图提出了离散傅里叶变换的快速算法，即 FFT，它通过蝶形运算可以将复数乘法运算减少到 $N\log_2 N$ 次。

FFT 在很大程度上提高了傅里叶变换的计算效率，而且可以很好地适用于计算机上的计算方式，这些优点都让它成为数字信号处理的经典算法。随着 FFT 的出现，加快了软件算法在数字信号处理中的提出和改进，这些都使得信号处理技术取得飞速进展。由于傅里叶变换是频域分析中最常用的算法，所以，FFT 在信号处理领域中被广泛应用。

2.3.1.3 声音识别的特征参数

在声音识别系统中，往往需要对声音信号进行特征参数提取[32]，才能根据这些参数对声音信号特征进行匹配对比，从而实现对声音信号的识别。所谓的特征提取就是通过对声音信号进行处理，去除无关信息，只提取对声音识别有用的信

号参数。在对声音信号进行特征提取时,特征参数需要满足:

(1) 每个参数之间具有良好的独立性;

(2) 能够有效反映声音的本质,具有良好的区分性;

(3) 每个特征参数的计算过程简单,争取能够完成声音识别的实时实现。

一般将声音信号特征参数分成两类:一类是时域特征参数。在时域上,声音信号特性可比较直观地表现出来,而且信号的时域特征参数比较容易提取。另一类是变换域特征参数,通常是指将一帧声音信号通过某种转换后得到的参数。目前,应用最广的就是频域特征参数,它主要是对声音信号进行傅里叶变换得到的参数。

2.3.1.4 声音信号的时域特征参数

在提取时域特征参数时,一般是将一帧声音信号中的时域采样序列直接生成一个参数矢量,比如幅度、能量、过零率等[33]。从图 2.13 中可以看出声音信号有很强的时变特性,只有在较短的时间内才能将声音信号视为平稳信号。所以在提取时域特征参数时,一般是对信号进行短时分析。在声音信号分析处理中,常用的时域参数有短时平均幅度、短时能量等。

2.3.1.5 识别算法

在声音识别系统中,一般有训练(学习)和识别(匹配)两个阶段,这两个阶段都需要对信号进行预处理、特征提取等。声音信号预处理过程如图 2.13 所示,主要包括信号的放大、预滤波、模数转换等操作。

图 2.14 是声音识别的原理框图。

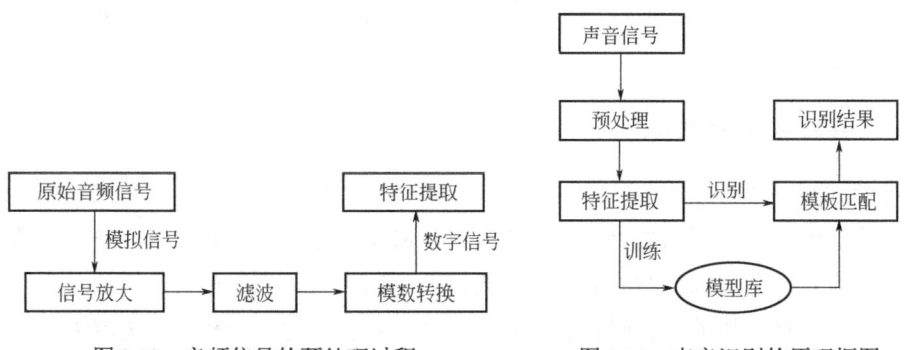

图 2.13 音频信号的预处理过程

图 2.14 声音识别的原理框图

在训练阶段,首先对采集到的样本信号进行预处理,进而进行特征提取,再对提取的特征参数训练模型,得到每个样本信号对应的模型,将得到的模型放入模型库；重复上述步骤，采集多种声音信号的特征参数，完成模型库的建立。

模型库的建立方法主要有两大类：模式匹配方法和统计模型方法。在模式匹配方法中，经常用到的算法在基于识别阶段中，同样要先将进行识别的声音信号经过预处理，在特征提取后，与训练阶段建立的模型库进行匹配，寻找与它最相近的模型，找到的这个模型就是识别的结果。

目前在声音信号处理中，较为常用的声音识别算法有矢量量化方法、动态时间规整方法；在统计模型方法中，常用的是隐马尔可夫模型。

由于矢量量化方法一般能达到最佳的压缩效果，所以，它在声音信号处理中有着非常重要的作用，目前，它已经被广泛应用在语音处理、声音识别等很多领域。图 2.15 为矢量量化在声音识别中的应用原理框图。

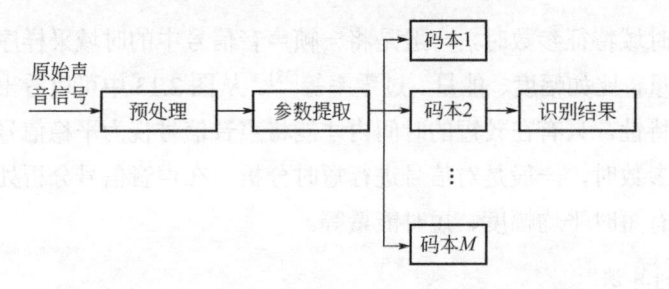

图 2.15　矢量量化在声音识别中的应用原理框图

基于矢量量化技术的声音识别过程主要是：

（1）先对预处理后的待识别声音信号进行特征矢量提取；

（2）利用系统库内的所有码本，对（1）中提取的特征矢量进行矢量量化；

（3）最后得出各码本对应的平均量化失真，其中平均量化误差最小的码本就是识别结果。

2.3.2　电容场信号监测

电容式传感器可以实现非接触测量，温度稳定性好，结构简单，适应性强，动态响应速度快，在国内外许多领域得到广泛应用，是公认的具有发展前途的传感器。电容传感器可以检测到激励电极周围的不同物质，当介电常数高的介质接近到有一定交流电压的电极时，介质与电极之间就会产生一个较大的电容电流路径，导致介质与电极间相对电场发生变化。利用一定放大检测电路来测量介质与电极间产生的变化电容值，并将电容变化量转化为对应关系的直流电压值。由此可知，电容感应原理就是当有不同介质靠近激励电极时，介质和电极间的电场发生变化，可通过检测不同介质对应电容的数字变化值，来对接近的介质进行区分。

2.3.2.1 电容式传感器的工作原理及结构形式

电容式传感器是以各种类型的电容器作为传感元件，通过电容传感元件，将被测量的变化转换为电容量的变化。因此电容式传感器的基本工作原理可以用图 2.16 所示的平板电容器来说明。电容式传感器工作原理是基于物体间的电容量与其结构参数之间的关系，由物理学可知，电容器的电容是构成电容器的两极板形状、大小、相互位置及电介质介电常数的函数。当忽略边缘效应时，其电容量 C 为

$$C = \frac{\varepsilon_0 \varepsilon_r S}{\delta} \tag{2.23}$$

式中，ε_0 为真空介电常数，$\varepsilon_0 = 8.85 \times 10^{12}$F/m；$\varepsilon_r$ 为介质的相对介电系数；S 为极板面积；δ 为极板间的距离。

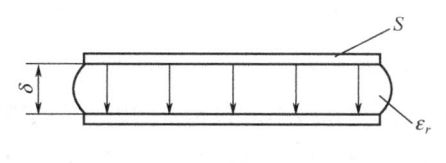

图 2.16 平行板电容器

由式（2.23）可知，当 ε_r、S 和 δ 中的某一项或某几项发生变化时，电容 C 就随着改变。交流激励下 C 的变化相应地引起容抗 X_C 的变化，从而使输出电压或电流变化。在实际应用中，常使 ε_r、S 和 δ 三参数中的两个保持不变，而改变其中一个参数来使电容发生变化。所以电容传感器可分为三种类型，即改变极板距离 δ 的变间隙式、改变极板面积 S 的变面积式、改变介电常数 ε_r 的变介电常数式。

变间隙式一般用来测量微小的线位移（0.01 微米至零点几毫米），变面积式一般用于测量角位移或较大的线位移，变介电常数式常用于固体或液体的物位测量以及各种介质的湿度、密度的测定。

2.3.2.2 不同类型的电容传感器比较分析

（1）空气介质的变间隙式电容传感器及变面积式电容传感器简介。图 2.17 为变间隙式电容传感器的原理图。图中 2 为静止极板（一般称为固定极板），1 为与被测参数相连的动极板。当动极板 1 因被测参数改变而引起移动时，就改变了两极板间的距离 δ，从而改变了两极板间的电容 C。从式（2.23）可知，C 与 δ 的关

系曲线为一双曲线，如图 2.18 所示。

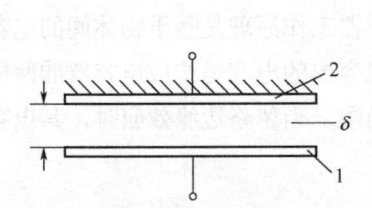

图 2.17　变间隙式电容传感器原理图
1—动极板；2—静止极板

图 2.18　C-δ 特性曲线

变间隙式电容传感器的灵敏度为 $S_n = \dfrac{\Delta C}{\Delta \delta} = \dfrac{C_0}{\delta}$，由此可以看出，变间隙式电容传感器的灵敏度主要由极板间距决定。从原理上讲，植物所含水分的变化会引起体积的变化，但这种变化极其微小，若用变间隙式传感器作植物水分测量，相当于用极其微小的变化量来衡量另一微观变化，就使得原本微小的变化数据显得更加微观，因此，在测量精度上很难实现。

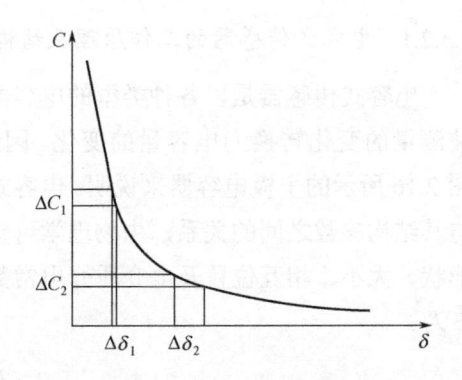

变面积式电容传感器分为直线位移式和角位移式两种，都通过动极板的移动来改变电容极板面积实现测量，其中角位移式传感器具有良好的输出线性特性，但其若要通过植物水分的变化引起形体变化推动极板移动，从而改变电容极板面积，仍然存在与变间隙式电容传感器一样的精度难度。

（2）基于变介电常数的电容式传感器的工作原理。变介电常数式电容传感器的结构有很多种，有经常应用于电容式液面计中的电容式传感器、测量介质介电常数变化的电容式传感器等。研究中，设电容极板面积为 S，间隙为 a。当有一厚度为 δ，相对介电常数为 ε_r 的固体电介质通过极板间隙时，电容器的电容为

$$C = \dfrac{\varepsilon_0 S}{a - \delta + \delta / \varepsilon_r} \tag{2.24}$$

若固体介质的相对介电常数增加 $\Delta \varepsilon_r$（如湿度增高）时，电容值也将相应地增加 ΔC，于是有：

$$C + \Delta C = \dfrac{\varepsilon_0 S}{a - \delta + \delta / (\varepsilon_r + \Delta \varepsilon_r)} \tag{2.25}$$

变介电常数式电容传感器也可以用来测量介电材料厚度的变化,在这种情况下,介电材料的相对介电常数ε_r为常数,而厚度δ则是自变量。若被测介质充满两极板间时,即$a=\delta$,则其电容量为$C=\dfrac{\varepsilon_0\varepsilon_r s}{\delta}$;当介质的相对介电常数$\varepsilon_r$变化为$\Delta\varepsilon_r$时,其电容量变化为$C=\dfrac{\Delta\varepsilon_r\varepsilon_0 s}{\delta}$,与$\Delta\varepsilon_r$呈线性关系。

2.3.3 电子标签监测

《ITU 互联网报告 2005:物联网》指出,物联网的发展取决于四个关键性应用技术:带有电子标签的无线射频识别技术(Radio Frequency Identification,RFID)、能够感知事物的传感网络技术(Sensor Technologies)、能够识别事物的智能技术(Smart Technologies)以及能够构建事物的微缩纳米技术(Nano Technologies)[34]。而其中 RFID 技术能够无须与物品进行接触,便快速、实时、并发、精准地完成对信息的采集和处理。因此,RFID 技术已成为物联网技术能否应用成功及发展的根本性因素。

射频识别即 RFID 技术,又称电子标签,是一种通信技术,可通过无线电信号识别特定目标并读写相关数据,而无须识别系统与特定目标之间建立机械或光学接触。常用的有低频(125~134.2kHz)、高频(13.56MHz)、超高频、无源等技术。起始于 20 世纪 40 年代,起初是英国军方出于对新的战争形势发展的需要,希望能够快速精确地识别出战场上的某些大型武器装备,如战机及航空母舰,发起了对雷达技术应用改进方面的研究,从而产生了 RFID 技术[35]。目前,RFID 技术已被广泛应用在物流、制造、医疗、交通运输、建筑、供电等重要领域中。鉴于 RFID 电子标签的灵活性,目前汽车业的巨头,如日本的丰田公司、三菱公司以及美国的福特公司等均采用 RFID 作为其智能化生产的重要标志。另外,在零售、物流及超市行业中,世界最大的连锁超市沃尔玛公司也已经广泛采用了电子标签。

电子标签作为 RFID 系统的核心,是承载信息存储和传递的重要载体。电子标签根据供电方式可以分为无源电子标签、有源电子标签及半有源电子标签 3 种。电子标签具有高存储空间、读写速度快、低成本、体积小及计算能力受限等特点。

(1)数据存储:与传统形式的标签相比,容量更大(1~1024bits),数据可随时更新,可读写。

(2)读写速度:与条码相比,无须直线对准扫描,读写速度更快,可多目标识别、运动识别。

(3) 使用方便：体积小，容易封装，可以嵌入产品内。
(4) 安全：专用芯片、序列号唯一、很难复制。
(5) 耐用：无机械故障、寿命长、抗恶劣环境。

2.3.3.1 物联网电子标签标准

随着物联网技术的快速发展和 RFID 系统被广泛采用，世界各国政府、企业和组织更加关注 RFID 技术在应用中的标准化问题。面对庞大的市场，到目前为止，还没有一个被广泛采纳的统一的 RFID 系统标准。美国、欧盟、日本等和一些企业巨头也正在积极参与制定各自相应的 RFID 技术的标准体系。而由于各自采用的技术、设备和材料的不同，由各国各自制定的标准体系并不互相兼容。因此目前物联网电子标签处于多个 RFID 标准体系共存的阶段，这些标准互相竞争并互相吸收各自的优点，更加推动了物联网电子标签及 RFID 系统的标准化进程。

在现阶段，世界上广泛被使用和采纳的主要有 3 个 RFID 技术标准，分别是由国际标准化组织和国际电工委员会（ISO/IEC）制定的 ISO/IEC RFID 标准、美国统一编码委员会和国际物品编码协会（UCC/EAN）主导的 EPC Global RFID 标准以及由日本政府及企业研制的 UID RFID 标准。

（1）ISO/IEC RFID 标准。国际标准化组织和国际电工委员会是最早制定 RFID 标准的组织，ISO/IEC RFID 标准也是目前 RFID 标准体系中最为完备的。国际标准化组织和国际电工委员会以其悠久的历史和严谨的科研态度汇聚了全球学术界、企业和组织的精英人士，在充分听取各界意见和考虑市场的需求后，共同制定了 ISO/IEC RFID 标准体系，因此该标准的权威性毋庸置疑。ISO/IEC RFID 标准从 RFID 技术指标、电子标签的数据结构、系统性能指标及应用规范等多个方面对物联网 RFID 技术都做了详细的制定和说明。

（2）EPC Global RFID 标准。EPC Global RFID 标准是由美国和欧盟倡导的一个非营利性组织，其最大的特点是提倡建立一个全球化、开放性的平台，最终使得世界上的任何物品能够实时地进行信息的交换和共享。EPC Global RFID 标准也有自己的一套体系框架，包括标准体系和用户体系两个方面。而标准体系框架内又分别制定了底层的 EPC 电子标签的对象交换、基础实施及数据交换等标准；用户体系框架内也制定了上层应用中一些信息交互接口的参数和标准。EPC Global RFID 标准深入细致且具有前瞻性，因此受到业界的一致称赞和广泛采纳。目前在美国和欧洲地区的大型企业均采用或兼容 EPC Global RFID 标准。

(3) UID RFID 标准。相对于上面两类标准，UID RFID 标准在使用范围和市场占用上略为逊色。目前 UID RFID 标准主要应用在日本的各大企业中。UID RFID 标准在充分借鉴了 EPC Global RFID 标准的基础上，也提出了自己的一套编码标准，即 Ucode 编码，该编码标准的优势在于能够兼容其他厂商的标准，并且充分考虑了其他空口接口及通信协议。此外 UID RFID 标准在安全方面也提出了一些防范措施。

除了上述三大技术 RFID 标准外，我国也正在积极研究具有自主知识产权的 RFID 技术标准。如国家标准管理委员会制定的《动物射频识别代码结构》GB/T 20563—2006 以及由工业和信息产业部制定的《800/900MHz 频段射频识别（RFID）技术应用规定（试行）》等标准。

2.3.3.2 RFID 系统构成

RFID 系统在具体的应用过程中，根据不同的应用目的和应用环境，系统的组成会有所不同，但从系统的工作原理来看，一般都由信号发射机、信号接收机、编程器、发射接收天线几部分组成。下面分别加以说明。

（1）信号发射机。在 RFID 系统中，信号发射机为了不同的应用目的，会以不同的形式存在，典型的形式是标签（TAG）。标签相当于条码技术中的条码符号，用来存储需要识别传输的信息，另外，与条码不同的是，标签必须能够自动或在外力的作用下，把存储的信息主动发射出去。标签一般是带有线圈、天线、存储器与控制系统的低电集成电路。

（2）信号接收机。在 RFID 系统中，信号接收机一般叫作阅读器。根据支持的标签类型不同与完成的功能不同，阅读器的复杂程度是显著不同的。阅读器基本的功能就是提供与标签进行数据传输的途径。另外，阅读器还提供相当复杂的信号状态控制、奇偶错误校验与更正功能等。标签中除了存储需要传输的信息外，还必须含有一定的附加信息，如错误校验信息等。识别数据信息和附加信息按照一定的结构编制在一起，并按照特定的顺序向外发送。阅读器通过接收到的附加信息来控制数据流的发送。一旦到达阅读器的信息被正确地接收和译解后，阅读器通过特定的算法决定是否需要发射机对发送的信号重发一次，或者知道发射器停止发信号，这就是"命令响应协议"。使用这种协议，即便在很短的时间、很小的空间阅读多个标签，也可以有效地防止"欺骗问题"的产生。

（3）编程器。只有可读可写标签系统才需要编程器。编程器是向标签写入数据的装置。编程器写入数据一般来说是离线（OFF-line）完成的，也就是预先在标签中写入数据，开始应用时直接把标签粘附在被标识项目上。也有一些 RFID 应用系统，写数据是在线（ON-line）完成的，尤其是在生产环境中作为交互式便携数据文件来处理时。

（4）发射接收天线。天线是标签与阅读器之间传输数据的发射、接收装置。在实际应用中，除了系统功率，天线的形状和相对位置也会影响数据的发射和接收，需要专业人员对系统的天线进行设计、安装。

2.3.3.3 RFID 系统工作原理

RFID 系统根据不同的应用场合以及需求其组成会有所不同，但是基本的组成部分还是由读写器和电子标签所构成的，在一些应用中，还包括上层的管理系统。在电子标签和读写器都有天线，标签根据能量来源的不同分为无源标签和有源标签，当标签从读写器发出的射频场中获得能量时，这种为无源标签；当标签需要外部供电时，称为有源标签。RFID 中的主要组成部分如表 2.1 所示。

表 2.1 RFID 系统主要组成部分

部件名称	作用
读写器（Reader）	从标签中读取信息、往标签中写入信息
电子标签（Tag）	由天线和芯片组成，每个标签都有一个唯一的识别码（Tag Identifier-TID），并且读写器无法修改
上层管理系统	与 RFID 系统中的读写器进行交互，同时管理 RFID 系统中的数据，并根据应用需求实现不同的功能或提供相应的接口

读写器对电子标签进行存盘和读写操作，也可以称作阅读器。读写器主要包含射频模块、中央处理控制模块。有时还会附加一些接口（如 RS-232），以便将数据传给上层管理系统或其他设备做处理，其基本的构成如图 2.19 所示。射频模块又根据其功能分为两个模块：发射模块起到调制的作用，将低频信号搬到高频，经过放大器放大后，由天线发射给电子标签；接收模块则起到解调的作用，通过天线将射频信号接收下来，之后将射频信号从高频搬移到低频并滤波后形成数字信号，传给中央处理模块做信息处理。中央处理模块是读写器的核心，它控制读写器与电子标签的命令交互，并处理标签反馈的信息。

电子标签是射频识别系统的数据载体，标签的存储器存放节点信息并依附于被监测的节点上。标签主要分为三个部分：天线、射频电路以及数字电路，其结构如图 2.20 所示。天线主要起到接收和发送信号的作用。射频电路主要负责将接收到的调制信号进行解调，并把要发送的信号反射调制回去。数字电路主要实现编解码的功能，并做命令解析和状态跳转。

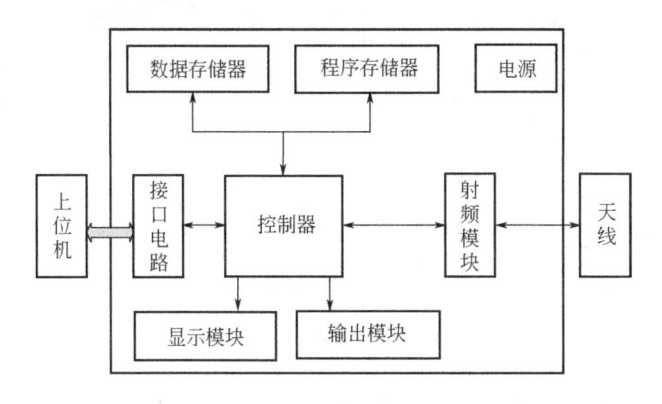

图 2.19 读写器组成图

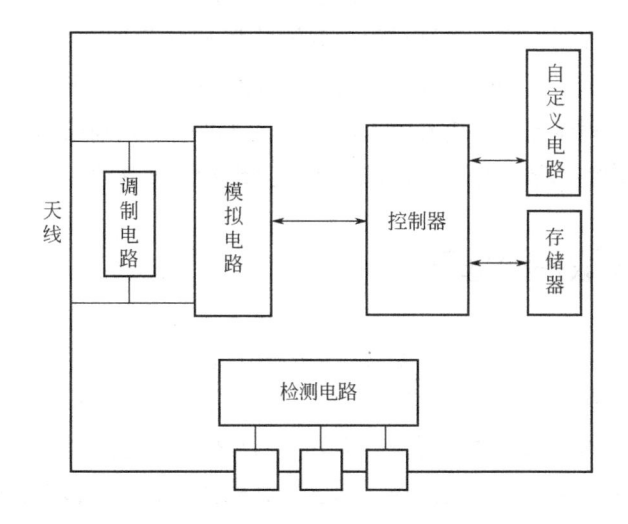

图 2.20 标签结构图

当读写器开始工作时，便通过天线持续地向周围空间发射射频信号，并在周围形成一定范围的射频场区。当标签进入射频场范围，标签将场能转化为电能，为后续的解调和解码提供所需的电能，并按照协议返回相关数据。读写器接收从标签反射调制回来的负载调制信号，解调识别标签信息，之后按照协议对标签进行一系列读、写、锁存等操作[36]。其中 RFID 系统的整体架构如图 2.21 所示。

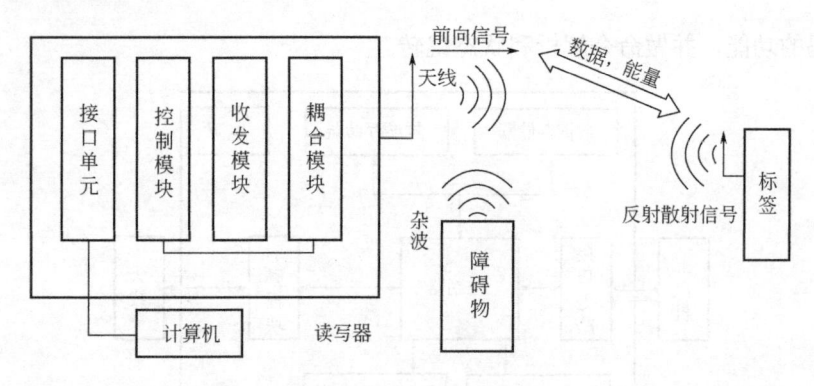

图 2.21 RFID 系统组成

无源的 UHF RFID 标签采用反向散射的方式和读写器进行交互。标签在发送信息时，可以根据发送数据的内容来改变标签电路和标签天线的匹配程度，并改变反射电磁波的强弱程度。通过反射电磁波的强弱的变化来区别"1"和"0"。

调制信号在反射时会受到障碍物的阻碍以及杂波信号的干扰。两者会一起被读写器接收，读写器通过将信号放大、解调、滤波等一系列操作，将干扰信号尽量去除，形成数字基带信号，最后送到控制处理器进行其他操作。

2.4 行为获取系统框架

要实现人体行为识别，首先要实现人体行为感知。人体行为的感知涉及两个方面。首先，感知系统需要提供满足人体行为识别所需的数据。同时，感知系统要贴合人类用户的特殊需求，要具有良好的用户体验。总结目前在学术界所尝试过的人体行为感知手段，可大体分为基于计算机视觉的方法和基于可穿戴传感器网络的方法两大类。

首先，考虑人体行为感知系统如何提供满足识别所需数据的问题。行为识别可用的信息类型有很多，举例来说，捕捉人体的肢体动作能够识别出人的基本动作和姿态；通过声音能够帮助判断人的动作以及捕捉人之间的互动，通过物品使用来判断人的日常生活行为等。但是，尽管在人体的行为识别方面已经做了许多工作，使用哪一种类型的信息最有利于进行人体的行为识别，依然是一个值得研究的课题。总结现有的人体行为感知手段，计算机视觉的手段从原则上能够抽取出绝大多数有用的信息，如肢体动作、物品使用等，但是受到光照、角度、遮挡等因素的限制和干扰较多。对于可穿戴传感器网络来说，由于传感器制造技术的快速发展，已经出现种类非常丰富的传感器，能够对和人体行为相关的各项数据进行感知，如加速度传感器来捕捉人体的肢体动作和姿态、RFID 传感器来捕捉人对于物品的使用与定位、微型麦克风来捕捉人交谈以及环境中的声音、各类物理量传感器感知人所处位置周围的环境信息等。

其次，考虑人体行为感知系统对人类用户需求的满足问题。用户对于感知的手段有几点比较重要的需求。第一，对人体行为的感知手段需要有较小的隐私侵入性；第二，感知手段不能对人的活动自由产生限制，要实现随时随地的行为感知；第三，感知的手段不应对人的日常生活产生过度的干扰，要尽可能地降低维护的开销和难度。基于计算机视觉的行为感知方法对人的隐私侵入性较强，不适合在日常家居等环境中使用。而可穿戴传感器网络对人的隐私侵入性较小；同时其具备节点体积小、重量轻的优点，随着技术的进步和可植入传感器等的发展，可以方便地穿戴在人身上，能够进行跟随式的感知；对可穿戴传感器网络的日常维护相对容易，其主要维护需求集中在对电池的更换上。

在利用可穿戴传感器网络来进行行为识别的工作中，早期并且广泛应用的方法，是利用主动式传感器设备来组建可穿戴传感器网络。在一个由主动式传感器设备所组成的可穿戴传感器网络中，人身上穿戴各种类型的传感器节点，这些节点装备包括加速度、温度、声音、光线等各种类型的传感器。传感器节点获取传感器读数后，通过包括有线、无线等通信方式将数据发送给汇聚节点。汇聚节点将接收到的数据传输给处理节点以进行后续的行为识别。主动式传感器设备的优点是传感器能力强，能够感知多种类型的数据。但是其一个明显的局限性在于主动式的传感器设备需要电池供电以维持其正常的工作。

与主动式的传感器设备不同，最近部分行为识别领域的学者开始尝试使用被动式的传感器设备来对人体行为进行感知。以技术为代表，学者已经在人体行为识别相关的方面取得了初步的成果，验证了被动式传感器设备应用在人体行为识别技术中的潜力。以被动式标签为代表的被动式设备不需要自身携带电池，免于日常维护，体积小巧，更适宜于建设可穿戴传感器网络。然而，被动式传感器设备的感知能力较弱，要将其成功地运用在人体行为识别系统中，仍是一个十分具有挑战的课题。

在通过可穿戴传感器网络中所包含的各类感知手段获取了和人体行为相关的各类数据后，这些数据需要经过一系列的处理来识别出其中所包含的人体行为信息。虽然不同类型的感知数据需要采取的具体处理手段各不相同，在宏观考虑整个人体行为识别系统时，其基本的系统框架则是基本一致的。行为识别问题往往被当作一种特殊的分类问题来看待。一个行为识别系统符合一个典型的模式识别系统的架构。图 2.22 展现了一个通用的基于可穿戴传感器网络的行为识别系统的基本框架。位于系统最底层的可穿戴传感器网络负责感知和人体行为相关的各类数据，并通过数据通信技术将感知到的数据传输给处理节点。获取到的数据通过数据分割得到一段数据，在进行行为识别时，我们将这一段数据称为一个行为实例。一个行为实例所包含的数据通过特征提取，得到该行为实例对应的特征向量作为行为识别算法的输入。行为识别算法随后通过行为模型识别出对应的人体行为。

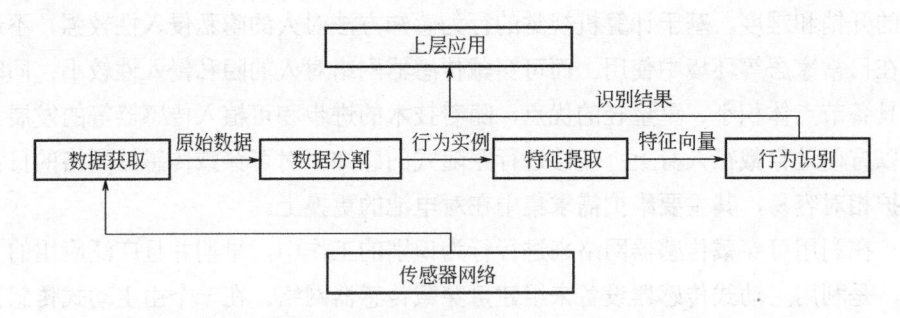

图 2.22 基于可穿戴传感器网络的行为识别系统框架

在这个基本框架中，包含以下几个基本的处理步骤。

第一，数据获取。数据获取是从行为识别系统的角度对于行为感知和传输的抽象，数据获取所关心的问题包括如何感知和传输人体行为数据，以及针对格式转换、噪声滤除和提高效率等需要而进行的数据预处理。

第二，数据分割。从可穿戴传感器网络所获取的数据是一个时间上连续的、潜在无穷的数据流。数据分割要解决的问题就是如何从这样无穷的传感器数据流中合理地截取一段来进行行为的识别。被截取的这一段数据称为一个待识别的行为实例，根据分割的效果，它可能包含了所关注的人类用户的一个或多个行为相关的数据，是后续进行行为识别的最基本的单元。

第三，特征提取。一个行为实例包含了所关注的人类用户的一个或多个行为所对应的原始传感器数据。要从该原始数据中实现对行为的识别，往往要求我们对行为实例中所包含的数据进行特征提取。特征提取算法从一个行为实例所包含的原始数据中提取一系列抽象的信息称为特征，并组成一个特征向量来表示该行为的实例。

第四，行为识别。行为识别算法根据特征提取所获得的行为实例对应的特征向量，来识别出这段行为实例中所包含的人体行为。对行为的建模是行为识别算法的核心。

参考文献

[1] 段瑞玲，李庆祥．图像边缘检测方法研究综述[J]．光学技术，2005，31（3）：415-419

[2] Beo P，Zhang L．Canny edge detection enhancement by scale multiplication[J]．IEEE Trans on Pattern Analysis and Machine Intelligence，2005，27（9）：1485-1490．

[3] 王植，贺赛先．一种基于Canny理论的自适应边缘检测方法[J]．中国图像图形学报，2004，9（8）：957-961．

[4] Walsh D，Raftery A E．Accurate and efficient curve detection in image：The importance sampling Hough transform[J]．Pattern Pecognition，2002，35（7）：1421-1431．

[5] Li Liangfu，Feng Zuren，He Kailiang．Arandomized algorithm for detecting multiple ellipses based on least square approach[J]．Opto-electronics Review，2005，13（1）：61-67．

[6] 于海滨，刘济林．基于中心提取的RHT在椭圆检测中的应用[J]．计算机辅助设计与图形学学报，2007，19（9）：1107-1113．

[7] Marhic B，Mouaddib E M，Pegard C．Localization based on invariant-models recognition by SYCLOP[C]．In：Proceedings of the International Conference on Intelligent Robots and Systems．New York：IEEE Press，1999：793-798．

[8] 周玲，张丽艳等．近景摄影测量中标记点的自动检测[J]．应用科学学报，2007，25（3）：289-294．

[9] Wren C，Azarbayejani A，Darrell T et al．Pfinder：Real-time tracking of the human body[J]．IEEE Trans．on Pattern Analysis and Machine Intelligence，1997，19（7）：780-785．

[10] Malassiotis S，Aifanti N，Strintzis M．A gesture recognition system using 3D data[C]．Proceedings of international symposium on 3D data processing visualization and transmission，2002：190-193．

[11] Oka K，Sato Y，Koike H．Real-time fingertip tracking and gesture recognition[J]．IEEE Computer Graphics and Applications，2002，22（6）：64-71．

[12] Starner T，Pentland A．real-time American Sign Language recognition from video using hidden Markov models[C]．Proceedings of Symposium．Of Computer Vision，1996，1：265-272．

[13] Kolsch M．Vision based hand gesture interfaces for wearable computing and virtual environment[D]．Santa Barbara：University of California，2004．

[14] Elgammal R，Duraiswami D，Harwood L et al．Background and foreground modeling using

nonparametric kernel density estimation for visual surveillance [C]. Proceedings of IEEE, 2002, 90 (7): 1151-1163.

[15] Jones M, Rehg J. Statistical color models with application to skin detection [J]. International Journal of Computer Vision, 2002, 46 (1): 81-96.

[16] Ye G, Corso J, Hager G. Real-time vision for human-computer interaction [J], Human Computer Interaction in the Work Place, 2005: 224-229.

[17] Swain M. Color indexing [J]. International Journal of Computer Vision, 1991, 7 (1): 11-32.

[18] Viola P, Jones M. Rapid object detection using a boosted cascade of simple features [C]. Proceedings of IEEE International Conference on Computer vision and pattern recognition (CVPR), 2001: 511-518.

[19] Li S, Zhu L, Zhang Z, et al. Statistical learning of multi-view face detection [C]. Proceedings of European Conference on Computer Vision (ECCV), 2002: 67-81.

[20] Wu Y, Huang T S. Hand modeling, analysis and recognition [J]. IEEE Signal Processing Magazine, 2001, 18: 51-60.

[21] Yilmaz A, Shah M. Object tracking: a survey [J]. ACM Computing Surveys, 2006, 38 (4): 1-45.

[22] Kuch J, Huang T S. Vision-based hand modeling and tracking for virtual teleconferencing and telecollaboration [C]. Proceedings of IEEE International Conference on Computer Vision (ICCV), 1995: 666-671.

[23] Cui Y, Weng J. Hand sign recognition from intensity image sequences with complex background [C]. Proceedings of IEEE Conference on Computer Vision and Pattern Recognition (CVPR), 1996: 88-93.

[24] Julier S, Uhlmann J. A new extension of the Kalman filter to nonlinear systems [C]. Proceedings of SPIE, 1997, 30 (68): 182-193.

[25] Pentland A, Liu A. Modeling and prediction of human behavior [J]. IEEE Trans. on Intelligent Vehicle, 1995: 350-355.

[26] 宫继兵, 王睿, 崔莉. 体域网的研究进展及面临的挑战 [J]. 计算机研究与发展, 2010, 47 (5): 737-753.

[27] TEAGUE C, HERSEK S, TOREYIN H, et al. Novel approaches to measure acoustic as biomarkers for joint health assessment [C]. Wearable and Implantable Body Sensor Network (BSN). 2015 IEEE 12th International Conference on IEEE, 2002: 223-230.

[28] 姚旭, 王晓丹, 张玉蜜. 特征选择方法综述 [J]. 控制与决策, 2012, 27 (2): 161-166.

[29] 王娟，慈林林，姚康泽. 特征选择与方法综述［J］. 计算机工程与科学，2005，27（12）：68-71.

[30] 毛勇，周晓波，夏铮，等. 特征选择算法研究综述［J］. 模式识别与人工智能，2007，20（2）：211-218.

[31] 邓万昌. 基于事件相关电位的脑机接口研究［D］. 北京：北京交通大学，2009.

[32] 胡航. 现代语音信号处理［M］. 北京：电子工业出版社，2014.

[33] 张嫁，汤宝平，刘自然，等. 时频表示特征约简的旋转机械故障特征提取方法［J］. 振动工程学报，2015，28（1）：156-163.

[34] UIT. ITU Internet Reports 2005：The Internet of Things［R］，2005.

[35] 黄玉兰. 射频识别（RFID）技术与应用［M］. 北京：人民邮电出版社，2010.

[36] 帕瑞特. 超高频射频识别原理与应用［M］. 北京：电子工业出版社，2013.

第 3 章　行为识别的理论依据

人体行为识别技术已经成为数字图像处理与模式识别领域中研究的一个热点方向，虽然还处于研究的初级阶段，但在现实生活中有着十分广泛的应用领域与重要的研究价值。人体目标的行为动作在空间上表现出复杂性，比如在光照、视角和背景都不同的情况下，相同的人体行为动作呈现出差异性。此外，还存在人体遮挡和多人交互行为等场景所导致的复杂多变性。不同人体目标在同一时间做相同动作时也会有差异，且在时间上不可预测。人体行为识别技术具有广泛的应用前景和非常可观的经济价值，涉及的应用领域可以归纳为以下五大类。

（1）智能监控系统。如在车站、超市、广场等人口密集的地方，如果智能监控系统在检测到异常情况下及时报警，可以有效地挽救广大群众的生命财产和减少一些不必要的损失。

（2）医疗辅助。通过智能监控系统对楼道、小区、医院等场所进行图像处理，进行人体的行为分析，在检测到有异常的情况下实施报警，监控室工作人员或者医生可以在第一时间进行救助。

（3）智能人机交互。人体的行为不但表现在肢体上的行为状态，也可反映出背后隐藏的心理状态。智能人机交互可以对用户的眼睛是否疲劳进行预测和诊断，还可以搜集面部表情、半身姿态、眼睛转向等非语言信息，增加计算机对外部信息的理解。

（4）内容的视频检索。在公安部门对涉及作案监控视频进行侦查时，如何在海量的视频输入源中获得我们需要的作案图像信息，这将大大提高工作人员的工作效率。基于视频的人体行为分析在该应用领域将会凸显它的重要价值。

（5）动画制作和游戏合成。动画制作和游戏产业很大程度上依赖于现实的人和人体行为的特征，人体行为分析有利于动画和游戏中人物的高质量合成，使其中的人物特征更加逼真。而且，逼真的动作合成还有利于部队士兵的训练、消防人员等救援人员在高危环境下的模拟演练。

综上所述，人体行为分析具有很高的实用价值，涉及民用和军用的诸多领域。虽然目前取得了很多研究成果，但由于环境的复杂多变，还有许多问题亟待解决，也正是由于这些亟待解决的问题推动了计算机视觉技术的发展。

第 3 章 行为识别的理论依据

3.1 行为数据的处理

3.1.1 数据滤波

在行为识别过程中，经常需要对大量的数据进行处理，这些数据往往是一个时间序列或空间序列，这时常会用到数字滤波技术对数据进行预处理。数字滤波是指利用数学方法对原始数据进行处理，剔除原始数据中掺杂的噪声数据，获得最具有代表性的数据集合。

为了防止噪声对数据结果的影响，除了采用更加科学的采样技术外，我们还要采用一些必要的技术手段对原始数据进行整理、统计。数字滤波技术是最基本的数据处理方法，它可以剔除数据中的噪声，提高数据的代表性。

在实际应用中，我们所用的数据滤波方法很多，在计算机应用高度普及的今天，更有许多新的方法出现，如逻辑判断滤波、中值滤波、均值滤波、加权平均滤波、众数滤波、一阶滞后滤波、移动滤波、复合滤波等[1]。

假设我们采用前端仪表采集了一组采样周期为 1s 的温度数据的时间序列 $\{T_i\}|_{i=0\sim n}$，T_0 为第 0s 采集的温度值，T_i 为第 is 采集的温度值。下面介绍如何应用几种不同滤波算法来计算温度 T。

3.1.1.1 程序判断滤波

当采样信号由于随机干扰、误检测或变送器不稳定引起严重失真时，可采用程序判断滤波算法，该算法的基本原理是根据生产经验，确定相邻采样输入信号可能的最大偏差 ΔT，若超过此偏差值，则表明该输入信号是干扰信号，应该剔除；若小于偏差值，则作为此次采样值。

（1）限幅滤波。限幅滤波是把两次相邻的采集值进行相减，取其差值的绝对值 ΔT 作为比较依据，如果小于或等于 ΔT，则取此次采样值；如果大于 ΔT，则取前次采样值，如式（3.1）所示。

$$T = \begin{cases} T_n & (|T_n - T_{n-1}| \leqslant \Delta T) \\ T_{n-1} & (|T_n - T_{n-1}| > \Delta T) \end{cases} \quad (3.1)$$

（2）限速滤波。限速滤波是把当前采样值 T_n 与前两次采样值 T_{n-1}、T_{n-2} 进行综合比较，取差值的绝对值 ΔT 作为比较依据，取得结果值 T，如式（3.2）所示。

$$T = \begin{cases} T_{n-1} & (|T_{n-1} - T_{n-2}| \leq \Delta T) \\ T_n & (|T_{n-1} - T_{n-2}| > \Delta T \text{ 且 } |T_n - T_{n-1}| \leq \Delta T) \\ (T_{n-1} + T_n)/2 & (|T_{n-1} - T_{n-2}| > \Delta T \text{ 且 } |T_n - T_{n-1}| > \Delta T) \end{cases} \quad (3.2)$$

3.1.1.2 中值滤波

中值滤波是对采样序列 $\{T_i\}|_{i=0\sim n}$ 按大小排序形成有序序列 $\{T_i'\}|_{i=0\sim n}$，取有序序列 $\{T_i'\}$ 的中间值作为结果。排序算法可以采用"冒泡排序法"或"快速排序法"等。

若 n 为偶数，取 $T_{n/2}'$ 为结果值；若 n 为奇数，取 $(T_{(n-1)/2}' + T_{(n+1)/2}')/2$ 为结果值，如式（3.3）所示。

$$T = \begin{cases} T_{n/2}' & (n \text{ 为偶数}) \\ \left(T_{(n-1)/2}' + T_{(n+1)/2}'\right)/2 & (n \text{ 为奇数}) \end{cases} \quad (3.3)$$

3.1.1.3 均值滤波

均值滤波是对采样序列 $\{T_i\}|_{i=0\sim n}$ 中的数据求和后，再取其平均值作为结果，如式（3.4）所示。

$$T = \frac{1}{n+1}\sum_{i=0}^{n} T_i \quad (3.4)$$

3.1.1.4 加权均值滤波

加权均值滤波是对采样序列 $\{T_i\}|_{i=0\sim n}$ 中的数据通过 $\{C_i\}|_{i=0\sim n}$ 序列加权并求和后，再取其平均值作为结果，如式（3.5）所示。

$$T = 1/\sum_{i=0}^{n} C_i \sum_{i=0}^{n} T_i C_i \quad (3.5)$$

3.1.1.5 众数滤波

众数是数理统计中常用的一种数据处理办法，它要求对大量的数据进行处理。以前由于计算机的采样速度和运算速度较慢，处理周期较长，所以一直没有采用，随着计算机运算速度的提高及高速采集模块的应用，现在处理周期已缩短到 1s 以内，由于众数滤波的数据代表性较其他处理方法更强，所以逐步被采用。

众数滤波算法的原理是在采样序列 $\{T_i\}|_{i=0\sim n}$ 中找出其最大值 $T_{\max}$ 和最小值 $T_{\min}$，再在区间 $[T_{\min}, T_{\max}]$ 上平均分为 m 组（5~10 组），组间距为 $L = (T_{\max} - T_{\min})/m$，

第 1 组的区间为 $[T_{\min}, T_{\min}+L]$，第 2 组的区间为 $[T_{\min}+L, T_{\min}+2L]$，第 3 组的区间为 $[T_{\min}+2L, T_{\min}+3L]$，…，第 m 组区间为 $[T_{\min}+(m-1)L, T_{\max}]$。

确定分组后，对序列 $\{T_i\}$ 统计各组区间数据的个数，形成统计序列 $\{G_i\}|_{i=1\sim m}$，查找其最大的值即众数组序号 k，根据式（3.6）或式（3.7）计算众数的近似值。

$$T = T_{\min} + (k-1) \times L + (C_k - C_{k-1})/(2 \times C_k - C_{k-1} - C_{k+1}) \quad （下限公式） \quad (3.6)$$

$$T = T_{\min} + k \times L - (C_k - C_{k+1})/(2 \times C_k - C_{k-1} - C_{k+1}) \quad （上限公式） \quad (3.7)$$

3.1.1.6 一阶滞后滤波

一阶滞后滤波算法属于动态滤波算法，它对慢速随机变化量的滤波效果较好，其算法公式如式（3.8）所示。

$$T = (1-\alpha)T_i + \alpha T' \quad (3.8)$$

式中，T' 为上次的结果；α 为滤波平滑系数，它与滤波环节的时间常数和采样周期相关，可以根据具体情况确定，一般取小于 1 的常数。

3.1.1.7 移动滤波

中值滤波、均值滤波、加权均值滤波及众数滤波算法是对一个采样序列进行处理得出一个结果数据，如果样本数据较大时，数据采样时间较长将造成结果数据的实际采样周期过长，不能满足实时性的要求。如果将算法处理中所应用的数据序列定义为当前采样点及其以前的一组数据，数据序列是采样序列中一个可移动截取框内的数据，由于截取框每次向后移动 1 个数据点，移动截取框第 1 个数据被丢弃，后序的数据点依次前移 1 个位置，然后增加 1 个新的数据，即当前时间采样点数据，构成新的数据序列。由于新的数据序列与旧的数据序列相比，只有一个数据不同，所以，在滤波算法中的排序、取和、求众数的算法可以适当修改以适应这个特点，使得上次数据处理的中间结果可以在新的处理重复利用，有效提高运算速度。移动滤波的结果数据的产生速度与采样速度相同，实时性大大优于普通算法。

3.1.1.8 复合滤波

有时为了提高滤波的效果，尽量减少噪声数据对结果的影响，常将两种或两种以上的滤波算法结合在一起，如可将限幅滤波或限速滤波与均值滤波算法结合起来，先用限幅滤波或限速滤波初步剔除明显的噪声数据，再用均值滤波算法取均值以剔除不明显的噪声数据。

3.1.2 数据分割

行为数据的分割主要是对运动捕获数据的分割，运动数据分割最早采用手工分割的方法，工作量大，耗时长，而且受人为因素影响大。因此，研究者逐渐提出采用自动分割算法进行运动数据的分割，但目前尚没有一种公认的最优化自动分割算法。

运动捕获数据是高维的时间序列数据。对时间序列数据的分割工作，在视频领域早有研究。视频序列的分割一般是以镜头为单位的。镜头边界检测是识别两个相邻镜头之间转换的过程。当镜头边界出现时，以亮度、颜色直方图、边、运动等为特征的视觉连续性将会发生改变。主要有两种方法来检测镜头的改变。一种是直接成对地比较两帧之间的视觉不连续性，这种方式对噪声比较敏感；另一种是在一个滑动窗口内比较视觉的不连续性。

3.1.2.1 基于图割模型的运动捕获数据分割

在行为捕获数据库中，包含各种简单运动类型的长运动序列是常见的运动数据形式。比如说表演者一开始先走路，然后停下来伸展上肢，再开始跑步，跑步结束通过走路恢复，最后停止，这个运动过程就包含了三种常见的运动类型，跑步、伸展和走路。自然的人体运动都是这样的常见运动类型的混合体。很显然，对表演者而言，表演这样一段长的、包含多种运动类型的复杂运动要比分别多次表演短的单一运动更加容易和自然。而且，长的运动序列可以捕获较复杂的运动以及不同运动类型在转换时自然的过渡动作，这是短的运动序列所无法胜任的。然而，针对这种多运动类型的长运动序列，如果直接进行相似度计算或索引等处理显然是不合适的。而且，就现阶段而言，进行一次运动捕获往往要耗费大量的人力、物力。由于运动捕获数据的成本高，动画师希望尽可能地重用现有运动捕获数据库中的数据，编辑或合成所需的各种组合运动。为便于下一步检索、合成等运动重用技术的进行，需要对长运动序列进行合适的分段，保存成一段段只包含单一运动类型的运动片段。手工分割不但效率低，而且容易出错。研究如何对长运动序列进行自动分割具有十分重要的现实意义。

在本书中，我们提出一种基于图割模型的运动捕获序列分割算法。运动序列中的每一帧被看作无向加权图中的一个结点，边的权重为所连两个结点对应帧之间的相似度。通过图割算法，使得每个子图中结点的相似度很高，而子图之间结点的相似度很低。下面，我们先介绍图割模型，再给出姿态之间相似性的度量标准以及双阈值策略的分割点检测方法。

（1）图割模型。在视频处理领域，镜头边界分割是一个基础性的问题。镜头（Shot）是摄像机从按下"开始"到按下"停止"所拍摄下来的一段连续的视频内容[2]。从内容上讲，是在连续时间内、在相邻地点所拍摄的内容相同或相近的连续图像集。因此镜头边界主要是通过检测视觉不连续性实现的，相应地也有很多经典的解决方法。其中，基于图割的形式化框架[3]给了我们很多启发。图割模型可以用于时间序列的分割问题，而运动捕获数据是一种典型的时间序列数据。虽然不同类型的运动在转换时不像镜头边界出现那样有明显的视觉不连续性，但我们可以通过在图割模型中引入内在的运动特点，从而实现对运动捕获数据的分割。

一个运动捕获数据序列可以表示为一个无向加权图 $G=G(V,E)$。结点集合 V 中的每个结点代表运动序列中的一帧，帧 v_i 和帧 v_j 之间的边记作 $e_{ij}=\{v_i,v_j\}$。对于边的集合 E 中每条边 e_{ij} 都有对应的权重 w_{ij}，反映了帧 v_i 和帧 v_j 之间的相似程度。如果整个运动捕获数据序列一共有 N 帧，那么可以构造一个 $N \times N$ 的相似度矩阵 w。应用最小-最大图割（Min-max Cut）准则，我们可以使得不同子图之间的相关性最小，而每个子图中的相关性最大。换句话说，就是让位于不同子图的结点之间相似度比较小，而位于同一个子图中的结点之间相似性较大。如果用于计算帧之间相似度的函数能很好地反映不同运动类型的特点，那么将长运动捕获数据序列自动分割为多个单一运动类型的运动片段就可以基于图割模型来实现。

下面，首先给出几个图割模型中的术语和计算公式：

① 相似度矩阵 w 中的项目 w_{ij} 是第 i 帧和第 j 帧之间的相似度；

② 将图 G 分割为子图 A 和子图 B 的代价可以用公式（3.9）度量：

$$\text{cut}(A,B) = \sum_{i \in A, j \in B} w_{ij} \tag{3.9}$$

③ 子图 A 中的相关度可以用公式（3.10）定义：

$$\text{assoc}(A) = \sum_{i,j \in A} w_{ij} \tag{3.10}$$

④ 子图 A 和子图 B 之间用最小最大图割准则度量的相关度可以用公式（3.11）计算。

$$\text{Mcut}(A,B) = \frac{\text{cut}(A,B)}{\text{assoc}(A)} + \frac{\text{cut}(A,B)}{\text{assoc}(B)} \tag{3.11}$$

图割问题可以通过最小化目标函数（3.11）来解决。由于组合性的本质，这个问题的优化求解是个 NP 难问题。然而，由于在时间维度上的约束，构成子图的帧的组合方式没有那么多。被分到同一个子图中的帧在时间维度上必须具有连续性。事实上，在一个以第 n 帧为中心，总共包含 N 帧的滑动窗口中，在相邻两帧之间才可能出现分割点，这样合理的分割点位置总共有 $N-1$ 个。对第 n 帧而言，我们很容易在 $N-1$ 个可能的位置为它找到最小的 Mcut 值。根据公式（3.12）计算每一帧最小的 Mcut 值，整个运动序列就可以用一个一维的连续信号来表示，其中，$A_n^k = \{v_1, v_2, \cdots, v_k\}$，$B_n^k = \{v_{k+1}, \cdots, v_N\}$。当运动类型发生改变时，这个连续信号也会相应发生改变。这样，运动捕获数据的分割问题就可以在线性时间复杂度内用图割模型来解决。

$$\text{score}(n) = \min_{k \in \{1,2,\cdots,N-1\}} \text{Mcut}(A_n^k, B_n^k) \tag{3.12}$$

（2）相似性度量。在图割模型的框架中，相似性度量标准衡量了两帧之间存在运动类型转换的可能性。所以，能否设计合理的相似性度量标准是决定分割结果好坏的关键。

① 距离函数。

人体是个关节铰链结构，每个时刻的姿态可以用根关节的位移信息和各子关节相对于父关节的旋转信息来描述。位移信息可以用三维向量 $p \in R^3$ 来表示，旋转信息可以用欧拉角或四元数构成的旋转矩阵来表示。由于四元数在计算角度插值方面的优势，被广泛应用于计算机动画领域。本算法也采用关节角的四元数表示形式。

一阶马尔可夫过程用于建模运动数据，将运动数据表示为从一帧转化为另一帧的概率矩阵。从第 i 帧转化为第 j 帧的概率是通过这两帧之间的距离估计的。第 i 帧和第 j 帧之间的距离可以通过公式（3.13）计算。

$$D_{ij} = d(p_i, p_j) + v d(v_i, v_j) \tag{3.13}$$

式中，$d(p_i, p_j)$ 代表关节角度之间的加权差异；$d(v_i, v_j)$ 代表关节速度之间的加权差异；参数 v 调节速度差异和角度差异之间的比重。加权的速度差异可以用欧式距离来衡量，而加权的角度差异可以通过公式（3.14）计算。

$$d(p_i, p_j) = \|p_{i,0} - p_{j,0}\|^2 + \sum_{k=1}^m w_k \|\log(q_{j,k}^{-1} q_{i,k})\|^2 \tag{3.14}$$

其中，$p_{i,0}, p_{j,0} \in R^3$ 是人体根关节在第 i 帧和第 j 帧的平移位置；$q_{i,k}, q_{j,k} \in S^4$ 是用四元数表示的关节 k 相对于其父关节在第 i 帧和第 j 帧的旋转角度。公式的第

二项表示将 m 个旋转关节在第 i 帧和第 j 帧的角度差异求加权和，其中 w_k 表示第 k 个关节的权重。对数-模项代表了四元数空间的测地模。其中，权重 w_k 是手工设置的。重要关节，像肩部、肘部、臀部、膝、骨盆、脊柱的权重被设为 1，而其他关节的权重被设为 0。

② 时间约束。如果任意两帧之间的距离都必须计算的话，那么计算代价就太大了，特别是对长运动序列而言。事实上，如果两帧在时间上间隔很远，那么将它们分割到同一个运动片段的可能性很小。换句话说，随着两帧在时间上间隔越来越远，这两帧被划分到同一个运动片段的可能性也越来越小。因此，我们在计算帧与帧之间的相似度矩阵时，增加了一个时间约束。如果第 i 帧和第 j 帧之间的时间距离超过一定的阈值 d，那么这两帧之间的相似度 w_{ij} 被设为 0；否则，这两帧之间的相似度 w_{ij} 为 D_{ij} 的倒数乘以它们时间间隔为参数的高斯函数值。详细的相似度计算公式如公式（3.15）所示。

$$w_{ij} = \frac{1}{D_{ij}} \times \begin{cases} \exp\left(\dfrac{-\|i-j\|^2}{\sigma^2}\right) & (|i-j| \leq d) \\ 0 & (|i-j| > d) \end{cases} \quad (3.15)$$

有了时间约束之后，相似度矩阵的计算代价大大降低。只有当两帧之间的时间间隔小于 d 时，才需要计算它们之间的相似度。这就相当于在相似度矩阵 w 的主对角线上加一个高斯滤波器。需要注意的是，只需要计算矩阵 w 的上三角部分，因为在时间上，第 i 帧总是在第 j 帧的前面。最终计算得到的相似度矩阵 w 是个带状矩阵，带宽为 d。

（3）分割点的检测。有了相似度矩阵之后，我们就可以根据公式（3.12）为每一帧计算分割的代价。这样，我们就把高维时间序列的分割问题转化到一维空间中进行。给定一条分割代价曲线，我们采用双阈值策略来检测分割点。一个是全局阈值，主要衡量整个曲线的平均代价值；另一个是动态阈值，主要衡量在遍历代价曲线时，当前所处的运动片段的平均分割代价值。全局阈值 T_1 可以通过公式（3.16）计算，其中 α 是控制参数。动态阈值 T_2 可以通过公式（3.17）计算，其中 i 是当前帧号，1 是当前分割片段的第 1 帧帧号，β 是控制参数。

$$T_1 = \alpha \times \frac{1}{N} \sum_{f=1}^{N} \text{score}(f) \quad (3.16)$$

$$T_{2_i} = \beta \times \frac{1}{i-l} \sum_{j=l}^{i-1} \text{score}(j) \quad (3.17)$$

我们将一个分割片段的帧数大于一定的阈值 minSegLen 作为分割时的一个约束条件。逐帧遍历分割代价曲线，当遇到曲线的波谷值既小于全局阈值 T_1，又小于动态阈值 T_2 的情况时，就进一步检测当前帧距离当前片段的第一帧的时间间隔是否大于最小阈值 minSegLen。如果满足约束条件，我们就把当前帧作为一个候选的分割点；否则，我们比较当前帧和上一个候选分割点的分割代价，将分割代价较小的帧作为候选分割点。详细的分割点检测算法见算法一。

算法一 分割点检测算法

输入：

minSegLen 是最小帧数阈值；

N 是运动序列的帧数；

向量 $\text{Score} \in R^{1 \times N}$。

输出：

链表 segPoints 用于存储候选分割点。

1. l=1;
2. 计算全局阈值 T1；
3. for（i=minSegLen; i<N-minSegLen; i++）
4.   if（score[i]<T1）
5.   计算动态阈值 T2i；
6.   if（（score[i]<T2i）（∩ score[i]<score[i+1]））
7.   if（i=l>minSegLen）
8.   将 i+1 加到链表 segPoint 上；
9.   l=i+1
10.   else
11.   if（score[i-1]>score[i]）
12.   将 l 从链表 segPoints 上删除；
13.   将 i+1 加到链表 segPoints 上；
14.   l=i+1;
15.   End if
16.   End if
17.   End if
18.   End if
19. End for

3.1.2.2 基于遗传优化的运动捕获数据分割

对于一段给定的运动捕获序列,首先通过非监督的稀疏学习,得到一个由代表性姿态组成的字典,并将每一帧运动数据转化成对应的字典项索引。所有这些索引形成了对原始数据的符号化表示形式,称为运动字符串,这是一种对输入数据的高层次抽象。一般来讲,一组姿态的周期性出现往往对应一个语义行为单元。通过识别字符序列中的周期性字符模式来确定一组候选的分割点。值得注意的是,符号化的表达方式只是抽取了整个原始时间序列中的一个很小的子集,因此极大地减少了搜索空间并简化了适应度函数的计算。

然后,采用遗传算法从候选的分割点集中得到一个优化的分割点子集。使用基因序列来表示分割方式。基因"1"代表选择对应的候选分割点;基因"0"代表不选择对应的候选分割点。通过定义适应度函数来衡量基因序列所对应分割方式的质量。适应度函数在定义时倾向于每个运动分割片段仅包含简单运动或包含长的重复性运动模式。

(1)运动捕获数据分割问题的形式化描述。一段运动数据序列属于高维时间序列,可以表示为 $F=\{f_i | i=1,2,\cdots,n\}$,其中 f_i 是由第 i 帧的姿态抽取出的特征向量。对于任何一个分割点序 $s=\{s_j | 1 \leqslant s_j \leqslant n, j=1,2,\cdots,n_s\}$,我们可以把整个运动序列分割为 n_s+1 段。如果设 $s_0=0$ 和 $s_{n_s+1}=n$,则相应的分割片段集合为 $S=\{S_k | 0 \leqslant k \leqslant n_s\}$,其中,$S_k$ 是第 k 片段所对应的帧号,$S_k=\{f_i | s_k+1 << l << s_{k+1}\}$。如果对分割片段集合 S 的分割质量定义一个评价度量函数 $Q(S)$,我们的目标是找到一个优化的分割点集合 s,使得评价度量函数 $Q(S)$ 最大,即使得分割质量最大化。

采用的是 ASF/AMC 的运动捕获数据格式,里面存储了骨架结构和所有关节的移动信息。其中,根关节保存了全身整体的位置和方向信息,而其他关节仅保存了其相对于上一级父关节的旋转信息。

因为人体的整体位置和方向对于姿态变化检测的意义不大,而且会带来姿态序列的注册问题,因此在抽取运动特征时仅考虑了所有非根关节的旋转信息。假设有 q 个非根关节,每个关节相对于父关节的旋转角度用三个欧拉角进行存储,那么第 i 帧的运动特征向量 f_i 可以表示为一个长度为 $3q$ 的向量 m_i,整个运动序列可以表示为一个 $3q \times n$ 的矩阵 M。

(2)稀疏表示基础。先把运动序列转化为字符序列,称为运动字符串。借鉴谱聚类方法进行序列转化的思想,采用稀疏表示的方法来抽象运动序列中最具代表性的姿态。

稀疏表示是信号处理、数据压缩、图像去噪等领域研究的重点问题。它主要解决的问题是，在冗余字典的基础上，利用相关算法，获取信号或数据在冗余字典上的稀疏和简洁的表示方式，即使表示系数向量中大部分系数为零，只有少量的非零系数，而这些非零系数以及非零系数对应的原子往往揭示了信号或数据的本质特征和内在结构，从而可简化后续的处理任务[4]。原始的运动捕获数据具有很高的维度，不仅在空间上而且在时间上都包含大量冗余信息。因此，运动捕获数据很适合用稀疏表示方法来分析、处理。

① 稀疏表示所解决的问题。在实际工程应用中，常常将某一待处理信号视为是多个成分的线性组合。稀疏表示所要解决的问题是：在冗余字典的基础上，利用相关算法，寻找信号或数据在冗余字典上的稀疏和简洁的表示方式，使表示系数向量中大部分系数为零，即用一个包含 K 个原型信号项的过完备字典 $D \in \Re^{n \times k}$，信号 $y \in \Re^n$ 可以表示成 K 个信号项的线性组合，即 $y = Dx$ 或满足 $\|y - Dx\| \leqslant \varepsilon$，其中向量 $x \in R^k$ 包含了信号 y 的稀疏表示系数。其要求解的问题用数学形式表达，就是表达式（3.18）或式（3.19），其中 $\|\cdot\|_0$ 是 l_0 模，计算向量中非零项的个数。

$$(P_0) \min_x \|x\|_0, \text{ subject to } y = Dx \tag{3.18}$$

$$(P_{0,\varepsilon}) \min_x \|x\|_0, \text{ subject to } \|y - Dx\|_2 \leqslant \varepsilon \tag{3.19}$$

对稀疏表示的研究主要分为两个方面：一是如何获取最能反映原始信号的字典；二是如何对原始信号进行稀疏分解。

② 字典部分的设计。如果给定 N 个信号组成信号集 $Y = \{y_i\}_{i=1}^{N}$，其中 $y_i \in R^n$，目的是设计一个字典 $D \in R^{n \times K}$。一种最简单的方式是随机从 N 个原始信号中选取 k 个构成字典 D。还可以直接使用现有的正交基、多尺度几何分析和紧框架等生成字典。还有一些方法，如用概率推理的方法来构建字典部分，寻求字典 D 使得概率函数 $P(Y|D)$ 最大。

本书中采用了 K-SVD 方法。K-SVD 算法是一种迭代的方法，它交替执行基于当前字典的稀疏分解和更新字典项，直到原始信号能被字典和稀疏系数完美地重构。K-SVD 算法很灵活，它可以和任意稀疏分解方法配合使用。算法的主要步骤如下：

i. 设置初始字典 $D^{(0)}$，$J = 1$；

ii. 循环执行步骤 iii 和 iv，直到收敛；

iii. 用任意的稀疏分解方法求得最佳系数矩阵 X；

iv. 根据系数矩阵 X 找一个更优的字典 $D^{(J)}$。K-SVD 方法每次更新一列。对于 $D^{(J-1)}$ 中的每一列，$k=1,2,\cdots,K$。

a. 计算全局表示误差矩阵 $E_k = Y - \sum_{j \neq k} d_j x_T^j$，其中 x_T^j 是稀疏系数矩阵 X 中与 d_j 相乘的第 j 行，其非零元素所在的位置构成集合 $\omega_k = \{i \mid 1 \leqslant i \leqslant N, x_T^k(i) \neq 0\}$；

b. 只从 E_k 中选取 ω_k 所在的列构成矩阵 E_k^R；

c. 对 E_k^R 应用奇异值分解 (SVD) $E_k^R = U \Delta V^{\mathrm{T}}$（更新的字典项 $\tilde{d}_k$ 为矩阵 U 中的第一列，更新的系数向量 x_R^k 为 V 的第一列乘以 $\Delta(1,1)$）；

d. $J = J+1$。

③ 稀疏分解的研究。稀疏分解研究的是如何把信号在过完备字典上进行稀疏表示，这个求解过程被证明是一个 NP 难问题。大量学者对这个问题进行了深入研究，通常采用"追踪算法"找到一个近似的解。最经典也是最简单的追踪算法为匹配追踪（Matching Pursuit，MP）算法和正交匹配追踪算法（Orthogonal Matching Pursuit，OMP），它们都属于贪婪算法。匹配追踪是采用待分解信号在字典上的正交投影来逐次逼近，由于每次迭代都是选取最匹配原子，残余分量迅速减小，因此仅用很少的原子就可以很好地逼近原始信号。OMP 算法是对 MP 算法的改进，它在每一次迭代过程之前先对所选的原子进行格拉姆-施密特（Gram-Schmidt）正交化处理，然后再在正交基构成的正交空间中投影原始信号。OMP 算法比 MP 算法收敛速度快，且在相同精度下，OMP 算法选取的原子数更少，因此表示方式更为稀疏。另一个经典的追踪算法是基追踪算法（Basis Pursuit，BP），它把稀疏分解中的 l^0-范数转化为无约束的基于 l^1-范数的线性规划问题，通过凸优化从全局范围来找到信号的最优化稀疏表示方式。

（3）字符化表示。先把输入的运动数据转化成一个字符序列。类似于用谱聚类的方法抽取最具有表达能力的姿态，采用稀疏学习的方法来达到此目的。

① 稀疏学习。原始的运动捕获数据维度高且不论在空间上还是时间上都包含很多冗余信息。由于这种稀疏性的本质，整个运动捕获数据序列可以通过稀疏分解方法被分解为字典部分 $D^{3q \times K}$ 和权重部分 $W^{K \times n}$，其中 $3q$ 是每一帧数据的维度，K 是字典中字典项的个数。这个稀疏表达可以用公式（3.20）表示问题的解决方案。

$$\min_{D,W} \{\|M - DW\|_F^2\} \quad \text{s.t.} \forall i, \|W_{*i}\|_0 \leqslant L \quad (3.20)$$

其中，符号 $\|\cdot\|$ 表示 l^0 范数，计算的是矩阵 W 中每一列非零项的个数。稀疏表达的精确求解已被证明是 NP-难问题。经典的追踪算法，像 MP 和 OMP 是根据已

知的字典来求解稀疏系数。但在我们的问题中，我们希望学习字典和稀疏分解同时进行。因此，选用 K-SVD 算法交替地执行两个任务：基于现有的字典通过一种追踪算法计算信号数据的稀疏系数；通过奇异值分解更新字典，以使字典更好地适合信号数据。K-SVD 算法的具体执行过程如算法二所示。

算法二　K-SVD 算法

输入：

矩阵 $M \in R^{3q \times n}, L \in N^+, K \in N^+$，其中，$L$ 是权重矩阵 W 中每一列非零项的个数，K 是字典项的个数；

输出：

字典 $D \in R^{3q \times k}$，权重矩阵 $W \in R^{K \times n}$

i. 初始化字典 D；

ii. 不断重复步骤 iii 和 iv，直到收敛或重复执行次数大于一定的阈值；

iii. 用 OMP 算法来解公式中的 W：//稀疏编码阶段

iv. 对 D 中的每一列 $k \in [1, K]$，执行步骤 a 到 f：//字典学习阶段

　　a. $w_k = \{i | 1 \leqslant i \leqslant n, W_{ki} \neq 0\}$；

　　b. 计算全局表示误差矩阵 $E_k = Y - \sum_{j \neq k} D_{*j} W_{j*}$；

　　c. 从 E_k 中只取 w_k 所对应的列，得到矩阵 $E_k^R = (E_k)_{*w_k}$；

　　d. 对矩阵 E_k^R 应用 SVD 分解 $E_k^R = U \Delta V^T$；

　　e. 更新字典 $D_{*k} = U_{*1}$；

　　f. 更新权重矩阵 $W_{kw_k} = \Delta_{11} V_{*1}$；

v. 返回矩阵 D 和 W。

② 运动字符串的构建。稀疏学习问题也可看成通常意义上的聚类问题。所学习的字典提供了一组数据代表，每一个原始数据样本都可以近似地用一个字典项（硬聚类）或多于一个字典项（模糊聚类）来表示。硬聚类算法产生有 K 个聚类代表向量的矩阵 D，$D = [d_1, d_2, \cdots, d_K]$。每一个原始数据样本 $f_i, i \in [1, n]$，属于第 j_i 个聚类，换句话说，它可以由代表向量 d_{j_i} 来近似表达。那么，$f_i \approx D \cdot e_i$，其中，e_i 是个向量，只有第 j_i 个元素非零，其他元素都为 0。

上述硬聚类问题恰好对应了稀疏学习问题，如果设 $L = 1$ 并让矩阵 W 的第 i 列 w_{*i} 为 e_i，这样，对每个原始数据帧，$f_i, i \in [1, n]$，j_i 是字典 D 中的代表字典项的索引号。把所有帧所对应的字典项索引号 $f_i, i = 1, 2, \cdots, n$，按照时间顺序连接起来，就形成了原始数据的字符序列（或称为运动字符串）。

(4) 运动模式分析。通过分析运动字符串来抽取具有特定语义的子串。重复出现的字符模式往往代表了特定的语义行为单元。这样，在运动字符串中识别若干个片段，这些片段包含了重复出现的字符模式，潜在对应了特定的行为单元。当执行最后的运动数据分割时，希望保留这些片段。

具体来说，寻找两类字符子串。第一种类型的子串是仅包含相同字母的连续字符序列，如"aaaaa"。第二种类型的子串是由周期性出现的字符序列构成，如"abcabcabcabc"。前一种类型中的字母，如"a"，称其为一个静态模式子串；后一种类型中的字符序列，如"abc"，称其为一个重复模式子串。前一种类型的子串代表了人体静止或一段时间内只重复一个简单运动，而后一种类型的子串反映了人体运动周期性的本质。

首先，在运动字符串中寻找连续出现阈值 T 次的静态模式子串，将其从运动字符串中分割出来。然后，在剩余的运动字符串中寻找连续出现的重复模式子串。当寻找重复模式子串时，考虑到即便是同一个人，多次做相同动作时每次所用的时间也不尽相同，忽略同一字母重复出现的次数，仅记录出现的字母。例如，如果有两个字符序列"aaaaaaaabb"和"aabbbbbbbb"，在记录时都会简化表示为"ab"。在简化的运动字符串上，应用后缀数组技术来定位重复模式和重复出现的次数；反过来，再把重复模式映射回原始运动序列中对应的片段。

(5) 基于遗传算法的运动字符串分割。

① 遗传算法基础。遗传算法最初于 1975 年由美国密歇根大学 John Holland 教授和 Kenneth DeJong 提出来。它的主要思想来源于达尔文生物进化论，其中的"自然选择，适者生存"是遗传算法的主要指导原则之一。它模拟了达尔文的自然选择和遗传学机理的生物进化过程，是一种通过模拟自然进化过程搜索最优解的方法。遗传算法利用适应度值的相关信息，进行非确定性的搜索。在搜索过程中，经过选择、交叉和变异算子的作用，收敛到全局最优解。遗传算法是迭代执行的。首先，它初始化（往往是随机选择）第一代种群的个体。个体也称为染色体，用一个基因序列表示。为每个染色体评估适应度。然后，执行一系列遗传算子，包括选择、交叉、变异。选择是指选取一定比例的染色体直接复制到下一代种群中，一般来说，适应度较高的染色体被选中的概率更大。交叉就是将两个染色体上的基因进行重新组合分配，从而产生下一代个体的过程，通过交叉可能会将优势基因组合在一起，以产生适应度更高、更接近最优解的新个体加入到下一代种群中。变异是指在有些基因序列中随机地交换基因，以便在下一代种群中引入随机性。经过几代种群的进化，具有最高适应度的个体成为近似最优解。

② 运动字符串的基因建模。遗传算法很适合运动字符串分割问题的求解。对于整个运动字符串，如果用一位"1"或"0"来表示这一帧是不是分割点的话，那么每一位称为一个基因，把所有位连接在一起就形成了一个基因序列。通过选择、交叉等遗传算子，经过一代一代的进化，最终能够达到全局最优的分割结果。

直观来看，如果每一帧都用一个基因表示，第一代种群用完全随机的方式创建，那么将形成一个非常庞大的搜索空间。因为即便是一段很短的运动捕获数据序列，也要成百上千帧。而且，这样生成的初始种群质量很低，包含很多无法用于实际分割的非法个体，导致优化过程收敛速度慢。例如，一个随机生成的个体可能包含连接的多个"1"，指示了连续的多帧都是分割点，这在实际分割中是不合理的。

我们采取了与之不同的策略。首先识别出一组候选的分割点，使用一个基因，"1"或"0"来指示该候选分割点是否在解决方案中作为最终的分割点，将这些基因连接起来形成染色体。候选分割点集是在由运动模式分析得到的结果的基础上确定的。换句话说，我们的基因是以数据片段为单位的，而不再以帧为单位。通过这种方式，大大减少了遗传算法的搜索空间，同时提高了第一代种群的质量。

③ 候选分割点。正如运动模式分析中所述，从运动字符串中分析到的重复出现的字符模式，往往潜在地对应了基本行为单元。希望尽可能地在分割中保持这些基本行为单元的完整性。因此，以如下方式定义候选分割点。

连续出现的无论是静态模式子串还是重复模式子串，都形成了一个运动数据片段，称为稳定运动数据片段。所有这些稳定运动数据片段会把原始的运动捕获数据序列（或对应的运动字符串）打断，形成很多片段。这些片段不属于稳定运动数据片段，称其为非稳定运动数据片段。最后，把所有稳定片段和非稳定片段的起始帧号以递增的顺序记录下来，将第1帧剔除，就得到了候选分割点集合。

④ 适应度函数。适应度函数主要是用于评估每一种分割方式的质量，以使得种群向着适应度值递增的方向进化，从而最终找到最优的分割方案。在设计适应度函数时，主要考虑从两个方面来评估分割质量。一方面，倾向于分割出的运动片段仅包含简单运动，换句话说，非常不希望在运动片段中出现不规则和多变的姿态。信息熵可以度量信息量的大小。运动片段所对应的字符串所含的信息量越小，该片段的运动姿态变化越小，运动形式越简单。因此，在适应度函数中将信

息熵取反，用字符串包含的信息量大小来衡量所得分割片段的质量。另一方面，倾向于运动片段中包含重复的字符模式，由于人体运动大多具有周期性，这类运动片段往往对应了有意义的运动单元。因此，设计适应度函数 Q，见式（3.21）来评价一种字符串分割方案 $S = \{S_i | 1 \leq i \leq s\}$ 的质量。

$$Q(S) = \sum_{i=1}^{s} \left[-E(S_i) + \omega \times \frac{L_S(S_i)}{L(S_i)} \right] \quad (3.21)$$

式中，函数 $E(\cdot)$、$L_S(\cdot)$、$L(\cdot)$ 分别返回了分割片段 S_i 所对应字符串的信息熵，分割片段 S_i 中所包含稳定运动数据片段的长度以及整个分割片段 S_i 的长度。例如，对于分割片段 S_i = abeggkjd，$L(S_i) = 8$，而 $L_S(S_i) = 0$，因为分割片段 S_i 中不包含任何稳定运动数据片段。对于分割片段 S_i = abcdabcd，$L(S_i) = 8$，而 $L_S(S_i) = 8$，因为分割片段 S_i 中包含长度为8的稳定运动数据片段"abcdabcd"。对于分割片段 S_i = aaaaabcdefgefg，$L(S_i) = 14$，而 $L_S(S_i) = 11$，因为分割片段 S_i 中包含稳定运动数据片段"aaaaa"和"efgefg"，总长度为11。在式（3.21）中，ω 是个用户指定的权重参数，用来调节两个评价因素的影响比例，在实验中设为0.5。

3.2 行为数据的特征选择及提取

3.2.1 主分量分析

主分量分析（Principle Component Analysis，PCA）又称为主成分分析，是一种经典的子空间分析特征降维方法。其本质是通过线性变换，计算得到一组最优的单位正交基底，并用这些基底的线性组合来重构原空间样本，使得重构样本和原空间样本的均方误差最小[5]。PCA方法的主要实施步骤包括：

① 计算数据集 $X = \{x_i\}_{i=1}^{n}$ 的协方差矩阵：

$$S_t = \frac{1}{n} \sum_{i=1}^{n} (x_i - m)(x_i - m)^T = \frac{1}{n} XX^T，其中均值矢量 \ m = \frac{1}{n} \sum_{i=1}^{n} x_i；$$

② 对协方差矩阵 S_t 进行特征值分解，$S_t W = W \Lambda$，这里 $W = (w_1, w_2, \cdots, w_n)$，$\Lambda = \text{diag}(\lambda_1, \lambda_2, \cdots, \lambda_n)$；

③ 对特征值按大小进行排序，将排序后前 d 个特征值对应的特征向量 $w'_1, w'_2, \cdots, w'_d$ 作为子空间的基底，则样本 x_i 可在这 d 个基底上进行投影，得到：

$y_i = W_d^T x_i$，其中 $W_d = (w_1', w_2', \cdots, w_n')$。根据投影系数 y_i 可重建原空间样本 x_i，即 $\tilde{x}_i = W y_i$。

3.2.2 独立分量选择

独立分量分析（Independent Component Analysis，ICA）是近年来发展起来的一种新的盲源分离（Bind Source Separation，BSS）方法。所谓盲源分离（BBS），就是要从独立源线性混合的信号中恢复出独立的源信号。"盲"即表示源信号和信号的混合方式都未知。独立分量分析（ICA）就是解决盲源分离的一种方法。它可以发现一个线性坐标系统，使得输出的信号之间尽可能地相互统计独立。

独立分量分析（ICA）是在近代高阶统计分析理论和信息论基础上发展起来的。下面将讨论信息熵理论，给出基本的概念和重要定理，从而引出 ICA 的基本理论。

3.2.2.1 信息熵理论

判断结果相互独立是独立分量分析（ICA）的一个基本问题。在设计独立分量分析算法时，都需要一个目标函数（Object Function）或叫对比函数（Contrast Function）作为独立性的判据，只要接近目标函数的极值就可以认为结果是独立的。峭度可以作为目标函数，因为峭度为零时是高斯分布，而独立分量分析的目的是消除随机变量的高斯性，峭度的特性正好符合这一要求。除此之外，很多目标函数都是基于信息论基础的。本节将介绍相关的信息论概念。

3.2.2.2 信息熵

在信息论中，熵是消息平均信息量的一个度量，概率越小的消息带来的信息量越大，熵也越大[6]。熵衡量了每个消息的平均不确定度，消息越是不确定，熵就越大。同样，熵可用于度量随机变量的"随机程度"。

随机变量可取值于某一连续的区间，也可以取值于某一离散集合，相应的信源称作连续信源和离散信源。对于气体传感器阵列多是离散集合的。对于离散随机变量 X_n，取值于集合 $A = \{a_1, a_2, a_3, L, a_n\}$，$A$ 集合中各元素出现的概率为 p_i，则离散随机变量的信息熵定义为

$$H(X_n) = -E\{\log(p_i)\} = -\sum_{i=1}^{n} p_i \log(p_i) \qquad (3.22)$$

上式又称为 X_n 的无条件熵。它是对随机变量不确定程度的一种度量，且总是非负。对于确定事件（$p_i = 1$）或者永不发生的事件（$p_i = 0$）其熵为零，确定的

事件和永不发生的事件一样没有任何悬念,所以,作为不确定性度量的熵一定为零。

对于两个随机变量 X 和 Y,它们取值于离散集合 $A=(a_1,a_2,\cdots,a_m)$ 和 $B=(b_1,b_2,\cdots,b_m)$,其联合概率密度为 $P_{ij}=P(X_n=a_i,Y_n=b_j)(i=1,2,\cdots,m)$,则 X_n 和 Y_n 的联合熵为

$$H(X_n,Y_n)=-\sum_{i,j}P_{ij}\log(P_{ij})=H(X_n)+H(Y_n|X_n) \\ =H(Y_n)+H(X_n|Y_n) \tag{3.23}$$

式中, $H(Y_n|X_n)$ 和 $H(X_n|Y_n)$ 为条件熵,表示在一个随机变量取值已知的条件下,另一个随机变量的平均熵。

3.2.2.3 互信息

互信息(Mutual Information,MI)是用来度量随机变量独立性的基本准则,同时也是盲源分离问题里的一个极为重要的判据。对于离散随机变量,定义 X_n 和 Y_n 的互信息为边缘熵的总和减去联合熵:

$$I(X_n,Y_n)=H(X_n)-H(X_n|Y_n) \\ =H(Y_n)-H(Y_n|X_n) \\ =H(X_n)+H(Y_n)-H(X_nY_n) \tag{3.24}$$

由熵的极值可知,无条件熵必大于或至少等于条件熵,因此互信息 $I(X_n,Y_n)$ 必大于或等于零。当随机变量 X_n、Y_n 相互独立时,其联合概率是可分的,得

$$H(X_nY_n)=H(X_n)+H(Y_n) \tag{3.25}$$

$$I(X_n,Y_n)=H(X_n)+H(Y_n)-H(X_nY_n)=0 \tag{3.26}$$

3.2.2.4 K-L 散度和负熵

在互信息的基础上,在给出一个与之密切相关的概念 K-L 散度(Kullback-Leibler Divergenc),也称为 K-L 熵,用来度量两个概率密度分布函数 $P_a(X)$ 和 $P_b(X)$ 间的差异程度,表示从一种分布 $P_a(X)$ 变到另一种分布 $P_b(X)$ 时,随机变量熵的变化,因此,也称作信息变差。两个概率密度分布 $P_a(X)$ 和 $P_b(X)$ 的 K-L 散度定义如下:

$$\mathrm{KL}\left[P_a(X)|P_b(X)\right]=\int_x p_a(X)\ln\left[\frac{P_a(X)}{P_b(X)}\right]dX \tag{3.27}$$

K-L 散度的主要性质：

$$\mathrm{KL}\bigl[P_a(X) | P_b(X)\bigr] \geqslant 0 \tag{3.28}$$

概率密度分布函数 $P_a(X)$ 和 $P_b(X)$ 越不相似，KL 的值越大。当且仅当 $P_a(X) = P_b(X)$ 时，式（3.28）取等号。由式（3.26）和互信息的定义可知，互信息 $I(X_n, Y_n)$ 是一种特殊形式的 K-L 散度，它可以看成是随机变量联合熵与各边缘概率密度分布函数间的 K-L 散度：

$$I(X) = \mathrm{KL}\left[P_x(X) \bigg| \prod_{i=1}^{N} P_i(x_i)\right] = \int_X P_X(X) \ln \frac{P_X(X)}{\prod_{i=1}^{N} P_i(x_i)} \mathrm{d}X \tag{3.29}$$

当 X 中的各个分量相互独立时，$I(X) = 0$，$P_X(X) = \prod_{i=1}^{N} P_i(x_i)$，显然 KL 可作为 ICA 的目标函数。在实际应用中，若使用高斯概率密度函数 $P_G(x)$ 作为一种参考分布，得到负熵的定义：

$$\begin{aligned} J(x) &= \mathrm{KL}\bigl[P(x) | P_G(x)\bigr] = \int_x P(x) \ln P_G(x) \\ &= \int P(x) \ln P(x) \mathrm{d}x - \int P(x) \ln P_G(x) \mathrm{d}x \\ &= H_G(x) - H(x) \end{aligned} \tag{3.30}$$

用负熵 $J(x)$ 来描述一个分布 $P(x)$ 与高斯分布 $P_G(x)$ 间的差异程度，其中 $P(x)$ 和 $P_G(x)$ 有相同的均值和方差，$H(x)$ 是随机变量 x 的熵。可以证明，无论 $P(x)$ 是什么分布，只要 $P(x)$ 和 $P_G(x)$ 有相同的方差，积分 $\int P(x) \ln P_G(x) \mathrm{d}x$ 就为高斯分布的熵，所以

$$H_G(x) = \int P(x) \ln P_G(x) \mathrm{d}x \tag{3.31}$$

3.2.2.5 最大熵定理

ICA 涉及信息论中的一个重要定理——最大熵定理[7]，对于任意的随机变量在满足定理 1 幅度受限和定理 2 方差受限的条件下，可以找到一个特定概率密度函数（简称 pdf）使得其熵最大。可以证明，等概率信源的熵最大。

定理 1 限峰功率最大熵定理：对有限定义域内的连续随机变量（或随机矢量），当其满足均匀分布时，具有最大熵 $H(x) = \log|N_X|$。

定理 2 平均功率受限最大熵定理：对平均功率受限的随机变量（或随机矢

量），当其满足高斯分布时，具有最大熵。

一般的信号分解算法（如 PCA 方法）在分解高斯信号时较为有效，然而在许多实际的应用中（如气体传感器阵列）得到的数据大多数属于非高斯分布信号，因此需要一种新的多维数据分析方法——独立分量分析方法，来处理非高斯源信号的混合问题。

ICA 的问题可描述如下：设 $X(t)=[x_1(t),x_2(t),\cdots,x_N(t)]^T$ 是 N 个观测信号，它由未知的 N 个独立的源信号 $S(t)=[s_1(t),s_2(t),\cdots,s_N(t)]^T$ 构成，且观测信号 $X(t)$ 是由源信号 $S(t)$ 线性混合而成：

$$\begin{bmatrix} x_1(t) \\ x_2(t) \\ \vdots \\ x_N(t) \end{bmatrix} = \begin{bmatrix} a_{11} & \cdots & a_{1N} \\ \vdots & \ddots & \vdots \\ a_{N1} & \cdots & a_{NN} \end{bmatrix} \begin{bmatrix} s_1(t) \\ s_2(t) \\ \vdots \\ s_N(t) \end{bmatrix} \quad (3.32)$$

$$X(t)=AS(t) \quad (3.33)$$

其中矩阵 A 称为混合矩阵。

ICA 的目的是：在混合矩阵 A 和源信号 $S(t)$ 未知的情况下，仅利用源信号 $S(t)$ 是独立的这一假设，尽可能真实地分离出源信号 $S(t)$，这就是所谓的盲信号分离问题（BSS）。或者描述为：以分离结果相互独立为前提，找出一个线性变换分离矩阵 W，希望输出信号 u 尽可能真实地逼近源信号 $S(t)$，其中 u 是对源信号的一个估计，也是 ICA 的最终结果。

$$u(t)=WX(t)=WAS(t) \quad (3.34)$$

（1）ICA 的若干限制条件：对多维数据进行分析时，一般要对观测信号隐含的随机过程进行假设。ICA 的假设条件是：

① 源信号的个数与观测信号的个数相等；

② 源信号 $S(t)$ 中，最多只允许有一个高斯分布的信号；

③ ICA 的分离结果是无序的，即 ICA 产生结果的顺序与源信号不一定相同。

在科学数据分析中，数据的特征往往隐藏在信号的波形上，与信号的顺序无太大关系。

（2）ICA 的目标函数：如前所述，ICA 的目标就是要尽可能地逼近源信号，为此需设置一个目标函数（Objective Function），也称对比函数（Contrast Function），当目标函数 $L(W)$ 取得极值的时候，认为分离结果已尽可能地独立。

(3) 最大似然目标函数：由式（3.32）和式（3.33）可知，当 u 最大可能地逼近 $S(t)$ 时，有

$$X(t) = AS(t) = W^{-1}S(t) \tag{3.35}$$

其中，W 待定。由假设条件可知源信号相互独立，于是 $P_x(S) = \prod_{i=1}^{N} p_i(s_i)$。

$$p_x(X) = |\det W| p_x(S)|_{S=WX} = |\det W| \prod_{i=1}^{N} p_i(s_i)|_{S=WX} \tag{3.36}$$

对式（3.36）求其最大似然函数：

$$l(X, W) = \ln p_x(X, W) \tag{3.37}$$

如能求得一个 W，使得式（3.36）对于 X 的集合平均值达到最大，则 W 是所需解。

根据最大似然原理，可设 ICA 的目标函数定为 $l(X, W)$ 的集合平均值：

$$L(W) = E[l(X, W)] = \int_X p_X \ln p_x(X, W) \mathrm{d}x \tag{3.38}$$

当取样信号是离散点时，将积分改为累加和。

(4) 基于峭度的目标函数：变量的四阶累积矩就是峭度（Kurtosis）。当峭度为零时，随机量呈高斯分布；当峭度为正时，呈超高斯分布；当峭度为负时，呈亚高斯分布。当峭度取得极值时，可以得到独立分量。峭度的定义为

$$\mathrm{kurt}(x) = E\{x^4\} - 3\left(E\{x^2\}\right)^2 \tag{3.39}$$

当随机变量消除二阶相关性后，上式可简化为

$$\mathrm{kurt}(x) = E\{x^4\} - 3 \tag{3.40}$$

峭度具有线性特征，使计算非常简便

$$\mathrm{kurt}(x_1 + x_2) = \mathrm{kurt}(x_1) + \mathrm{kurt}(x_2) \text{ 和 } \mathrm{kurt}(ax) = a^4 \mathrm{kurt}(x) \tag{3.41}$$

(5) 基于信息熵的目标函数：熵是随机量无序性的度量，如果各分量统计独立性越高，那么它的熵也越大。因此可设目标函数为

$$L_H(W) = H(Y) = -E[\ln p_Y(Y)] \tag{3.42}$$

式中，$p_Y(Y)$ 是信号的概率密度函数，当信息熵取得最大值时，得到独立分量。

(6) 基于负熵的目标函数：为了便于计算，将熵的定义稍作修改，得到随机变量的负熵：

$$J(X) = H_G(X) - H(X) = \int p(x) \log \frac{p(x)}{p_G(x)} dx \quad (3.43)$$

其中，$H_G(X)$ 是高斯变量的熵，因为高斯分布的熵最大，由最大熵定理可知，负熵永远非负。根据最大熵原理，通常使用下式估算负熵：

$$J(x) \propto \left[E\{G(x)\} - E\{G(v)\} \right]^2 \quad (3.44)$$

式中，v 是一标准的高斯随机变量（具有零均值和单位方差）；G 是某种形式的非二次函数，它的选择是根据 x^4 的变换趋势决定的，要求所选的也是下凸的偶对称函数，且比 x^4 的增长速度要慢，通常选择以下形式的 G 函数：

$$G(x) = -\exp(-x^2/2) \quad (3.45)$$

或

$$G(x) = \frac{1}{c} \log(\cosh(cx)) \quad (1 \leqslant c \leqslant 2) \quad (3.46)$$

（7）基于互信息的目标函数。前面分别介绍了以峭度、负熵及近似负熵、最大似然为判据的目标函数。下面将介绍以最小化互信息为判据的目标函数。当随机变量间的互信息达到最小时，同样可以找出非高斯性最强的方向，得到 ICA 的独立分量。

由信息论的知识可知，n 个随机变量 x_j $(j=1,2,3,\cdots,n)$ 的互信息为

$$I(x_1, x_2, \cdots, x_n) = \sum_i H(x_j) - H(X) \quad (3.47)$$

其中，$H(X)$ 是随机变量的微分熵。由信息论可知，当且仅当随机变量间相互统计独立时，互信息才为零，在其他情况下，互信息总大于零。分量独立性越高，越接近零。因此，可将互信息作为度量随机变量间独立性的一个基本准则。经证明，目标函数的数学形式可以相互转化。

3.2.3 核函数的方法

将核函数的思想应用到其他线性学习机，可以得到非线性学习机的效果，称为基于核函数的方法（Kernel-based Approaches）。

3.2.3.1 基于核的 Fisher 判别分析

设两类 d 维样本分别为 $x^1 = \{x_1^1, \cdots, x_{n_1}^1\}$，$x^2 = \{x_1^2, \cdots, x_{n_2}^2\}$ $(n = n_1 + n_2)$。Fisher 判别分析的原理是将 d 维 x 空间的样本映射成一维空间点集，这个一维空间的方

向就是相对于 Fisher 准则 $J(w)$ 为最大的 w：

$$J(w) = \frac{w^T S_B w}{w^T S_w w} \quad (3.48)$$

式中，$S_B = (M_1 - M_2)(M_1 - M_2)^T$ 为样本类间离散度矩阵；$S_w = \sum_{i=1}^{2}\sum_{x \in x^i}(x - M_i)(x - M_i)^T$ 为样本类内离散度矩阵；其中，M_1 和 M_2 分别为两类的均值。

与上面相同，令 $w = \sum_{i=1}^{n}\alpha_1 x_i$ 代入 $J(w)$，并用核函数 $K(x, x_i) = \Phi(x) \cdot \Phi(x_i)$ 代替点积 $x \cdot x$，则有：

$$J(\alpha) = \frac{\alpha^T M \alpha}{\alpha^T N \alpha} \quad (3.49)$$

式中，

$M = (M_1 - M_2)(M_1 - M_2)^T$；$(M_i)_j = \frac{1}{n_i}\sum_{k=1}^{n_i} K(x_j, x_k^i)$ $(i=1,2; j=1,\cdots,n)$，

$N = \sum_{i=1}^{2} K^i (I - h^i)(K^i)^T$；$(K^i)_{pq} = K(x_p, x_q^i)$ $(i=1,2; p=1,\cdots,n; q=1,\cdots,n_i)$

其中，I 为单位矩阵，h_i 的所有项均为 $\frac{1}{n_i}(i=1,2)$；可得 $\alpha = N^{-1}(M_1 - M_2)$，为保证 N^{-1} 的计算，往往将 N 代以 $N + \mu I$，其中 μ 为正整数。映射可表示为

$$w \cdot \Phi(x) = \sum_{i=1}^{n} \alpha_i (x_i, x) \quad (3.50)$$

3.2.3.2 基于核的感知机

传统的单层神经网络（即感知机），在线性可分情况下是一个性能优良的分类器，其判别函数可定义为

$$g(x) = w \cdot x + b \quad (3.51)$$

根据支持向量机的理论，向量 w 可表示为所有训练样本的线性组合：

$$w = \sum_{i=1}^{n} \alpha_i x_i \quad (3.52)$$

因此 $g(x)$ 可表示为：$g(x) = \sum_{i=1}^{n} \alpha_i <x, x> + b$

用核函数 $K(x, x_i) = \Phi(x) \cdot \Phi(x_i)$ 代替点积 $x \cdot x_i$，可得：

$$g(x) = \sum_{i=1}^{n} \alpha_i K(x, x_i) + b \tag{3.53}$$

式（3.53）即为基于核的感知机（Perceptron Based on Kernel），在 $\Phi(x)$ 所处的特征空间 F，分类器是线性的，但在原空间的分类器则成为非线性的。学习算法仍可采用梯度下降法。

3.2.4 特征选择算法

特征选择自 20 世纪 70 年代以来已经得到了系统的发展，目前已有基于不同数学描述，面对不同实际问题，针对不同目的特征选择算法。1997 年新加坡国立大学的 Dash 和 Liu 提出了特征选择的一个基本框架[8]，如图 3.1 所示。

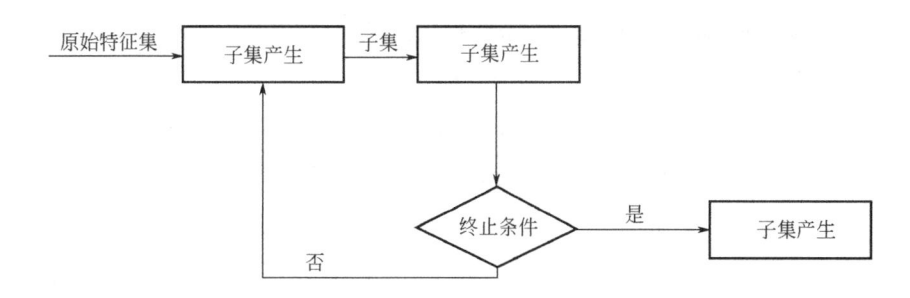

图 3.1 特征选择的基本框架

一个典型的特征选择算法通常包括以下 4 个基本步骤。

（1）子集产生（Subset Generation），这是一个搜索过程，通过一定的搜索策略产生候选的特征子集。

（2）子集评价（Subset Evaluation），每一个候选的特征子集都根据一定的评价准则得到，并与先前的最优特征子集进行比较。

（3）终止条件（Stopping Criterion），算法结束所需要满足的条件，它与子集的产生过程和评价准则的选用有关。经常采用的终止条件有：搜索完成；某种给定的界限，如指定的特征维数或循环次数等已达到；再增加（或删除）任何特征都已不能获得更好的结果；对于给定的评价准则，已获得足够好的特征子集。

（4）结果验证（Result Validation），就是根据一定的先验知识或通过合成现实数据集的测试来证明所选择的特征子集的性能。先验知识通常是指对原始数据集的了解，而在实际应用中，一般是通过特征子集对学习算法的性能影响来验证特征子集的质量。

一个统一的特征选择算法的伪代码描述如下。

INPUT：S：训练数据集，每个样本用特征集 FS 表示，$|FS|=n$。

J：评价准则。

GS：特征子集产生方法。

OUTPUT：fs_{sup} 最优特征子集。

Step1：初始化：$fs = \text{Start} - \text{poit}(FS)$；

$fs_{sup} = \{$根据 J 获取 FS 中的特征子集$\}$；

Step2：DO BEGIN。

a) $fs = \text{search} - \text{strategy}(fs, GS, FS)$ //生成特征子集集合

b) $fs' = \{$根据 J 获取 FS 中最好的特征子集$\}$；

c) IF$\left(J(fs')$ 好于 $J(fs_{sup})\right)$；//评价并比较当前的特征子集

END UNTILE $\text{stop}(J, fs)$；//满足终止条件

OUT PUT：fs_{sup}。

对于给定的数据集 S，每个样本用一个 n 维向量描述，算法从一个选定的特征子集 fs 开始，根据一定的搜索策略在特征空间中进行搜寻，根据选定的评价准则 J 对获取的每一个特征子集进行评价，并与前面最好的特征子集进行比较。整个搜索过程一直持续到满足特定的终止条件，算法的输出是相对于评价准则 J 的最优特征子集。

3.2.4.1 特征子集生成

特征子集的生成决定于搜索策略，而特征选择中的搜索策略是一个 NP 难度问题[9]。子集的产生是一个启发式搜索的必要过程，它包含两个方面的内容：首先，必须决定搜索开始点，如选择特征子集初始为空集或整个特征集或随机选择一个子集；其次，必须决定搜索策略，对于一个 n 维的数据集，存在 2^n 个候选子集，即使是较小的 n，穷尽搜索也是不可行的。搜索策略一般包括完全搜索（Complete Search）、顺序搜索（Sequential Search）和随机搜索（Random Search）。表 3.1 与表 3.2 分别列出了各种搜索策略的常用方法描述和一些基本特性。

第 3 章 行为识别的理论依据

表 3.1 特征选择的各种搜索策略的常用方法总结

算法名称	算法描述
GSFS（g） GSBS（g）	广义的顺序前向搜索算法和顺序后向搜索算法（General Sequential Forward/Backward Search）每次评价大小为 g 的特征子集，每步操作为 g 个特征被加入（前向搜索）或者删除（后向搜索）
PTA（l，r） GPTA（l，r）	加 l 减 r 法（Plus l take Away r），前行 l 步（通过 SFS 方法加入 l 个特征），后退 r 步（通过 SBS 方法减掉 r 个特征），GPTA（l，r）选用 GSFS（l）方法加特征，GSBS（r）方法减特征
B&B，B&+， B&B++等	分支界限法及其扩展系列，在原始的特征集合中选择一个特征子集，使得选择的子集在给定的评价函数下最优，一般需要评价函数单调
GA	遗传算法不能保证找到最优解但是搜索空间较大，速度较快，不易陷入局部极值
SA	模拟退火搜索算法计算量较大，初始温度与每个温度值下的迭代次数难以设定

表 3.2 典型特征选择搜索算法的特性

搜索算法	时间复杂度①	目标类型②	搜索类型③
SFS，SBS	$\Theta(n^2)$	A	S
GSFS（g），GSBS（g）	$\Theta(n^{g+1})$	A	S
PTA（l，r）	$\Theta(n^2)$	A	S
GPTA（l，r）	$\Theta(n^{\max(l+1,r+1)})$	A	S
B&B，B&+，B&B++等	$O(2^n)$	A	S
GA	$\Theta(l)\Theta(n)$ ④	C	P

① 时间复杂度：$\Theta(\ )$ 表示对时间复杂度的较为精确的估计；

$O(\ )$ 表示时间复杂度的上界。

② 目标类型：A 代表寻找固定大小的最优特征子集；

B 代表满足给定条件下的最小特征子集；

C 代表综合考虑子集大小和评价函数的最优子集。

③ 搜索类型：S—顺序搜索；P—并行搜索。

④ l 为遗传代数；n 为初始特征集维数。

3.2.4.2 特征子集评价

特征子集评价是依据一定的评价准则进行的，并且与先前的特征子集进行比较。评价准则根据与学习算法的关联情况大体上可以分成两类：关联准则和独立准则。

关联准则通常应用在 Wapper 模型中，先确定一个学习算法，并且利用学习算法的性能作为评价准则。对于特定的学习算法来说，通常可以找到比过滤器模型更好的特征子集。但是要多次调用学习算法，一般时间开销较大，并且可能不适合其他学习算法。例如，在监督特征选择中，分类准确率是一个常用的关联准则，对于特定的分类器，利用分类准确率可以选择较好的特征子集。对于非监督特征选择来说，通常利用特定的聚类算法在所选择的子集上的聚类质量来评价特征子集，这也是一种关联准则。目前，有很多启发式准则度量聚类质量，如类的紧凑性、类内及类间距离和最大似然性等。聚类技术通常可以分成两类：层次型（Hierarchical）聚类和分割型（Partitional）聚类。层次型聚类生成树形的聚类谱系图，根据需要可以在不同层次上选取类别个数。分割型聚类对原有数据集生成一个划分。层次型聚类方法包括基于最短距离、基于最长距离和基于均值距离的方法。分割型聚类包括方差法（如 K-means 方法）和基于图论的方法等；分类算法也有很多，如线性最小平方拟合、贝叶斯（Bayes）、K 近邻（K-Nearest Neighbor，KNN）、决策树、支持向量机（Support Vector Machine，SVM）、基于神经网络的分类等。

独立准则通常应用在 Filter 模型中，它通过训练数据集的内在特性来对所选择的特征子集进行评价，独立于特定的学习算法。通常包括距离度量、信息度量、关联性度量和一致性度量，它们的特性对比如表 3.3 所示。

（1）距离度量：常用的有可分性距离和散度等。对于两类问题和两个特征 F_1 和 F_2，如果特征 F_1 使得两类的条件概率的差别更大，则先选择 F_1，因为特征选择总是试图找到能使两类尽可能被分开的特征。如 Bhattacharyya 距离和 Chernoff 距离等[10]。

（2）信息度量：主要是计算特征的信息增益。一个特征 F_1 的信息增益可以定义为：F_1 使得先验不确定性与期望的后验不确定性之间的差别。如果特征 F_1 的信息增益大于特征 F_2，则 F_1 好于 F_2。

（3）关联性度量：主要是度量以一个变量的取值去获取另一个变量值的能力，在监督特征选择中，主要关注特征与类的关联性，如果特征 F_1 与类 C 的关联性大

于特征 F_2 与类 C 的关联性，则选择 F_1。在非监督特征选择中，主要考虑特征之间的关联性。

（4）一致性度量：它是试图找到与全集相同分类能力的最小特征子集。而不一致性定义为：如果两个样本在选定的特征子集上取值相同，却属于不同类别。

表 3.3 独立准则各评价标准特性

评价标准	通用性	计算复杂度	分类正确率	可处理的特征类型
距离度量	强	低	不确定	连续、离散
信息度量	强	较高	不确定	连续、离散
依赖性度量	强	低	不确定	连续、离散
一致性度量	强	中等	不确定	离散
分类错误率度量	弱	很高	很高	连续、离散

3.2.4.3　Filter 模型与 Wapper 模型

特征选择根据所采取的评价准则是否和具体的分类器有关，从模型上可以分为 Filter 模型和 Wapper 模型，图 3.2 与图 3.3 分别给出了两种模型的一般过程。

Filter 模型是将特征选择作为一个预处理过程，独立于学习算法；而 Wapper 模型则需要依赖某种或多种机器学习算法，将学习算法的结果作为特征子集评价准则的一部分。一般 Filter 模型的时间复杂度较低，但准确性不高，而 Wapper 模型的时间复杂度较高，准确性也较高。随着高维数据和大规模数据处理的研究发展，Filter 模型更具有现实意义。

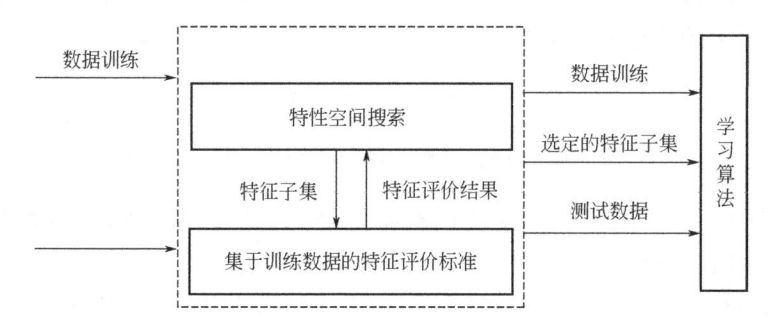

图 3.2　Filter 模型的一般过程

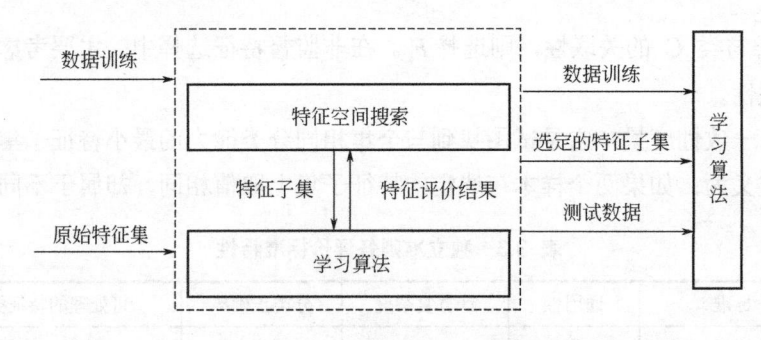

图 3.3 Wapper 模型的一般过程

3.3 行为的分类工具

3.3.1 最近邻与 K 最近邻

3.3.1.1 最近邻方法

在多目标跟踪中，每个目标都有一个关联门。传感器接收到的测量数据均分布在目标的周围，有的落入目标的关联门内，有的没有，视具体观测情况而定。最近邻方法为：在某个采样时刻 k，获得传感器采集到的测量数据后，首先计算所有测量数据与该目标在 k 时刻的预测位置的统计距离，获得该目标对应的有效测量数据（门限过滤），然后选择最近邻（统计距离最小）的有效测量数据作为目标 k 时刻的关联点迹，最后按照某种赋值策略更新目标 k 时刻的状态。

统计距离的计算公式如式（3.54）所示：

$$d_{ij}^2 = e_{ij}(k) S^{-1}(k) e_{ij}^{\mathrm{T}}(k) \tag{3.54}$$

$$e_{ij}(k) = Z_j(k) - H\hat{K}_i(k/(k-1)) \tag{3.55}$$

式中，$S(k)$ 为 $e_{ij}(k)$ 的协方差矩阵；$Z_j(k)$ 为 k 时刻的有效回波；$\hat{K}_i(k/k-1)$ 为 k 时刻目标的状态预测值。

落入目标关联门内的点迹可能不止一个，获得了所有有效测量对应的统计距离后，就可以根据这些统计距离判断哪个有效测量是目标的最近邻点迹了。

3.3.1.2 K 最近邻

近邻算法是基于实例学习的分类算法中比较常用的一种方法。

令 $X=(x_1,\cdots,x_n)$，其中每一个样本 x_i 所属的类别均已知。对于测试样本点 x，在集合 X 中距离它最近的点记为 x'，那么，最近邻规则的分类方法就是把点 x 分为 x' 所属的类别。通常最近邻规则方法的误差率比最小可能误差率（即贝叶斯误差率）要大。然而，在无限训练样本的情况下，这个误差至多不会超过贝叶斯误差率的两倍[11]。

最近邻点的标记 ω_i（某个 i）是一个随机变量。ω_i 的概率为后验概率 $P(\omega_i|x')$。当样本个数非常大的时候，有理由认为 x' 距离 x 足够近，使得 $P(\omega_i|x')\approx P(\omega_i|x)$。因为这恰好是状态位于 ω_i 的概率，因此最近邻规则自然是真实概率的一个有效的近似。如果定义 $\omega_m(x)$ 为

$$P(\omega_m|x)=\max_i P(\omega_i|x) \tag{3.56}$$

那么，贝叶斯规则总是选取 ω_m 作为分类结果。这个规则允许我们把特征空间分成一个个的网络单元。每个单元中的点，到最近邻 x' 的距离都比别的样本点的距离要小。因此，这个小单元中的任意点的类别就与最近邻 x' 的类别相同。当 $P(\omega_m|x)$ 趋近于 1 时，最近邻规则与贝叶斯规则几乎相同。也就是说，当最小误差率很小时，最近邻规则的分类误差率也非常小。当 $P(\omega_m|x)$ 约等于 $1/c$ 时（也就是说，每个类别几乎是等概率的），根据贝叶斯规则的分类结果和根据最近邻规则的分类结果相差就比较小了，两者的误差率几乎都是 $1-1/c$。对于最近邻规则的分类结果的分析是通过求无限样本下的平均条件误差率 $P(e|x)$ 而开展的，其中 e 表示训练样本的平均。无条件平均误差率可以通过平均条件误差率在 x 的定义域内进行积分获得

$$P(e)=\int P(e|x)p(x)\mathrm{d}x \tag{3.57}$$

贝叶斯规则是通过每一个点 x 的误差率最小来衡量总体误差率最小。如果让 $P^*(e|x)$ 表示 $P(e|x)$ 的最小可能值，P^* 表示 $P(e)$ 的最小可能值，那么有：

$$P^*(e|x)=1-P(\omega_m|x) \tag{3.58}$$

$$P^*=\int P^*(e|x)p(x)\mathrm{d}x \tag{3.59}$$

当 $P_n(e)$ 表示 n 个样本时的总的误差率，并且 $P=\lim_{n\to\infty}P_n(e)$ 时，最近邻规则的平均误差率为 $P^*\leq P\leq P^*\left(2-\dfrac{c}{c-1}P^*\right)$。我们注意到，如果对某一组特定的样本使用最近邻规则，那么结果的误差率是和这组样本自身特点有关的。特别地，如果使用一个包含不同的 n 个样本集来对某个测试点 x 进行分类，那么对于 x，将

有不同的最近邻向量 x'。因为判定规则依赖于这个最近邻向量 x' 所属的类别，因此有条件误差率 $P(e|x,x')$，同时 $P(e|x,x')$ 依赖于测试点 x 和最近邻向量 x'。对 x' 取平均，可得到：

$$P(e|x) = \int P(e|x,x')p(x'|x)\mathrm{d}x' \qquad (3.60)$$

通常确定条件概率密度函数 $p(x'|x)$ 是较为困难的。由定义，假设向量 x' 为测试点 x 的最近邻向量，由此可以想象，该条件概率密度函数将在 x 周围有非常显著的尖峰，而在其他地方，其值非常小。而且当 n 趋于无穷大时，$p(x'|x)$ 趋近于以 x' 为中心的一个狄拉克函数，这样就使得方程（3.60）的求解变得容易。下面简单证明这一点。假设在给定的 x 点处 $p(\cdot)$ 是连续的，并且其值为零。在这样的假设条件下，任何样本落在以 x 为中心的超球体 S 中的概率为

$$P_S = \int_{x' \in S} p(x')\mathrm{d}x' \qquad (3.61)$$

这样，所有的 n 个独立的样本都落在球体之外的概率为 $(1-P_S)^n$。显然当 n 趋近于无穷大时，该概率趋近于零。因此，当 x' 依概率收敛于 x 时，$p(x'|x)$ 趋近于狄拉克函数。事实上，如果使用"测度理论"的方法，还可以得到 x' 收敛于 x 的更强的结论。

为了明确表明当样本点的个数 n 增加时，x 的最近邻点 x' 可能会发生变化，不妨记 x' 为 x'_n。当有 n 个独立样本点时，实际上是表示有 n 个随机变量对：$(x_1,\theta_1),(x_2,\theta_2),\cdots,(x_n,\theta_n)$，其中 θ_j 为 c 种可能的自然状态 $\omega_1,\omega_2,\cdots,\omega_n$ 中的任意一种。假设这些随机变量对是这样产生的：首先以概率 $P(x|\omega_j)$ 选取 θ_j 所对应的 ω_j，然后在这个基础上，以概率密度 $P(x|\omega_j)$ 选取样本 x。而每个随机变量对都是独立抽取的。假设在分类过程中，测试样本为 (x,θ)，并且假设被标记为 θ'_n 的 x'_n 是测试样本的最近邻向量。因为抽取 x' 时的自然状态和抽取 x 时的自然状态是独立的，因此，有：

$$P(\theta,\theta'_n|x,x'_n) = P(\theta|x)P(\theta'_n|x'_n) \qquad (3.62)$$

现在，如果使用最近邻规则，那么当 $\theta \neq \theta'_n$ 时，就产生一次分类误差。这样，条件误差率 $P(e|x,x'_n)$ 为

$$P(e|x,x'_n) = 1 - \sum_{i=1}^{c} P(\theta=\omega_i,\theta'=\omega_i|x,x'_n) = 1 - \sum_{i=1}^{c} P(\omega_i|x)P(\omega_i|x'_n) \qquad (3.63)$$

为了得到 $P_n(e)$，需要将式（3.63）代入式（3.60），然后对 x 的取值范围求平

均，通常这是非常困难的。由于当 n 趋近于无穷大时，$p(x'_n|x)$ 逼近狄拉克函数，因此，如果 $P(\omega_i|x)$ 在 x 处连续，那么可以得到：

$$\lim_{n\to\infty} P_n(e|x) = \int \left[1 - \sum_{i=1}^{c} P(\omega_i|x)P(\omega_i|x'_n)\right]\delta(x'_n - x)\mathrm{d}x' = 1 - \sum_{i=1}^{c} P^2(\omega_i|x)$$

（3.64）

只要交换极限和积分的操作次序，渐进最近误差率为

$$P = \lim_{n\to\infty} P_n(e) = \lim_{n\to\infty} \int P(e|x)p(x)\mathrm{d}x = \int \left[1 - \sum_{i=1}^{c} P^2(\omega_i|x)\right]p(x)\mathrm{d}x \quad (3.65)$$

K 最近邻规则是最近邻规则的一个推广。从这个规则名词可知，该规则是将一个测试数据点 x 分类与它最接近的 K 个近邻中出现最多的那个类别。K 最近邻算法从测试样本点 x 开始生长，不断地扩大区域，直到包含 K 个训练样本点为止，并且把测试样本点 x 归为这最近的 K 个训练样本点中出现频率最高的类别。

如果 K 值固定，并且允许训练样本个数趋向于无穷大，那么，所有的这 K 个近邻都将收敛于 x。如同最近邻规则一样，K 个近邻的标记都是随机变量，概率 $P(\omega_i|x), i=1,2,\cdots,K$ 都是相互独立的。假设 $P(\omega_m|x)$ 是较大的那个后验概率，那么根据贝叶斯分类规则，则选取类别 ω_m。而最近邻规则则以概率 $P(\omega_m|x)$ 选取类别。而根据 K 最近邻规则，只有当 K 个最近邻中的大多数的标记记为 ω_m，才判定为类别 ω_m。做出这样判定的概率为

$$\sum_{i=(K+1)/2}^{K} \binom{K}{i} P(\omega_i|x)^i \left[1 - P(\omega_m|x)\right]^{K-i} \quad (3.66)$$

通常 K 值越大，选取类别 ω_m 的概率也越大。

K 最近邻规则可以被看作是另一种从样本中估计后验概率 $P(\omega_i|x)$ 的方法。一方面，为了得到可靠的估计，必须使得 K 值越大越好。另一方面，又希望 x 的 K 个近邻 x' 距离 x 越近越好，因为这样才能保证 $P(\omega_i|x')$ 尽可能逼近 $P(\omega_i|x)$。在选取 K 值的时候，就不得不做出某种折中。只有当 n 趋近于无穷大时，才能保证 K 最近邻规则几乎是最优的分类规则。

3.3.2 决策树

决策树分类模型是模式识别中最常用的一种模型，以树形的映射结构呈现。决策树的每个非叶节点拥有一个分裂条件，对应特征向量中的一个特征，叶节点则对应分类的类别输出。因此，输入的特征向量根据节点处的分裂条件逐级地选

择符合条件的分支，即可在叶节点处得到分类的结果。决策树的学习是通过自顶向下的贪婪搜索，遍历所有可能的决策空间来构建的，具体的实现算法包括 ID3、C4.5 和 CART（分类回归树，Classification and Regression Tree）等算法[12]，本书中构建的决策树分类模型基于 C4.5 算法实现。

C4.5 算法[13]实际上是基于经典的 ID3 算法改进而来。相对于 ID3 算法，C4.5 除了使用信息增益率替代信息增益作为特征的评价标准外，还能够实现对连续属性的离散化处理，并且允许不完整数据的存在，能够更好地满足实际的分类需求。

在决策树的构建过程中，采用了类似 ID3 算法流程中的分裂节点获取，具体流程如图 3.4 所示。对于输入的训练集合，算法首先判断该集合是否"纯净"：如果集合是纯净的，即集合中仅包含同一目标类别的特征向量，那么决策树的该分支停止生长；如果集合中包含若干目标类别，则对所有的特征计算评价函数，选取最优特征作为节点的分裂特征，进而将原始的特征集合 S 分裂为若干子集。对于获得的训练子集，循环重复上述流程直到整棵决策树不再生长。

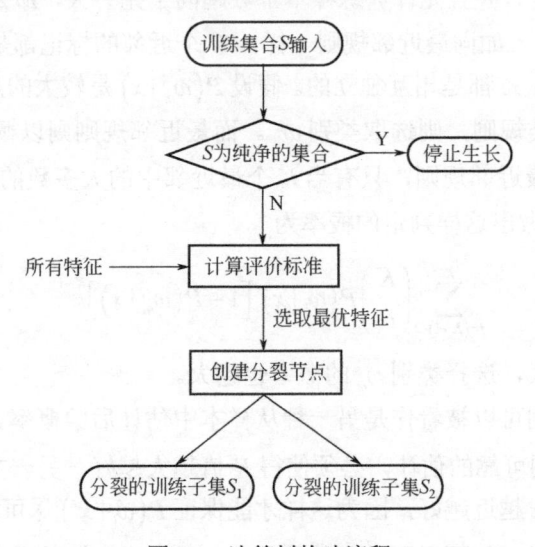

图 3.4　决策树构建流程

在具体的计算中，采用了信息熵来衡量集合的纯度。信息熵的定义如式（3.67），其中 p_i 是特征向量集中属于类别 i 的比例，m 为集合中类别的数目。集合中仅存在唯一类别样例时，信息熵为 0，达到最低；当集合中存在多种类别的样例时，集合的信息熵会逐渐增大。例如，当目标类别数目 $m=2$ 时，p_1 为 0 时，即集合中仅有类别 2 一种类别的数据，则此时信息熵为 0；当 p_1 为 1 时，集合中仅有类别1存在,信息熵也为0。在这两种情况下,集合都是"纯净的"。当集合中两种类别数据各占1/2时,集合具有最大的信息熵,纯度最低。

$$\text{Entropy}(S) = -\sum_{i=1}^{m} p_i \log p_i \quad (3.67)$$

在ID3算法中,使用了信息增益作为选择特征的评价标准,如式(3.68)。信息增益表示由于分裂而产生的集合纯度的增加,即集合信息熵的减小。其中,$\text{Entropy}(S)$ 表示分裂前集合的信息熵;$\sum_{v \in V(f)} \frac{|S_v|}{|S|} \text{Entropy}(S_v)$ 表示分裂后集合的信息熵,$V(A)$ 是特征 A 所有可能的取值集合,v 是其中满足分裂条件的取值集合,S_v 是训练集 S 中特征值满足分裂条件的子集,$\frac{S_v}{S}$ 是 S_v 中特征向量数目与原集合 S 中的特征向量数目的比值。ID3 算法在对特征进行度量时,选取信息增益最高的特征作为分裂特征。

$$\text{Gain}(S, A) = \text{Entropy}(S) - \sum_{v \in V(A)} \frac{|S_v|}{|S|} \text{Entropy}(S_v) \quad (3.68)$$

但直接使用信息增益作为分裂属性存在"多值倾向"的问题,即信息增益会倾向于选取取值较多的特征。而在实际应用中,不同类别的特征向量数目分布不均匀时,分类的准确率会降低。因此,在C4.5算法中采用了信息增益率代替了信息增益,作为决策树中每个分裂节点的特征评价标准,较好地解决了这一问题。信息增益率的定义如式(3.69)所示。其中,分子部分 $\text{Gain}(S, A)$,即式(3.68)所定义的信息增益;分母项 $\text{SplitInfo}(S, A)$ 是分裂信息率,由式(3.70)定义,能够衡量特征分裂数据的广度和均匀程度,用于规范化信息增益。式中 m 表示划分的子集数目,$\frac{S_i}{S}$ 表示第 i 个子集中特征向量数目占全集的比例。

$$\text{GainRatio}(S, A) = \frac{\text{Gain}(S, A)}{\text{SplitInfo}(S, A)} \quad (3.69)$$

$$\text{SplitInfo}(S, A) = -\sum_{i=1}^{m} \frac{|S_i|}{|S|} \log \frac{|S_i|}{|S|} \quad (3.70)$$

决策树的剪枝:在上述决策树的构造过程中,是通过贪心算法自顶向下地生成节点,直到将整个训练集完美地分类到叶节点上。但这种生成策略仍具有一些缺点,例如,在训练集中含有较多的噪声样例或是样本数目较少时,容易发生过拟合(Overfitting)现象,导致决策树分类模型在实际分类时表现不佳;另外,由于决策树的节点数目主要取决于特征向量集合的规模,当选取的特征较多时,容易形成尺寸庞大的决策树,影响分类的效率。上述两个问题可以通过合适的剪枝策略,实现对决策树的简化而得以解决。一方面,对决策树进行剪枝,降低叶节点数目,可以提高模型的抗噪声性能,减少过拟合现象的发生,增强模型的泛化能力;另一方面,剪枝降低了整个树结构的尺寸和复杂程度,减少了需要计算的数据特征,因此也使得整个模型对计算资源的需求降低。

决策树的剪枝策略主要包括预剪枝(Pre-Pruning)和后剪枝(Post-Pruning)两种。其中预剪枝表示在决策树的构建过程中设置条件停止决策树的生长,但该方式容易导致决策树无法达到最优化,在实际情况下,对目标的识别准确率可能会下降的较多。后剪枝策略在决策树训练之后进行剪枝,通过合并一些子树,使用其叶节点来替代被删除的子树。在实际应用中,后剪枝策略具有更好的性能,因此,在本书中采用了后剪枝策略。

在具体实现中,对决策树的生成先不加限制,使用整个训练集进行决策树模型的训练,随后使用悲观剪枝策略(Pessimistic Error Pruning,PEP)对节点进行测试和裁剪。相比其他的剪枝策略,悲观剪枝策略每棵子树仅需计算一次,效率较高,不需要将数据分为训练集和验证集,在实际的模型剪枝中也有较好的表现。

悲观剪枝策略对决策树中的每个内部非叶节点递归地计算该节点的准确率,并且假定该准确率符合二项分布,计算其标准差。假设对该节点剪枝,则该节点内部所有子节点合成为一叶节点,生成的叶节点对应的目标类别是由多数原则(Majority Class Criterion)决定。此处的多数原则对被删除的子树中所有训练样本的类别进行统计,选取其中样本数量最多的类别,作为删除后叶节点的类别。据此,可以比较剪枝前后的模型性能变化。对于给定的置信区间,采用了下界估计作为准确率的度量。因此,在同样的训练集上通常会出现模型性能的少量损失。悲观剪枝策略认为,如果式(3.71)成立,那么该节点应该被剪枝:

$$e'(t) \leqslant e'(T_t) + S_e(e'(T_t)) \tag{3.71}$$

其中,$e'(t) = \left[e(t) + \dfrac{1}{2}\right]$;$e'(T_t) = \sum e(i) + \dfrac{N_t}{2}$。式(3.71)中,$e(t)$表示节点$t$处的误差;1/2为二项概率分布近似的连续性修正因子;T_t为计算的子树;i为覆盖T_t的叶节点;N_t为子树T_t的叶子树;$n(t)$为节点t处的训练集数量;S_e为标

准差函数。

3.3.3 卷积神经网络

卷积神经网络是基于人工神经网络的一个新成员，是基于多层监督学习的新型神经网络，已被引入语音分析和图像识别领域。由于它具有权值共享的特点，减少了权值的数量，从而降低了网络模型的复杂度，因此提高了识别效率，另外，CNN 已将特征提取功能融合到分类器中，省略了识别前复杂的人工特征提取过程，因而得到了广泛的关注。卷积神经网络不仅具有传统神经网络的较好容错性、自适应性和自学习能力等优点，还具有自动提取特征、权值共享等特点。

总结卷积神经网络优点如下。

（1）权值共享通过减少网络训练参数的方式使卷积神经网络的结构变得更简单，在不同应用中适应性更强；由于同一特征映射面上的神经元权值相同，所以网络可以并行学习，降低了网络的复杂性，减少训练参数，这也是卷积神经网络相对于神经元彼此相连网络的一大优势。卷积神经网络以局部权值共享的特殊优点，在语音识别和图像处理等方面有着广泛的应用与研究，其权值共享的布局更接近于生物神经网络，降低了网络结构的复杂度，提高了识别效率。

（2）特征提取和模式识别与分类同时进行，并且同时在训练中运行；常用的分类方法基本都是基于统计特征的方法，也就意味着在识别前必须人工提取图像的某些特征。然而，人工特征提取并不容易，并且提取的特征不能完全代表图像，而卷积神经网络避免了特征提取过程，而隐藏地从训练数据中进行学习，这样提取的特征能全面代表图像，这使得卷积神经网络分类器明显要优于其他分类器。卷积神经网络方法可以直接处理灰度图像，不需要对图像进行过度的预处理，此方法能够直接用于处理图像的分类问题。

（3）输入图像与网络的拓扑结构能够很好地吻合，特别是多维输入的图像可以直接输入卷积神经网络进行识别，这样避免了特征提取、识别过程和分类过程中数据重建的难度。

3.3.1.1 网络结构模型

卷积神经网络是一种多层的神经网络，包含输入层、隐藏层和输出层，其中隐藏层（包括卷积层和子采样层）是卷积神经网络特征提取的重要环节。

卷积是一个图像处理核，它是用于增强图像的某种特征抑制其他特征来实现的。卷积层也可称为特征提取层（简称 C 层），它通过利用不同的卷积核来突出不同方面的特征以达到提取特征的效果。具体过程为每个卷积核与上层的特征图的局部感受野相连，即上层得到的特征图与一个卷积核卷积，然后经过激活函数，加上偏置，形成这一层特征图的局部特征，将卷积核与上层整个特征图卷积，得到这一层的一个特征图，并利用不同的卷积核，得到这一层不同的特征图。

每一个输出的特征图都与前一层的特征图存在关联性。一般地，卷积层的形式如式（3.72）所示，激活函数如式（3.73）所示：

$$x_j^l = f\left(\sum_{i \in M_j} x_i^{l-1} \times k_{ij}^l + b_j^l\right) \tag{3.72}$$

$$f(x) = \frac{1}{1+e^x} \tag{3.73}$$

式中，l 代表层数；k 代表卷积核；M_j 是选择输入图像的集合；每个输出特征图均有一个额外的偏置 b。对于一个特定的输入图像，卷积这个输入图像的卷积核是不一样的，即输出特征 map_j 和输出特征 map_k 都是从输入图像中卷积求和得到，那么对应的这两个输出特征是不一样的，它们代表了这个输入图像不同的特征。

子采样层（简称 S 层）是利用图像局部相关性的原理，对图像进行子抽样，达到减少数据处理量、同时保留有用信息的效果，它的作用是降低图像的分辨率，减少训练维数，增强网络对大小变化的适应性。具体过程为相邻的 4 个神经元与 1 个值为 1/4 的 2×2 矩阵卷积，也就是每相邻的 4 个神经元取均值，之后每隔 1 个神经元取 1 个值，得到子采样层的特征图。

如果卷积层的特征图为 n 个，则经过子采样层后特征图的个数仍然为 n 个，本书实验输出的特征图的大小变为原来的一半。

子采样层的一般形式如式（3.74）所示：

$$x_j^l = f\left(\beta_j^l \text{down}\left(x_j^{l-1}\right) + b_j^l\right) \tag{3.74}$$

其中，down() 表示子采样函数，一般是对输入图像的不同 $n \times n$ 块所有的像素进行求和或取均值，这样输出图像缩小了 $n \times n$ 倍，即输出图像的大小是输入图像大小的 $1/(n \times n)$。每一个输出的特征图都对应着一个属于自己的权值 β 和一个偏置 b。

卷积神经网络中的每一个卷积层后面都跟着一个用于求局部均值和二次提取的子采样层，这种特殊的特征提取方式使整个网络对输入图像都有较高的抗畸变能力。卷积和子采样过程模型如图 3.5 所示。

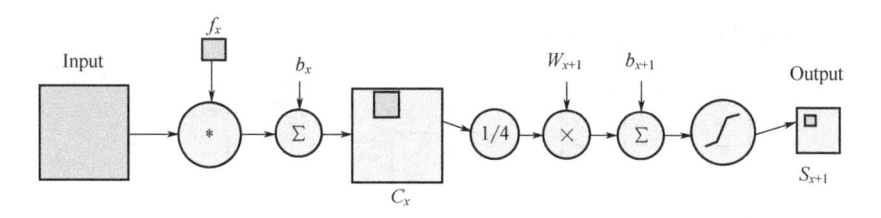

图 3.5　卷积和子采样过程模型

在应用于图像处理时，卷积神经网络结构中的每层由多个二维平面组成，而每个平面由多个神经元组成，网络结构如图 3.6 所示。

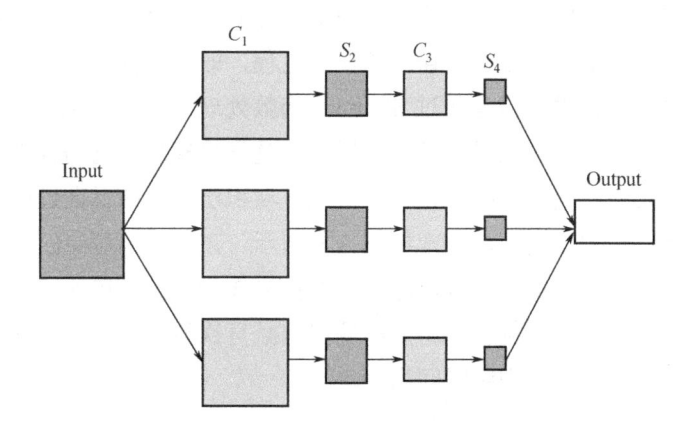

图 3.6　网络结构

如 3.6 图所示例子中，整个卷积神经网络结构包括一个输入层、两个卷积层、两个子采样层和一个输出层，过程概述为输入图像在经过三个卷积核滤波器、Sigmoid 函数和可加偏置后产生三张特征映射图，然后特征映射图中每组 4 个像素取平均值得到 S_2 子采样层特征映射图。这些特征映射图再经过一次滤波和采样得到 C_3 层和 S_4 层。最终将 S_4 层的像素并连成一个列向量与输出层全连接。

3.3.1.2　训练与测试

网络学习训练过程是由信号的正向传播阶段、误差的反向传播阶段（包括权值更新）两个阶段组成的。正向传播阶段时，输入样本从输入层传入，经卷积核滤波器、Sigmoid 函数和可加偏置后产生 C_1 层特征映射图，然后特征映射图中每组四个像素取平均值得到 S_2 层特征映射图，这些特征映射图再经过一次卷积和子采样得到 C_3 层与 S_4 层，最终将 S_4 层的像素以全连接的方式传向输出层。若输出层的实际输出与期望的输出（标签）不符，则将得到的误差传入反向传播阶段。

正向传播过程如图 3.7 所示。

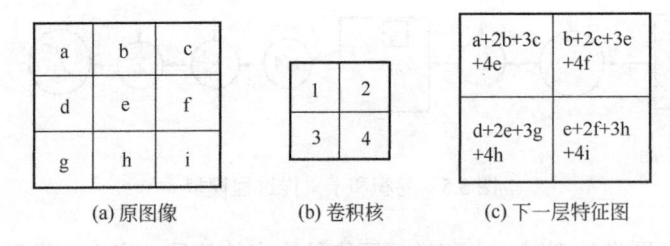

a	b	c
d	e	f
g	h	i

(a) 原图像

1	2
3	4

(b) 卷积核

a+2b+3c+4e	b+2c+3e+4f
d+2e+3g+4h	e+2f+3h+4i

(c) 下一层特征图

图 3.7　正向传播过程

误差反向传播阶段，如果本层是卷积层，它的误差是从下一个子采样层传播过来的，误差实际上是子采样层误差的反向过程，即升采样，通过将子采样的误差复制 4 份实现的，卷积层是经过 Sigmoid 函数处理的，所以从子采样层扩充误差矩阵时要经过 Sigmoid 求导处理；如果本层是子采样层，它的误差是由下一层卷积层传播过来的，误差传播过程实际上就是卷积层误差的反向过程，即使用下一层误差与反转卷积核卷积，原理如图 3.8 所示，直到求出每层的误差值，再利用权值更新得到新的权值和偏置，即该误差信号作为修改各单元权值的依据，利用新的权值和偏置再次得到输出与期望输出相减再次得到误差，循环往复直到网络达到一定精度或规定的训练时间为止。

误差反向传播过程如图 3.8 所示。

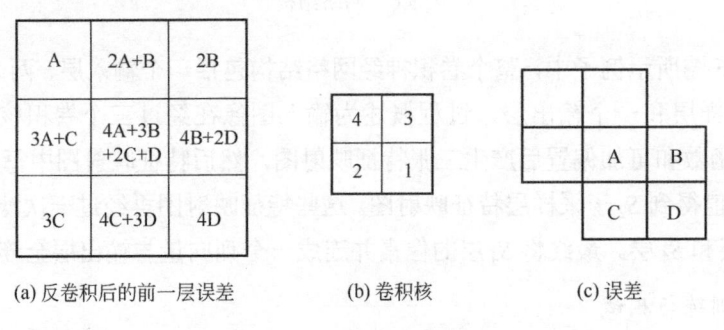

A	2A+B	2B
3A+C	4A+3B+2C+D	4B+2D
3C	4C+3D	4D

(a) 反卷积后的前一层误差

4	3
2	1

(b) 卷积核

A	B
C	D

(c) 误差

图 3.8　误差反向传播过程

权值更新如图 3.9 所示。

这种信号正向传播、误差反向传播（包括权值更新）的各层权值调整过程，是周而复始地进行的。权值不断调整的过程，即网络的学习训练过程。

i	h	g
f	e	d
c	b	a

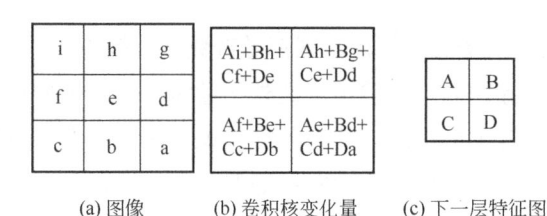

Ai+Bh+Cf+De	Ah+Bg+Ce+Dd
Af+Be+Cc+Db	Ae+Bd+Cd+Da

A	B
C	D

　　(a) 图像　　　　(b) 卷积核变化量　　(c) 下一层特征图

图 3.9　权值更新过程

训练算法主要包括 5 步，5 步分为两个阶段：

第一阶段，正向传播阶段（2 步）：

（1）从行为数据库中取一个样本 (X,Y)，将 X 输入网络；

（2）利用正向传播规则计算相应的实际输出 O。

在这个阶段，信息从输入层经过逐级的变换，传送到输出层。输出层表达式如式（3.75）所示：

$$O = F_n\left(\cdots\left(F_2\left(F_1\left(x \times w(1)\right)w(2)\right)\cdots\right)w(n)\right) \quad (3.75)$$

第二阶段，反向传播阶段（3 步）：

（1）计算实际输出 O 与相应的理想输出 Y 的差，此为误差；

（2）按反卷积的方法得到每层的误差；

（3）利用每层误差得到权值变化量，更新权值。

测试是将测试图像数据库输入正向传播阶段得到输出，与标准分类进行分类比较，将识别错误的图像个数进行累计，计算错误率和识别精度，检测系统识别精度是否达标，进而对训练系统进行改进，是图像分类的重要组成部分。

3.3.1.3　网络结构参数及其设计

对 CNN 网络及识别过程进行系统地深入分析，可以发现 CNN 网络结构及相关参数的确定是识别系统中的关键问题，其中结构问题中主要是由隐藏层结构确定，包括网络结构层数（Number of Network Structure Layer，Nlayer）和隐层特征图个数（Number of Hidden Layer Characteristics Figure，Nfigure）。参数分别是卷积核大小（Size of Convolution Kernel，Sck）、权值初始化（Initialization of Weight，Iweight）、批量样本数（Size of Sample Batch，Ssb）和迭代次数（Number of Iterations，Niter）等。

（1）卷积核大小和网络结构层数的确定。卷积核算子是卷积运算时使用到的权值，可以用一个矩阵 $M \times N$ 表示，该矩阵与计算的图像区域大小相同，大部分在使用时是对称的，即 $M=N$，其行、列都是奇数，一般 $N=3$、5、7。

网络结构层数是除输入层和输出层之外的卷积层数与子采样层数的总和。神经网络的层数在一定范围内增加，能有效提高识别精度，但层数过多，不仅网络结构复杂，同时会使识别精度降低。图像识别的一个核心问题是图像的特征提取，简单描述即为用一组简单的数据（图像描述量）来描述整个图像，所以这组数据越简单越有代表性越好，即网络结构层数由训练样本的尺寸和卷积核的大小共同决定。

神经网络的层数在一定范围内增加，可以使识别精度增高，但层数超过这个范围，不仅网络结构复杂导致牺牲高效，同时会使识别精度降低，与通过选用合适网络层数的方法来降低错误率相比较，通过设置合适的隐藏层节点数更加合适，其训练过程比增加层数更容易调整和改进，所以网络结构层数的设定不用过于烦琐，由训练样本的尺寸和卷积核大小决定即可。

根据普通图像样本提取特征图的基本特点，提取所得的特征图越简单、越有代表性越好，如表 3.4 所示，基于 28×28 的样本分别在三种卷积核大小下，3×3 的卷积核下最后输出的特征图为 11×11，5×5 的卷积核下最后输出的特征图为 4×4，7×7 的卷积核下最后输出的特征图为 5×5，在 5×5 的情况下输出特征图最简单，所以选择 5×5 的卷积核效果最好，此时需要两个卷积层和两个子采样层。如表 3.5 所示，样本为 32×32 的图像如上述原理也选择 5×5 的卷积核，此时需要三个卷积层和三个子采样层。

表 3.4　28×28 图像在不同卷积核下的结构层数确定

样本大小	卷积核	C_1特征图	S_2特征图	C_3特征图	S_4特征图	结构层数
28×28	3×3	26×26	13×13	11×11	—	3
28×28	5×5	24×24	12×12	8×8	4×4	4
28×28	7×7	22×22	11×11	5×5	—	3

表 3.5　32×32 图像在不同 Sck 下的结构层数确定

样本大小	卷积核	C_1特征图	S_2特征图	C_3特征图	S_4特征图	C_5特征图	结构层数
32×32	3×3	30×30	15×15	13×13	—	—	3
32×32	5×5	28×28	14×14	10×10	5×5	1×1	5
32×32	7×7	26×26	13×13	7×7	—	—	3

（2）隐层特征图个数。隐层特征图个数是隐层中卷积层和子采样层中包含的

特征图个数。设置合适的隐层特征图个数比选择合适的网络层数更适合降低错误率，其训练过程更容易调整和改进。

（3）权值初始化。权值初始化是卷积核像素和全连接部分的权值矩阵的初始化。权值初始化对训练速度、识别精度有影响，初始值范围太大会导致无法训练，所以权值初始值是在[-1,1]之间随机取值，在反向传播过程中进行优化，直到达到最优解。

（4）批量样本数。为了减少训练次数，提高识别效率，可以采用分组的方式进行训练，批量样本数是每组中所含图像的个数。在总实验样本一定的条件下，批量样本数的个数越少，则训练批次越多，实验识别精度越高，相应时间越长；批量样本数的个数越多，则训练批次越少，实验识别精度越低，相应时间越短。在本实验中可以结合识别精度和识别效率来选择批量样本数。

（5）迭代次数。迭代次数是对全部训练图像样本的训练次数。训练的结束取决于迭代次数的多少。迭代次数越少，识别精度越低，所需时间越短；迭代次数越多，识别精度越高，所需时间越长。根据实验中的识别精度和识别效率，当错误率曲线进入收敛区时，选择刚进入收敛区的迭代次数作为未来实验的实验标准。

3.3.4 支持向量机

支持向量机（Support Vector Machine，SVM）概念在1995年被提出，支持向量的原理是由统计学原理VC维发展而来的，现在的应用范围相当广泛。支持向量机最早是在线性可分的条件下，寻找出一个超平面、实现最优的样本分离。对于这个超平面的概念也是相对比较好理解的。当分离的样本是在二维空间中的，那么超平面就可以认为是一条直线，对应地，在三维空间中，进行样本分类，它就是一个二维平面。

首先考虑线性可分的情况，设存在线性可分的训练样本：

$$(x_i, y_i), x_i \in R^n, y_i \in \{+1, -1\} \quad (i=1, \cdots, l)$$

我们的目的就是找一个超平面，使得这两类样本完全分开，且使分类超平面具有更好的推广能力。从图3.10和图3.11中可以了解到，能将两类样本正确分开的超平面有无数多个。那么如何求得最优的分离超平面呢？从直观上可以清楚地理解，所谓最优分离超平面就是不但能将两类样本正确划分，而且使每一类数据与超平面距离最近的点与超平面之间的距离最大，即分类间隔最大，如图3.11所示。

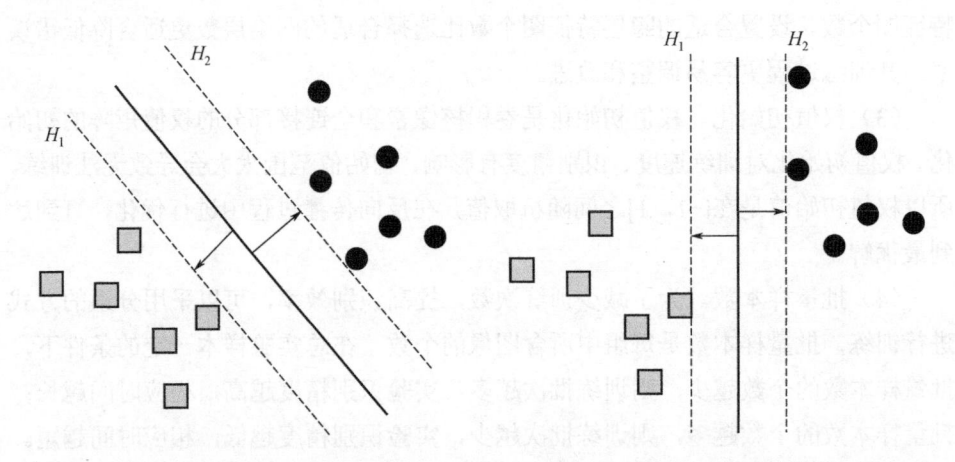

图 3.10 分类间隔较小的分类面　　图 3.11 最大分类间隔的最优分类面

下面进行数学推导，设分离超平面为

$$<w,x>+b=0 \quad (3.76)$$

其中 $<,>$ 是向量点积。当两类样本线性可分时，不妨设下面条件满足：

$$<w,x_i>+b \geqslant 1, (\text{if } y_i=+1) \quad (3.77)$$

$$<w,x_i>+b \leqslant -1, (\text{if } y_i=-1) \quad (3.78)$$

现在考虑使表达式（3.77）和式（3.78）等号成立的那些点，也就是距离超平面最近的两类点，只要成比例地调整 w 和 b 的值，一定能保证这样的点存在，而且对分类结果并没有影响。设两个超平面为

$$H_1: <w,x>+b=1, \quad H_2: <w,x>+b=-1 \quad (3.79)$$

则超平面 H_1 到原点的距离为 $|1-b|/\|w\|$，超平面 H_2 到原点的距离为 $|-1-b|/\|w\|$。因此，H_1 和 H_2 之间的距离为 $2/\|w\|$，被称为分类间隔。因此，使分类间隔最大就是使 $\|w\|$ 最小。

另外，还可以从 VC 维的角度来考虑分类间隔问题。统计学习理论指出，在 N 维空间中，设样本分布在一个半径为 R 的超球体范围内，则满足条件 $\|w\| \leqslant A(A>0)$ 的正则超平面构成的指标函数集 $f(x,w,b)=\text{sgn}(<w,x>+b)$（sgn 为符号函数）的 VC 维满足下面的界：

$$p \leqslant \min([R^2A^2],N)+1 \quad (3.80)$$

因此，使 $\|w\|^2$ 最小就是使 VC 维的上界最小，从而实现结构风险最小化。

第 3 章　行为识别的理论依据

综上所述，最优分离超平面可以通过下面的二次规划来求解：

$$\min \frac{1}{2}\|w\|^2 \tag{3.81}$$

约束为

$$y_i(<w,x_i>+b)-1 \geqslant 0 \quad (i=1,\cdots,l) \tag{3.82}$$

上述算法只考虑了线性可分时的情况。由于非线性问题可以通过非线性变换转化为高维空间中的线性问题，因此对于非线性分类，首先采用一个非线性映射把数据映射到一个高维特征空间，然后在高维特征空间中进行线性分类，映回到原空间后就成了输入空间中的非线性分类，如图 3.12 所示。为了避免高维空间中的复杂计算，支持向量机采用一个核函数 $K(x,y)$ 代替高维空间中的内积运算 $<\phi(x),\phi(y)>$。

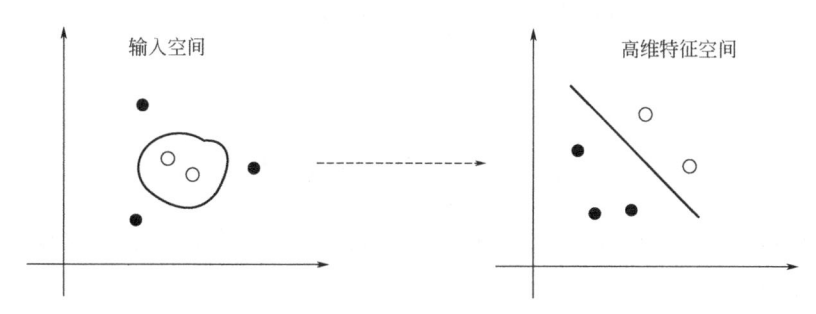

图 3.12　输入空间到特征空间的映射

另外，考虑到可能存在一些样本不能被分离超平面正确分类，采用松弛变量解决这个问题，于是优化问题为

$$\min \frac{1}{2}\|w\|^2 + C\sum_{i=1}^{l}\xi_i \tag{3.83}$$

约束为 $y_i(<w,\phi(x_i)>+b) \geqslant 1-\xi_i \quad (i=1,\cdots,l;\ \xi_i \geqslant 0, i=1,\cdots,l)$

其中，C 为一正常数。式（3.83）中第一项使样本到超平面的距离尽量大，从而提高泛化能力；第二项则使分类误差尽量小。

引入拉格朗日函数：

$$L = \frac{1}{2}\|w\|^2 + C\sum_{i=1}^{l}\xi_i - \sum_{i=1}^{l}\alpha_i\left(y_i(<w,\phi(x_i)>+b)-1+\xi_i\right) - \sum_{i=1}^{l}\gamma_i\xi_i \tag{3.84}$$

其中，$\alpha_i, \gamma_i \geqslant 0, i=1,\cdots,l$。

函数 L 的极值应满足条件：

$$\frac{\partial}{\partial w}L=0,\ \frac{\partial}{\partial b}L=0,\ \frac{\partial}{\partial \xi_i}=0 \tag{3.85}$$

于是得到：

$$w=\sum_{i=1}^{l}\alpha_i y_i \phi(x_i) \tag{3.86}$$

$$\sum_{i=1}^{l}\alpha_i y_i=0 \tag{3.87}$$

$$C-\alpha_i-\gamma_i=0\ (i=1,\cdots,l) \tag{3.88}$$

将式（3.86）～式（3.88）代入式（3.84）中，得到优化问题的对偶形式：

$$\max \sum_{i=1}^{l}\alpha_i-\frac{1}{2}\sum_{i=1}^{l}\sum_{j=1}^{l}\alpha_i\alpha_j y_i y_j K(x_i,x_j) \tag{3.89}$$

约束为

$$\sum_{i=1}^{l}\alpha_i y_i=0 \qquad (0\leqslant \alpha_i \leqslant C; i=1,\cdots,l) \tag{3.90}$$

在一般情况下，该优化问题解的特点是大部分 α_i 将为零，对应的样本为支持向量（Support Vector，SV）。

根据以 KKT 条件，在鞍点有：

$$\alpha_i\left[y_i(<w,\phi(x_i)>+b)-1+\xi_i\right]=0\ \ (i=1,\cdots,l) \tag{3.91}$$

$$(C-\alpha_i)\xi_i=0\ \ (i=1,\cdots,l) \tag{3.92}$$

于是可得 b 的计算式如下：

$$y_i(\sum_{j=1}^{l}\alpha_j y_j K(x_j,x_i)+b)-1=0,\ [\text{当}\ \alpha_i \in (0,C)] \tag{3.93}$$

因此，可以通过任意一个支持向量求出 b 的值。为了稳妥起见，也可以用所有的支持向量求出 b 的值，然后取平均。

最后得到判别函数为

$$f(x)=\text{sgn}\left(\sum_{i=1}^{l}\alpha_i y_i K(x_i,x)+b\right) \tag{3.94}$$

3.4 识别过程中的信息融合

3.4.1 多数投票法

设对一个 M 类 $\{C_1,C_2,\cdots,C_M\}$ 的分类问题[14],有 N 个 SFAM 分类器 $\{E_1,E_2,\cdots,E_N\}$,每个分类器 E_i,对任何的输入 x 的正确识别率都是 p_i,即

$$P(E_i(x)=C(x))=p_i \tag{3.95}$$

式中,$C(x)$ 是输入矢量 x 的真实类别;$E_i(x)$ 是分类器 E_i 预测的类别。假设把输入错误分到任何一类的可能性是一样的,即

$$P(E_i(x)=C_j)=(1-p_i)/(M-1)=e_i \tag{3.96}$$

式中,$j=1,2,\cdots,M$,并且 $C_j \neq C(x)$。

多数投票法要求各个分类器之间相互独立,即

$$P(E_1(x),E_2(x),\cdots,E_N(x)|C(x)=C_j)=\prod_{i=1}^{N}P(E_i(x)|C(x)=C_j) \tag{3.97}$$

根据贝叶斯定理,分类器系统最大的可能性来预测分类的结果 C_j:

$$\begin{aligned}&P(C(x)=C_j|E_1(x),E_2(x),\cdots,E_N(x))\\&=\frac{P(E_1(x),E_2(x),\cdots,E_N(x)|C(x)=C_j)\times P(C(x)=C_j)}{P(E_1(x),E_2(x),\cdots,E_N(x))}\\&=\frac{\left[\prod_{i=1}^{N}P(E_i(x)|C(x)=C_j)\right]\times P(C(x)=C_j)}{P(E_1(x),E_2(x),\cdots,E_N(x))}\end{aligned} \tag{3.98}$$

其中,

$$P(E_i(x)|C(x)=C_j)=\begin{cases}p_i & (如果 E_i(x)=C_j)\\e_i & (如果 E_i(x)\neq C_j)\end{cases}=e_i(p_i/e_i)^{\delta_{ij}(x)} \tag{3.99}$$

其中,

$$\delta_{ij}(x) = \begin{cases} 1 & (如果 E_i(x) = C_j) \\ 0 & (如果 E_i(x) \neq C_j) \end{cases} \quad (3.100)$$

将式（3.100）代入式（3.99）中可得

$$P\big(C(x) = C_j \mid E_1(x), E_2(x), \cdots, E_N(x)\big) = \frac{\left[\prod_{i=1}^{N} e_i (p_i / e_i)^{\delta_{ij}(x)}\right] \times P(C(x) = C_j)}{P(E_1(x), E_2(x), \cdots, E_N(x))}$$

(3.101)

令

$$Y(x) = \frac{\left(\prod_{i=1}^{N} e_i\right)}{P(E_1(x), E_2(x), \cdots, E_N(x))} \quad (3.102)$$

则式（3.101）可变换成：

$$P\big(C(x) = C_j \mid E_1(x), E_2(x), \cdots, E_N(x)\big) = Y(x) \left[P(C(x) = C_j) \prod_{i=1}^{N} (p_i / e_i)^{\delta_{ij}(x)}\right]$$

(3.103)

由于输入被错分到其他任何一类的概率是相同的，因此对每一个输入，$Y(x)$ 是相同的，故式（3.103）中只要考虑右边的后面中括号里的内容。为了简化计算，对其进行对数变换：

$$LP_j(x) = \ln P\big(C(x) = C_j\big) + \sum_{i=1}^{N} \ln\big((M-1) p_i / (1-p_i)\big) \delta_{ij}(x) \quad (3.104)$$

式（3.104）是多数投票法的一般形式。从以上分析可知，多数投票法满足贝叶斯定律。但是对于同一个输入，不同分类器的正确识别率是不同的，而且同一分类器对同一输入错分到任一其他类别的概率也是不同的。

3.4.2 贝叶斯理论的分类器融合

设 X 是样本空间 Ω 的事件，$\omega_1, \omega_2, \cdots, \omega_n$ 为 Ω 的一个类的划分，并且 $P(X) > 0, P(\omega_i) > 0 (i = 1, 2, \cdots, n)$，$P(\omega_i)$ 为先验概率，$P(X \mid \omega_i)$ 为条件概率密度函数（即似然函数），$P(\omega_i \mid X)$ 为后验概率，则贝叶斯公式可记为

$$P(\omega_i|X) = \frac{P(\omega_i)P(X|\omega_i)}{\sum_{j=1}^{n}P(\omega_j)P(X|\omega_j)} \quad (i,j=1,2,\cdots,n) \tag{3.105}$$

由上式可以看出,贝叶斯公式描述了先验概率、条件概率密度函数和后验概率之间的关系。

① 先验概率 $P(\omega_i)$:先验概率是指根据大量资料或者人的主观判断所确定的各事件发生的概率,一般分为客观先验概率和主观先验概率两类。利用资料计算得到的先验概率称为客观先验概率,比如,根据大量的统计数据计算得来的概率;凭借主观经验得到的概率称为主观先验概率。

② 条件概率密度函数 $P(X|\omega_i)$:条件概率密度函数是指在已知某类别的特征空间中,出现 X 的概率密度。在工程应用中,一般假设条件概率密度函数为正态分布(即高斯分布),即

$$P(x) = \frac{1}{\sqrt{2\pi}\sigma}\exp\left[-\frac{1}{2}\left(\frac{x-\mu}{\sigma}\right)^2\right] \tag{3.106}$$

式中,μ 为均值;σ^2 为方差;条件概率密度函数的求取就转化为求均值和方差的问题。

③ 后验概率 $P(\omega_i|X)$:后验概率是指呈现状态 X 时,该样品分属各类别的概率,这个概率可以作为识别对象属于哪类的依据。可看作结合调查等方式获取了新的附加信息(条件概率密度函数),对先验概率进行修正所得到的更符合实际的概率,利用贝叶斯公式得到。

④ 全概率公式:如果影响事件 X 的所有因素 $\omega_1,\omega_2,\cdots,\omega_n$,满足 $P(X)>0$,$P(\omega_i)>0(i=1,2,\cdots,n)$,则必有:

$$P(X) = \sum_{j=1}^{n}P(\omega_j)P(X|\omega_j) \quad (j=1,2,\cdots,n) \tag{3.107}$$

3.4.3 基于证据理论的分类器融合

假设有一个判决问题,对于该问题我们所能认识到的所有可能结果的集合用 Θ 表示,这些可能的结果也可称为对问题的假设[15]。其中各个假设相互排斥,并且完备地描述了问题的所有可能,Θ 被称为识别框架(Frame of Discernment)。Θ 的选取依赖于我们的先验知识,依赖于我们的认知水平,依赖于我们已经知道的和想要知道的。Θ 的子集称为一个命题(Proposition),我们所关心的任一命题都

对应于 Θ 的一个子集。而且当一个命题对应于该识别框架的一个子集时，称为该框架能够识别该命题。将命题和子集对应起来可以使得我们把比较抽象的逻辑概念转化为比较直观的集论概念。任何两个命题的析取、合取和蕴含分别对应于这两个命题对应集合的并、交和包含。通常，识别框架 Θ 是一个非空的有限集合。R 是识别框架幂集 2^Θ 中的一个集类，即表示任何可能的命题集，(Θ,R) 称为命题空间。辨识框架是证据理论的基础，证据理论的每个概念和函数都是基于辨识框架的，证据的组合规则也是建立在同一辨识框架基础之上的。有了识别框架的概念以后，就可以建立证据处理的数学模型。

（1）首先确立识别框架 Θ。只有确立了识别框架 Θ 才能使我们对于命题的研究转化为对于集合的研究。

（2）根据证据建立一个信度分配的初始分配，即证据处理人员对证据加以分析，确定出证据对每一集合（命题）本身的支持程度[而不去管它的任何真子集（前因后果）]。

（3）分析前因后果，算出我们对于所有命题的信度。从直观上看，一批证据对一个命题提供支持的话，那么它也应该对该命题的推论提供同样的支持。所以对一个命题的信度应该等于证据对它的所有前提本身提供的支持度之和。

根据证据建立的信度的初始分配，用下面的集函数基本概率指派来表达：

定义 1 设 Θ 为识别框架。如果集函数 $m:2^\Theta \to [0,1]$（2^Θ 为 Θ 的幂集）满足：

① $m(\Phi)=0$。

② $\sum_{A\subseteq\Theta} m(A)=1$。

则称 m 为框架 Θ 上的基本可信度分配；$\forall A\subseteq\Theta$，$m(A)$ 称为 A 的基本可信数（Basic Probability Number）。基本可信数反映了对 A 本身的信度大小。条件①反映了对空集（空命题）不产生任何信度；条件②反映了虽然可以给一个命题赋任意大小的信度值，但要求所有命题所赋的信度值的和等于 1，即总信度为 1。$m(A)$ 也称为假设的质量函数或 Mass 函数。Mass 函数是人们凭经验给出的，或者根据传感器所得到的数据构造而来。在一批给定的证据与一个给定的命题之间没有一定的客观联系能够确定一个精确的支持度；一个实在的人对于一个命题的心理描述也不是总能够用一个相当精确的实数来表示，而且也并不是总能确定这样一个数。但是，对于一个命题他可以做出一种判决，在他通盘考虑了一个给定的证据组中的有时含混、有时混乱的感觉与理解之后，能够说出一个数字来表示据他本人判断出的该证据支持一个给定的命题的程度,即他本人希望赋予该命题的那种置信度。对于人根据证据为一个命题赋予一个置信度的理解可以用图 3.13 来表示。在证据、命题与人之间所画的实线表示人可以对证据加以分析从而得到他本人希望赋予命题的信度,在证据与命题之间所画的虚线表示一种人假想出来的证据对于命题的支持关系,是人经过证据分析所赋予的证据对命题的支持关系或支持程度 $S = \mathrm{Bel}$。所以,支持度与置信度是人根据证据判断出的对命题看法的两个方面。

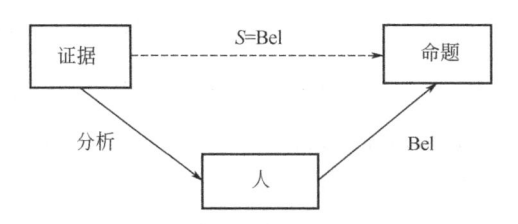

图 3.13 证据、命题与人之间的关系

定义 2 设 Θ 为识别框架。Θ 中由基本概率指派函数导出的置信函数(Belief Function)定义为 $\mathrm{bel}: 2^{\Theta} \to [0,1]$,且:$\mathrm{Bel}(A) = \sum m(B), B \subseteq A, A \subseteq \Phi$。$\mathrm{Bel}(A)$ 表示给予命题 A 的全部置信度,亦即 A 中全部子集对应的基本置信度之和。

在经典概率论里,概率满足可加性:

$$\forall A, B \subseteq \Theta, A \cap B = \Phi, 则 P(A \cup B) = P(A) + P(B)$$

根据可加性,如果我们相信一个命题为真的程度为 s,那么就得以 $1-s$ 的程度去相信该命题的反。在许多情况下,这是不合理的。举例来说,对"地球以外存在生命"和"地球以外不存在生命"这一命题来说,在目前科学水平或所拥有的知识结构(证据)下,我们既不相信前者,又不敢相信后者,即对前者的置信度很小,对后者的置信度也很小,因此两者之和根本不可能等于 1。

因此,对于置信度,舍弃了这样的原则,而用一种半可加性的原则来代替。

定义 3(半可加性)任意自然数 $n, A_1, A_2, \cdots, A_n \subseteq \Theta$,$\mathrm{Bel}(A_1 \cup A_2 \cup \cdots \cup A_n) \geqslant$,$\sum \mathrm{Bel}(A_i) - \sum \mathrm{Bel}(A_i \cdots A_j) + \cdots + (-1)^n \mathrm{Bel}(A_1 \cap A_2 \cdots \cap A_n)$,特别地,$\mathrm{Bel}(A) + \mathrm{Bel}(\bar{A}) \leqslant 1$。

为什么要给我们的信度以一些人为的约束呢?我们并不要求信度一定要满足上式,而且也不去说如果一个人产生了不满足上式的置信度就是无理智的、荒谬的。不过,由于这些规则是直观的,而且对我们的理论来讲也是必需的,因为如果只有满足该式的函数才能用 Dempster 合成法则进行合成的话,那么我们的置信度就必须满足上式，而且在某个具体例子（码的传输）中可以产生遵循这种原则的函数。但是，只有满足该式的函数才能用 Dempster 合成法则进行合成并不等于满足上式的置信度只能用 Dempster 合成法则进行合成。

关于一个命题 A 的信任仅用信度函数来描述还是不够的，因为 $Bel(A)$ 不能反映出我们怀疑 A 的程度，即我们相信 A 的不为真的程度。所以为了全面描述我们对 A 的信任还必须引入若干表示我们怀疑 A 的程度的量。

定义 4 设 Θ 为识别框架。Θ 上由基本概率指派函数导出的似真函数（Plausibility Function）定义为 $Pl: 2^\Theta \to [0, 1]$ 且 $Pl(A) = \sum_{B \cap A \neq \Phi} m(B)$。$Pl(A)$ 表示不反对命题 A 发生的程度，亦即与 A 的交集非空的全部集合所对应的基本置信指派值之和。$[Bel(A), Pl(A)]$ 构成不确定区间，表示对 A 的不确定性度量。减小不确定区间是证据理论的目的之一。例如：

① $[Bel(A), Pl(A)] = [0, 0]$，表示有一些证据完全否定 A，即 A 为假；

② $[Bel(A), Pl(A)] = [0, 0.8]$，表示有一些证据否定 A；

③ $[Bel(A), Pl(A)] = [0, 1]$，表示对 A 一无所知；

④ $[Bel(A), Pl(A)] = [0.4, 1]$，表示有一些证据支持 A；

⑤ $[Bel(A), Pl(A)] = [1, 1]$，表示证据完全支持 A；

⑥ $[Bel(A), Pl(A)] = [0.2, 0.7]$，表示有一些证据在一定程度上既支持 A 又否定 A。

另外，对 A 的不确定性度量可以用信任度 $f(A)$ 表示，即

$$f(\Phi) = 0, f(\Theta) = 1, 0 \leqslant f(A) \leqslant 1$$

定义 5 设 Θ 为识别框架。Θ 上由基本置信指派函数导出的公共函数（Commonality Function）定义为 $q: 2^\Theta \to [0, 1]$，且 $q(A) = \sum_{A \subseteq B \subseteq \Theta} m(B)$。$q(A)$ 又叫众信度函数，它没有明确的意义但可以简化公式的形式。

定义 6 设 Θ 为识别框架。A 为 Θ 的子集。

① $(m(A), A)$ 称为证据体，证据由若干证据体构成；

② 若 $m(A) > 0$，则称 A 为证据的焦点元素，简称焦元（Focal Element）；

③ 全体焦元的集合称为证据的核（Core）；

④ 若 Θ 为置信函数唯一的焦元，则称这种置信函数为空置信函数（Vacuous Belief Function）；

⑤ 若置信函数的所有焦元都是单假设集,则称这种置信函数为贝叶斯型置信函数（Bayesian Belief Function）。

这几个函数的几何意义如下:

如果我们将 Θ 的元素看成点,那么我们就可以将我们的信度看成是一种半流动的"信质"（Semi-mobile "probability masses"）,这些信质可以从一点移动到另一点,但是要局限于 Θ 的各个子集中。$m(A)$ 反映了对 A 本身（而不管前因后果）的置信度大小,即反映了局限于 A 而不局限于 A 的任何真子集的总信质。换句话说,$m(A)$ 是局限于 A 中可以自由移动到 A 的每一点的信质。

$\text{Bel}(A) = \sum_{B \subseteq A} m(B)$ 是分配到 A 上的总信度,它综合了 A 的所有前提本身的信度,所以,$\text{Bel}(A)$ 是局限于 A,可以在 A 中自由移动但不一定能达到每一点的总信质。

$q(A) = \sum_{A \subseteq B} m(B)$ 是 A 的所有结论本身的信度之和,所以 $q(A)$ 是可以自由移动到 A 的每一点但不一定局限于 A 中的总信质。

$\text{Pl}(A) = \sum_{A \cap B \neq \Phi} m(B)$ 是所有与 A 相容的命题本身的信度之和,所以 $\text{Pl}(A)$ 是可以自由移动到 A 但不一定局限于 A 也不一定可以自由移动到 A 的每一点上的总信质。

参考文献

[1] 王庆河,王庆山. 数据处理中的几种常用数字滤波算法[J]. 计量技术,2003（4）:53-54.

[2] Hampapur A, Weymouth T, Jain R. Digital video segmentation[C]. Proceedings of the second ACM international conference on Multimedia ACM,1994:357-364.

[3] Yuan J, Wang H, Xiao L, et al. A formal study of shot boundary detection[J]. Circuits and Systems for Video Technology, IEEE Transaction on,2007,17（2）:168-186.

[4] 孙玉宝. 图像稀疏表示模型及其在图像处理反问题中的应用[D]. 南京:南京理工大学,2010.

[5] Safonova A, Pan J Y, Faloutsos C, et al. Segmenting motion capture data into distinct behaviors[C]. Graphics Interface. Canadian Human-Computer Communications Society,2004:185-194.

[6] 傅祖芸. 信息论:基础理论与应用[M]. 北京:电子工业出版社,2011:1-300.

[7] Cover T M, Thomas J A. Elements of Information Theory[M]. New York:John Wiley & Sons,

1991：233-240.

[8] Liu H，Yu L. Toward integrating feature selection algorithms for classification and clustering [J]. IEEE Transactions on Knowledge & Data Engineering，2005，17（4）：491-502.

[9] 边肇祺，张学工. 模式识别：第二版 [M]. 北京：清华大学出版社，2001：161-181.

[10] Berkhin P. A Survey of Clustering Data Mining Techniques [J]. Grouping Multidimensional Data，2006，43（1）：25-71.

[11] 王壮，胡卫东，郁文贤，庄钊文. 一种基于近邻搜索的快速 K 近邻分类算法 [J]. 系统工程与电子技术，2002，24（4）：100-102.

[12] 栾丽华，吉根林. 决策树分类技术研究 [J]. 计算机工程，2004，30（9）：94-96.

[13] Quinlan J R. Improved use of continuous attributes in C4. 5 [J]. Journal of artificial intelligence research，1996：77-90.

[14] Lin X，Yacoub S，Burns J. Performance analysis of pattern classifier combination by plurality voting [J]. Pattern Recognition Letters，2003，24（12）：1959-1969.

[15] Shafer G. A mathematical theory of evidence [M]. Princeton：Princeton University Press，1976：19-63.

第4章 行为识别系统的系统平台

基于视觉的行为识别是计算机交互领域内的重要研究课题，其主要是应用视频传感器收集人体动作行为，基于这些感知数据识别人体的动作及行为，在智能视频监控、高级人机交互、基于内容的视频检索以及医疗诊断、健康监测等方面有重要的应用价值。

概括而言，基于视觉的人体行为识别的目标是对给定的经视频传感器捕获的视频图像数据，在成功提取其中包含的描述人体动作行为的典型视觉基础上，应用模式识别、机器学习和深度学习等技术，构建人体动作的理解模型与分类模型，实现人体动作的自动化识别，以及动作识别基础上的行为推断和理解。

但是如何实现一个通用、基于普通视频传感器、对外界环境变化鲁棒性强的实时的行为识别系统还没有很好的解决方案。本章内容就针对此问题，介绍行为识别系统的相关内容，主要内容包括以下4个部分。

（1）行为识别系统的构成。视频读取与预处理模块、深度神经网络训练模块与识别模块、基本特征读取模块和特征可视化模块。

（2）行为识别系统中的任务分配。视频读取与预处理的实现；视频帧处理、分辨率参数设置；行为识别系统训练过程的实现；卷积神经网络构建与训练；行为识别系统特征可视化的实现：数据归一化、像素值与特征值转换；行为识别系统识别过程的实现。

（3）行为识别的软件环境。构建系统所需的开源计算机视觉OpenCV库、Qt跨平台用户界面框架和行为识别系统的软件框架。

（4）行为识别系统的系统平台。详细介绍使用当今主流微软Azure Machine Learning平台和谷歌TensorFlow深度学习框架的内容。

通过本章内容，可以清晰地理解行为识别系统的构成以及如何自己动手搭建一个通用的行为识别系统，完成从视频信息采集、卷积神经网络模型构建、网络训练到识别的完整的过程。

4.1 行为识别系统的结构

近年来，深度学习在计算机视觉领域取得突破性进展，使用深度神经网络进行行为识别，获取视频帧的表现特征与运动特征，并将得到的特征进行分析与融合，从而获得有效的行为识别特征[1]。针对深度学习的方法设计行为识别系统，该系统集成训练与识别功能于一体。选择人体行为标准实验库的训练原始视频样本作为输入，完成深度神经网络的训练阶段。选择待测人体行为视频样本作为输入或者直接采集实时的视频流数据作为输入，完成人体行为的识别阶段。

本系统的主要功能：对人体行为训练集视频样本完成改进深度网络的训练阶段，能生成基元特征可视化图像，以及对人体行为测试集视频样本完成改进深度网络的识别阶段，反馈所测试视频的人体行为识别最终结果。

具体而言，人体行为识别系统的主要功能包括以下 3 个方面

（1）以某人体行为标准实验库的训练集视频样本作为输入，能完成深度神经网络的训练阶段。在训练结束后，在某指定文件夹下保存每个类别的视频样本所对应的特征行向量矩阵文件。另外，得到训练权重参数结果并在某指定文件夹下保存生成的基元特征文件。

（2）以训练权重参数所对应生成的基元特征文件作为输入，能完成基元特征的可视化。在某指定文件夹下保存基元特征可视化图像文件，以便科研人员后续对基元特征进行直观观察和分析对比。

（3）以同一人体行为标准实验库的测试集视频样本作为输入，能完成改进的深度神经网络的识别阶段，反馈最终识别结果。在某指定文件夹下保存一个.txt文件，其记录的内容包括：每个测试视频最终所识别的类别序号，每个测试行为类别的识别准确率，以及所有测试行为的平均识别准确率。

人体行为识别系统结构图如 4.1 所示。

下面对图 4.1 中的 5 个模块进行说明。

（1）视频读取与预处理模块：主要完成对待训练和待测试人体行为视频的读取与预处理功能。具体而言，预处理包括对视频帧转灰度，对视频分辨率进行统一调整等几个处理操作。该模块为深度神经网络训练和识别提供前提条件，是深度神经网络训练和识别的公用模块。

（2）深度神经网络训练核心模块：该模块重点针对深度神经网络的训练阶段，该模块的重点是利用 SSC 稀疏子空间聚类"细分"并更新视频细分类别，完成

特征空间到样本空间的重新映射，也是本书改进模型的特色所在[2]。训练完成后，最终将保存权重参数，并生成相应的基元特征文件。

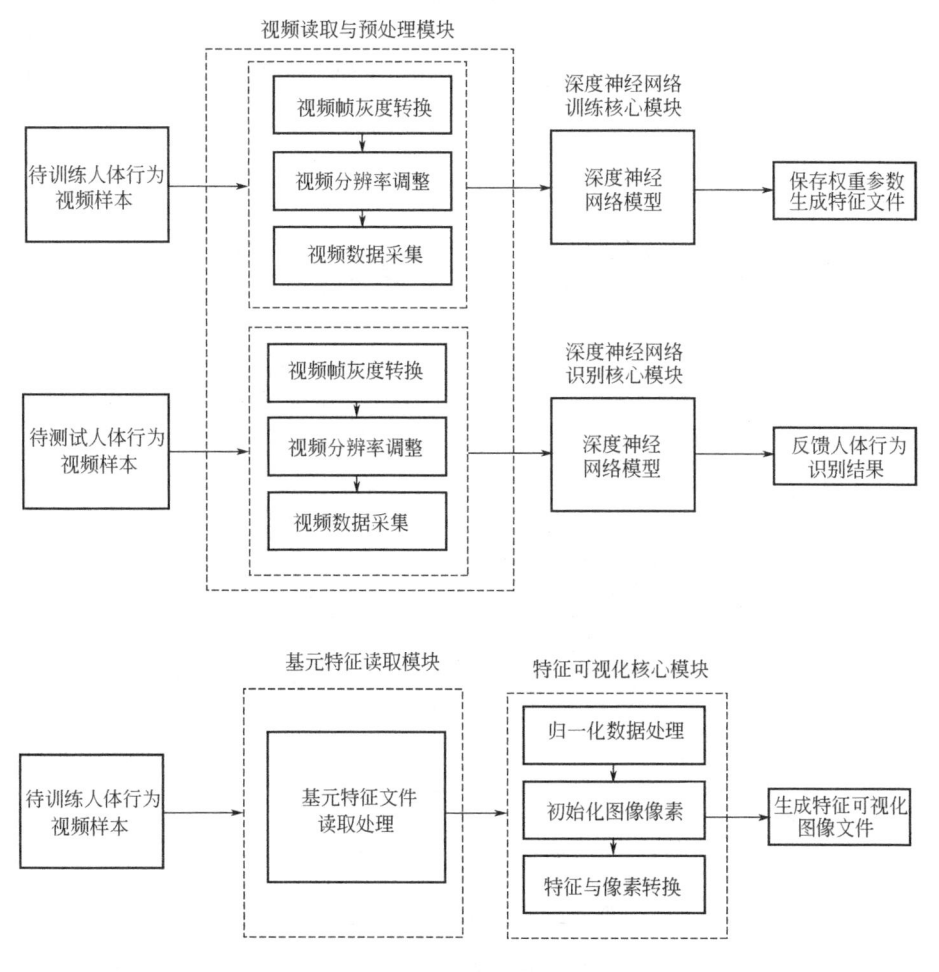

图4.1 人体行为识别系统结构

（3）深度神经网络识别核心模块：该模块重点针对深度神经网络的识别阶段，该模块的重点是利用"融合"思想进行子类别和原类别的映射变换，最终反馈识别结果。

（4）基元特征读取模块：该模块针对训练阶段中生成的基元特征文件进行读取，以获得基元特征文件中的相关数据。

（5）特征可视化核心模块：该模块是基元特征可视化的关键。该模块的重点是特征与像素的转换计算，最终将生成特征可视化图像文件。

4.2 行为识别系统中的任务分配

根据 4.1 节中对行为识别系统的结构描述，本节将进一步对行为识别系统工作流程及其每个环节的任务分配进行详细的说明。行为识别系统总流程图如图 4.2 所示。

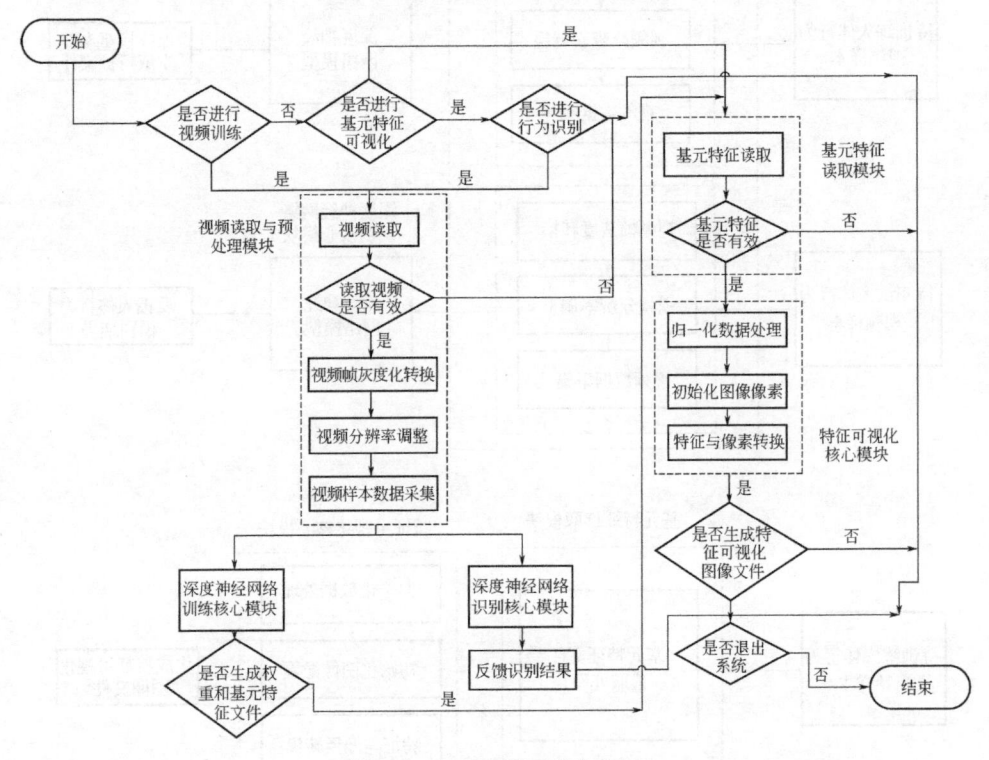

图 4.2 行为识别系统流程图

对系统的训练总体流程、特征可视化总体流程及识别总体流程的说明如下。

（1）系统进行人体行为视频训练的总体流程：

① 读取人体行为训练视频，并进行预处理；

② 进行基于深度神经网络训练阶段；

③ 完成训练并保存权重生成相应的基元特征文件。

（2）系统进行基元特征可视化的总体流程：

① 读取基于深度神经网络训练阶段所成功生成的基元特征文件；

② 读取特征文件后，进行特征可视化处理，包括归一化数据处理、初始化图像像素和对应的特征与像素值间的转换计算 3 个子阶段；

③ 可视化处理完成,生成相应的基元特征可视化图像文件,完成特征可视化。

(3) 系统进行人体行为识别的总体流程：

① 读取人体行为测试视频,并进行预处理；

② 进行基于深度神经网络识别阶段,首先加载训练完成所保存的权重,随后进行深度神经网络识别计算,最后完成子行为与原行为类别的映射转换；

③ 反馈测试视频的识别结果,包括每个人体行为测试视频最终所识别的类别序号,每个测试行为类别的识别准确率及所有测试行为的平均识别准确率。至此完成人体行为识别的全过程。

在整个人体行为识别的系统中,按照处理任务的分配可分为 4 个部分：视频读取与预处理的实现、行为识别系统训练过程的实现、行为识别系统特征可视化的实现和行为识别系统识别过程的实现。下面将对 4 个部分内容进行详细的说明。

4.2.1 视频读取与预处理的实现

4.2.1.1 读取人体行为视频

通过编写 ReadVideo()函数进行解码读取视频,其返回信息包括视频帧宽度（width）、高度（height）、总帧数（TotalFrames）和帧数据（data）等。其中帧数据（dat）a 是视频最重要的数据信息,以矩阵形式存放,每一个视频帧的数据将表示为一行,其列数为 width * height * 3,其中的 3 表示视频中存在着 RGB 三通道。在具体读取视频样本时,系统将按照人体行为训练集视频路径下指定的.txt 文件中的顺序逐一进行读取,该.txt 文件中的内容示意,如图 4.3 所示。

图 4.3 .txt 文件中的人体行为训练集视频读取顺序

4.2.1.2 视频帧转灰度

深度神经网络是基于灰度视频进行的，因此需对具有 RGB 三通道的视频帧进行转灰度处理。编写 Rgb2gray()函数对某个视频帧 I 进行转灰度处理：Ig=Rgb2gray（I），Ig 即完成视频帧转灰度处理后的新视频帧[3]。

4.2.1.3 设置视频样本参数

（1）将人体行为视频的每一帧在空间尺度上划分为固定大小的方块，即设置方块的长和宽均为 sp_size，且其应小于或等于视频帧宽度（width）和高度（height）二者中的最小值。在具体实现中设置 sp_size = 16，即方块大小为 16×16。

（2）将人体行为视频的总长度在时间尺度上划分为固定长度的片段，即设置片段的固定时间长度为 tp_size，且 tp_size 的大小应小于或等于视频总帧数（TotalFrames）。在具体实现中设置 tp_size = 10，即帧数片段长度为 10 帧。

（3）对每一个人体行为视频样本所采集的片段数设置一个最大采集数目上限，即设置采集片段上限为 num_perclip。在具体实现中设置 num_perclip = 200。

（4）调整视频分辨率。将人体行为视频帧分辨率进行统一调整，使得视频帧宽度（width）和高度（height）均为所设置 sp_size 的整数倍。编写 Fix_frame()函数对已完成灰度转换的视频帧 Ig 进行分辨率调整：Ic = Fix_frame(Ig, sp_size)，Ic 为调整分辨率后的新视频帧。

4.2.1.5 视频数据采集

将每一帧 Ic 在空间尺度上划分成固定大小为 sp_size 的块，并在时间尺度上选取固定长度 tp_size，形成以 sp_size * sp_size * tp_size 为大小的时空立方体进行视频数据采集。人体行为视频数据采集完成后存于 *X* 矩阵，行数为 sp_size * sp_size * tp_size，列数为 num_perclip * num_clips，其中 num_clips 是输入人体行为视频总数。

至此，完成行为识别系统视频读取与预处理部分任务。

4.2.2 行为识别系统训练过程的实现

4.2.2.1 构建深度神经网络结构

本系统采用 3D 卷积神经网络的神经网络模型，包含一个 hardwired 层、3 个卷积层、2 个下采样层和 1 个全连接层。每个 3D 卷积核卷积的立方体是连续 7 帧，每帧 patch 大小是 60×40。

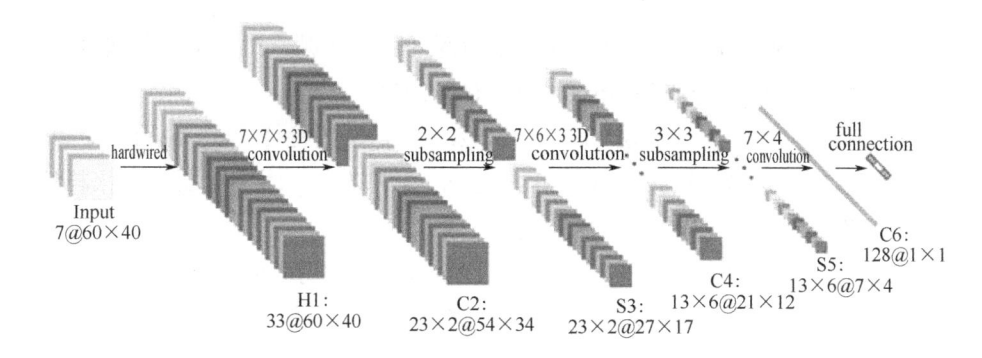

图 4.4 3D 卷积神经网络的神经网络模型

在第一层，我们应用了一个固定的 hardwired 的核去对原始的帧进行处理，产生多个通道的信息，然后对多个通道分别进行处理。最后再将所有通道的信息组合起来得到最终的特征描述[4]。这个层实际上是编码了我们对特征的先验知识，这比随机初始化性能要好，如图 4.5 所示。

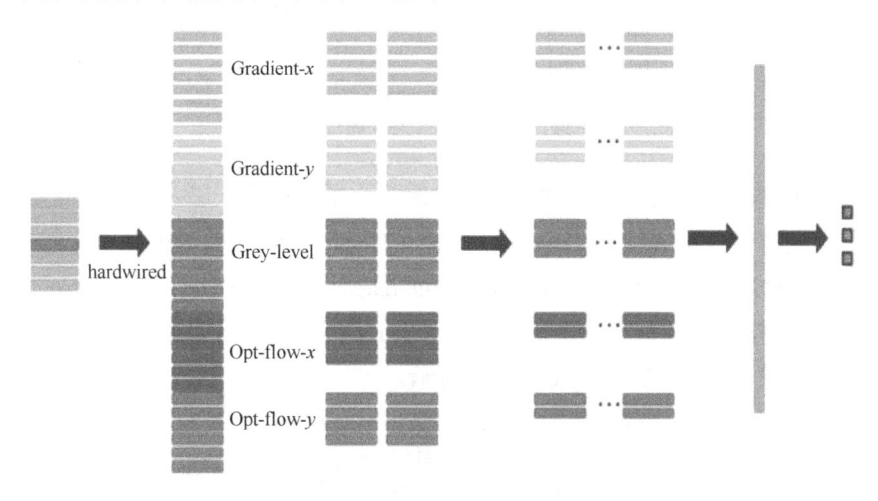

图 4.5 五个通道特征图生成图

每帧提取五个通道的信息，分别是：灰度、x 和 y 方向的梯度，x 和 y 方向的光流。其中，前面 3 个可以每帧都计算。水平和垂直方向的光流场需要两个连续帧才能确定。所以是 7×3 +(7-1)×2=33（个）特征 maps。

然后用一个 7×7×3 的 3D 卷积核（7×7 在空间，3 是时间维）在五个通道的每一个通道分别进行卷积。为了增加特征 maps 的个数（实际上就是提取不同的特征），在每一个位置都采用两个不同的卷积核，这样在 C_2 层的两个特征 maps 组中，每组都包含 23 个特征 maps。23 是(7-3+1)×3+(6-3+1)×2。前面那个是 7 个连续帧，其灰度、x 和 y 方向的梯度这三通道都分别有 7 帧，然后水平和垂直方向的光流场都只有 6 帧。54×34 是(60-7+1)×(40-7+1)。

在紧接着的下采样层 S_3 层 max pooling，在 C_2 层的特征 maps 中用 2×2 窗口进行下采样，这样就会得到相同数目但是空间分辨率降低的特征 maps。下采样后，就是 27×17=(52/2)*(34/2)。

C_4 是在 5 个通道中分别采用 7×6×3 的 3D 卷积核。为了增加特征 maps 个数，我们在每个位置都采用 3 个不同的卷积核，这样就可以得到 6 组不同的特征 maps，每组有 13 个特征 maps。13 是[(7-3+1)-3+1]×3+[(6-3+1)-3+1]×2。前面那个是 7 个连续帧，其灰度、x 和 y 方向的梯度这三个通道都分别有 7 帧，然后水平和垂直方向的光流场都只有 6 帧。21x12 是(27-7+1)×(17-6+1)。

S_5 层用的是 3×3 的下采样窗口，所以得到 7×4，如图 4.6 所示。

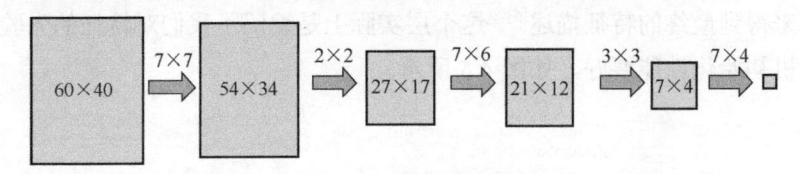

图 4.6　S_5 层下采样窗口

到这个阶段，时间维度上帧的数量已经很小了。在这一层，只在空间维度上面卷积，这时候使用的核是 7×4，然后输出的特征 maps 就被减小到 1×1 的大小。而 C_6 层就包含 128 个特征 maps，每个特征 maps 与 S_5 层中所有 78（13×6）个特征 maps 全连接，这样每个特征 maps 就是 1×1，也就是一个值了，而这个就是最终的特征向量了，共 128 维，如图 4.7 所示。

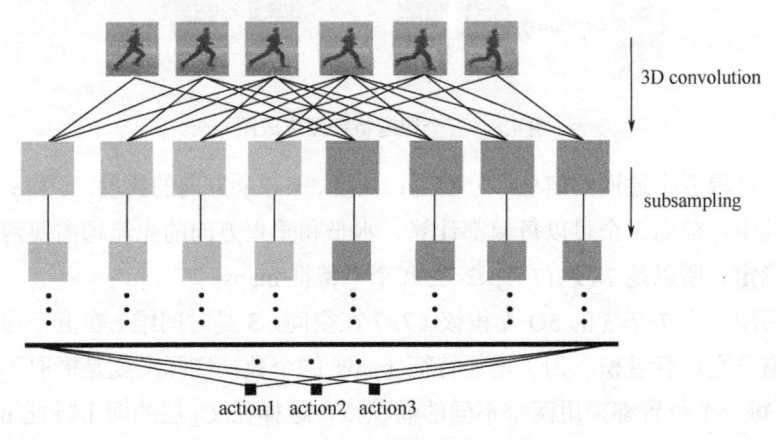

图 4.7　C_6 全连接层结构

经过多层的卷积和下采样后，每连续 7 帧的输入图像都被转化为一个 128 维的特征向量，这个特征向量捕捉了输入帧的运动信息。输出层的节点数与行为的类型数目一致，而且每个节点与 C_6 中这 128 个节点是全连接的[5]。

最后，采用一个 Softmax 分类器来对这 128 维的特征向量进行分类，实现行为识别。模型中所有可训练的参数都是随机初始化的，然后通过在线 BP 算法进行训练。

4.2.2.2 完成训练，保存权重并生成基元特征文件

至此，完成行为识别系统训练部分的任务。

4.2.3 行为识别系统特征可视化的实现

本节的特征可视化，是针对在基于深度神经网络训练阶段所成功生成的基元特征文件所进行的基元特征可视化。在 4.2.2 小节中提到，基元特征文件与权重参数 W 存在对应关系，神经网络正是通过 W 对人脑视觉皮层细胞感受野进行表征。通过对基元特征即对应的权值参数 W 进行可视化，可以在一定程度上直观地观察神经网络所训练学习到的特征，能反映人体行为特征所表征的信息，分析特征的优良程度，并进行对比改进[6]。基于深度神经网络的人体行为识别研究系统特征可视化的 4 个实现步骤如下。

4.2.3.1 读取在基于深度神经网络训练阶段所成功生成的基元特征文件

主要是读取出基元特征文件中存放的神经网络权重参数 W，为后续进行特征可视化准备。图 4.8 展示的是某次系统读取出的部分权重 W 数据。

1	2	3	4	5	6	7	8	9	10	11	12	13	14
-0.0703	-0.0211	0.0030	-0.0139	-0.0095	0.0152	0.0031	-0.0275	-0.0278	-0.0282	-0.0530	-0.1004	-0.0789	6.9470
0.0575	0.0284	-0.0301	-0.0558	-0.0552	-0.0438	-0.0105	-0.0079	0.0013	0.0057	-0.0044	-0.0059	-0.0063	-0.0075
-0.1493	-0.0786	0.0159	0.1033	0.0465	-0.0439	-0.0136	0.0434	0.0600	0.0339	-0.0329	-0.0553	-0.0407	-0.0574
-0.0224	0.0465	0.0814	-0.1277	-0.5715	-0.8861	-0.5851	0.2151	0.8094	0.7709	0.3245	0.0028	-0.0052	0.0199
0.0996	0.0474	-0.0076	-0.0659	-0.0519	-0.0375	-0.0223	0.0138	0.0250	0.0301	0.0153	-0.0146	-0.0526	-0.0420
0.0031	-0.0354	-0.0431	-0.0292	-0.0407	-0.0031	0.0606	0.1048	0.0787	-0.0014	-0.0536	-0.0568	-0.0126	0.0311

图 4.8　读取神经网络基元特征文件部分数据

4.2.3.2 归一化数据处理

作为一种预处理数据手段，使数据都集中在某个大小范围内，具体步骤如下。

（1）令读取出的数据矩阵为 B，其行数为 m，列数为 n。对 B 中的每个数据元素取绝对值，利用 abs() 函数完成，令 A=abs(B)，则 A 的行数为 m，列数为 n；

（2）对矩阵 A 的每一列求出最大值，利用 max() 函数完成，令 Q=max(A)，返回的 Q 为 1 行 n 列的行向量；

（3）设置一个全为 1 的方阵 I，即其中每个数据元素均是 1，且行数与列数均为 m；

（4）对方阵 I 和矩阵 A 进行相乘运算，令 $T=I·A$。其含义为：将矩阵 A 扩展到 m 行 n 列，且其中每一行均为行向量 Q；

（5）对矩阵 A 与矩阵 T 中的每一个元素进行对应相除操作，即令 $P=A/T$，点除表示每个元素对应相除，得到的 P 即为对 B 完成归一化数据处理的最终结果。

至此，完成归一化数据处理的全过程，其流程图如图 4.9 所示。

4.2.3.3 初始化图像像素

设置图像的灰度级为 256 级，对待生成的特征可视化图像进行像素值初始化操作，设置每个像素初始值为 0 或 255。

由于可视化图像是由许多个内部小格子构成的，每个小格子代表一个感受野可视化信息，应考虑到格子与格子间用一个白色像素分隔，最终使得各个小格子间由一条白色直线相隔，便于观察分析可视化结果。

4.2.3.4 特征值与像素值的转换计算

将经过归一化数据处理的数据矩阵 P，按列为主序不断选取数据，即将矩阵 P 分为许多小矩阵 Pi，Pi 的行数等于 P 的行数，且每个 Pi 的列数相等。

利用 Reshape() 函数逐一对 Pi 进行调整。设可视化图像中的每个小格子长为 a，宽为 b，则调整的结果是，Pi 中的数据按照行为 a，列为 b 的方式存放。

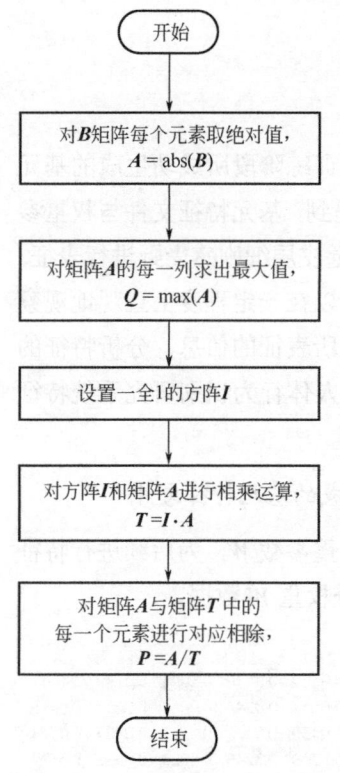

图 4.9　归一化数据处理流程图

将经过整理后的数据 Pi 从上到下，从左到右依次存放至可视化图像中的每一个内部小格子中。

将存放的数据视为像素值，生成相应的基元特征可视化图像文件。

至此，完成特征值与像素值转换计算过程，最终生成的基元特征可视化图像结果示例如图 4.10 所示。

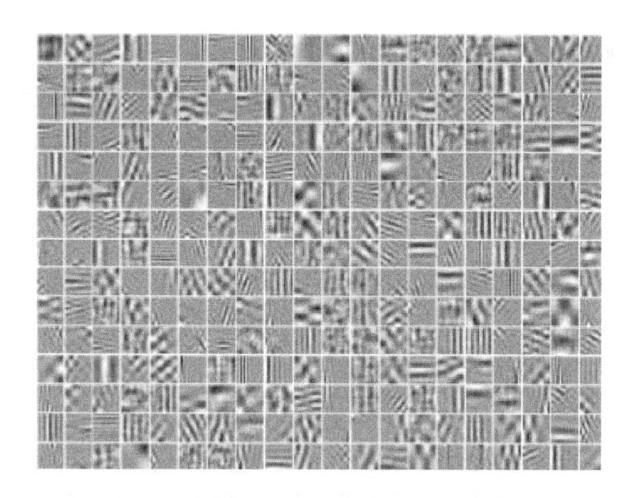

图 4.10 特征可视化图像结果示例

通过以上 4 个具体步骤,实现了基于深度神经网络的人体行为识别系统的特征可视化全过程。

4.2.4 行为识别系统识别过程的实现

4.2.4.1 待识别视频读取与预处理

输入人体行为测试视频,即对人体行为测试视频样本进行读取与预处理操作。该视频来源可以是视频文件也可以是实时采集的视频流信息。该部分的实现流程与先前提到的视频读取与预处理模块为一个公用模块,故此处不做重复介绍。经过视频读取与预处理,最终保存待测试人体行为视频的数据矩阵 X[7]。

4.2.4.2 读取在行为识别系统训练阶段所成功生成的基元特征文件

识别过程可以理解为深度神经网络在已形成某种记忆的基础上对测试样本进行识别。利用训练阶段已优化的参数 W,深度神经网络将对测试样本完成特征计算过程。基元特征文件与权重参数 W 存在对应关系[8]。故读取出基元特征文件中存放的权重参数 W,为后续进行深度神经网络计算提取特征做准备。

4.2.4.3 经深度神经网络计算,提取待测视频所对应的特征向量

读取经视频读取与预处理后最终保存的待测试人体行为视频数据矩阵 X。
构建深度神经网络并设置参数,该步所需设置的参数与用于训练网络的设置参数内容相同,在此不再赘述。

加载训练网络保存的权重参数 W。

经过 7 层 3D 卷积神经网络的神经网络模型，将每个测试视频样本转换成对应的一行特征行向量，每连续 7 帧的输入图像都被转化为一个 128 维的特征向量，这个特征向量捕捉了输入帧的运动信息。最后，采用一个 Softmax 分类器来对这 128 维的特征向量进行分类，实现行为识别。

至此，完成行为识别系统识别部分的任务。

4.3 行为识别的软件环境

采用一种基于卷积神经网络深度学习人体行为识别方法。该方法将原始图像数据进行多帧融合后，直接作为输入数据输入卷积神经网络中，由卷积神经网络进行局部特征分析，针对以上设计的 3D 卷积神经网络行为识别系统，为提高基于智能终端的人体行为识别的准确率，得到特征输出项，直接输入 Softmax 分类器中，可识别多种行为动作[9]。该行为识别系统采用如图 4.11 所示的实验平台框架。

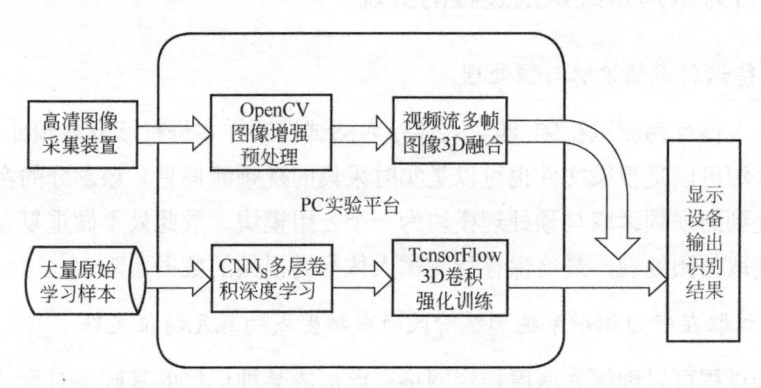

图 4.11 实验平台框架

其中，软件环境如下：

Ubuntu16.04 系统；

TensorFlow：谷歌的机器学习框架；

OpenCV：开源跨平台计算机视觉库；

CUDA：利用 GPU 的并行计算平台；

cuDNN：加速深度学习的英伟达库；

Anaconda：Python 数据科学（numpy, scikit, jupyter…）；

第 4 章 行为识别系统的系统平台

OpenBLAS：快速的线性代数方法；

QT：跨平台 C++图像用户界面应用程序框架。

4.3.1 计算机视觉库 OpenCV

OpenCV（Open Sources Computer Vision Library）是一个基于 BSD 许可（开源）发行的跨平台计算机视觉库，可以运行在 Linux、Windows、Android 和 Mac OS 操作系统上。它具有轻量而且高效的特点，由一系列 C 函数和少量 C++ 类构成，同时提供了 Python、Ruby、MATLAB 等语言的接口，实现了图像处理和计算机视觉方面的很多通用算法。OpenCV 的设计原则是执行速度尽可能快，主要关注实现应用，现已应用在成像优化、物体分类、目标跟踪、人脸识别、行为分析等领域[10]。

在一般情况下，OpenCV 提供的高层函数足以高效解决计算机视觉中的复杂问题，当没有高层函数时，它提供的基本函数足够为大多数计算机视觉问题创建一个完整的解决方案。

OpenCV 主体分为 5 个模块，其中 4 个稳定模块如图 4.12 所示。CV 模块包含基本的分类和聚类工具。HighGUI 模块包含图像和视频输入/输出的函数。CxCore 模块包含 OpenCV 的一些基本数据结构和相关函数。

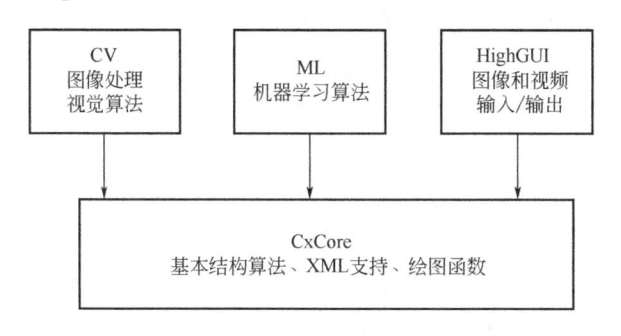

图 4.12 OpenCV 模块结构

本行为识别系统使用的是 OpenCV 2.9.13 版本，所用到的主要函数如表 4.1 所示。

表 4.1 行为识别系统所用到的主要 OpenCV 库函数

函数名	功能介绍	函数名	功能介绍
VideoCapture：：open	打开视频	VideoCapture：：isOpened	判断是否打开
VideoCapture：：get	获取帧数	VideoCapture：：set	设置帧

· 113 ·

续表

函数名	功能介绍	函数名	功能介绍
VideoCapture：：operator >>	读取帧数据	VideoCapture：：release	释放视频
VideoWrite：：open	创建视频	VideoWrite：：operator <<	写入视频帧
cvtColor	灰度变换	RNG：：uniform	产生随机数
morphologyEx	形态学处理	findContours	找到连通区域
copyMakeBorder	添加边框	resize	图像缩放

4.3.2 跨平台用户界面框架 QT

QT 是一个跨平台的 C++图形用户界面应用程序框架，由 Haavard Nord 和 Eirik Chambe-Eng 于 1991 年开始开发。经过多年发展，QT 不但拥有完善的 C++图形库，而且近年来的版本逐渐整合了数据库、OpenGL 库、多媒体库、网络、脚本库、XML 库、WebKit 库等，其核心库也加入了进程间通信、多线程等模块。跨平台一直是特色，使用 QT 开发的软件，同样的代码可以不做任何修改地在任何被支持的系统上运行。从早期支持 Linux/UNIX、Windows、Mac OS，到近期的 Android、iOS 等移动平台，都能使用 QT 开发程序。

本行为识别系统所使用到的 QT 类如表 4.2 所示。

表 4.2 行为识别系统用户界面使用的主要 QT 类

QT 类名	主要功能
QMainWindow	提供一个标准的应用程序主窗口，可以包括菜单栏、工具栏
QLayout	布置用户界面中的 Widget，使界面整洁有序
QPushButton	普通按钮
QTreeView	提供一个树形视图
QFileSystemModel	提供本地文件目录的操作功能
QGraphicsView	显示图像等，并支持交互操作
QLabel	提供文字显示区域
QTableView	提供一个表格视图
QRadioButton	单选按钮

4.3.3 行为识别系统软件框架

行为识别系统采用的是三层分级的框架，如图 4.13 所示。从底层到高层分别为数据驱动层、系统核心层、界面管理层。数据驱动层负责视频数据的读取和其他训练数据的保存，由数据管理和数据访问两个模块组成。系统核心层包含图像预处理、运动人体检测、特征提取和特征描述、人体行为识别4个模块。界面管理层的用户界面模块负责给所有的功能模块提供一个"容器"，负责接收用户消息并传递给下一层的系统核心层、数据驱动层，从而完成用户交互并实时地向用户显示系统运行状态[11]。

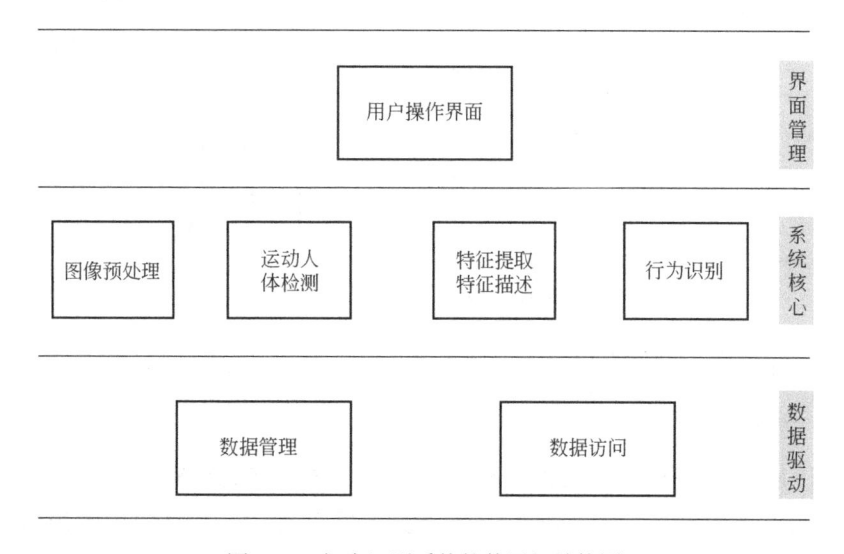

图 4.13　行为识别系统软件层级结构图

4.4　行为识别系统的系统平台

4.4.1　微软 Azure machine learning 平台

Microsoft Azure 云服务推出机器学习的 machine learning 模块，用户只需上传数据，利用机器学习模块提供的一些算法接口和 R 语言或其他语言接口，就能利用 Microsoft Azure 强大的云计算能力来实现机器学习的任务。Microsoft Azure 机器学习工作室提供交互式的可视工作区，可在其中轻松构建、测试和迭代预测分析模型。可以将数据集和分析模块拖放到交互式画布中，将它们连接在一起构成实验，然后在机器学习工作室中运行。若要迭代模型设计，可以编辑实验，根据需要保存副本，然后重新运行实验。准备就绪后，可以将训练实验转换为预测实验，然后将其发布为 Web 服务，使其他人可以访问模型，如图 4.14 所示。

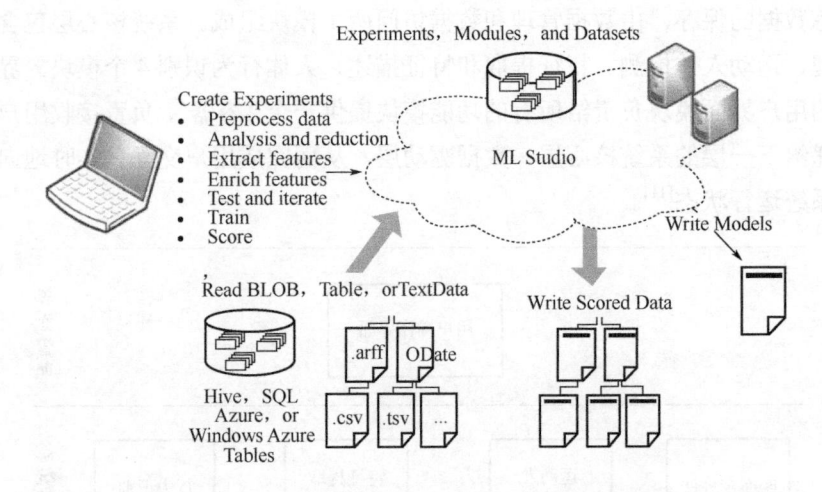

图 4.14 Microsoft Azure 机器学习工作室功能概述

以下将简单介绍微软 Microsoft Azure machine learning 平台的使用方法。

4.4.1.1 新建 workspace

打开 https://azure.microsoft.com/zh-cn/网站，填写有效的 Windows Live 账号，登录 Azure workspace。Microsoft Azure 机器学习工作室页面如图 4.15 所示。

图 4.15 Microsoft Azure 机器学习工作室界面

进入创建的 Workspace，界面如图 4.16 所示。

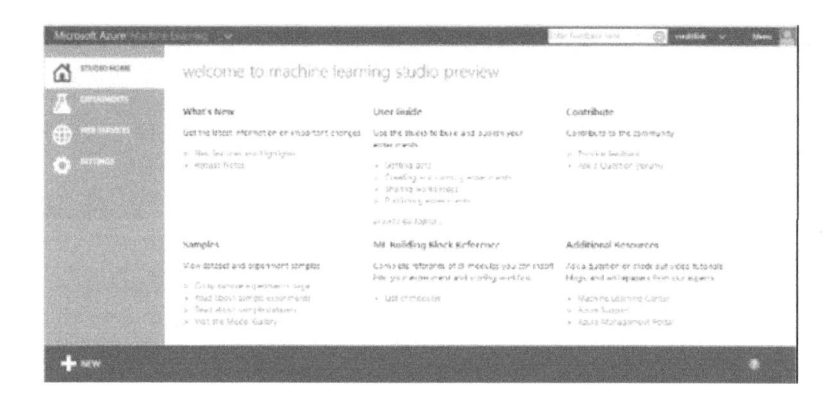

图 4.16　创建 Workspace 界面

4.4.1.2　上传数据

实验数据源：http://archive.ics.uci.edu/ml/datasets/Statlog+（German+Credit+Data）。下载名为 german.data，该数据用于信用风险的机器学习算法，数据包括 20 个变量，1000 条信用记录，其中 700 条为低风险，300 条为高风险。注意，由于 Azure Machine Learning studio 只支持.csv 文件，所以需要把 german.data 转化为.csv 文件。单击 ML studio 下方的"+new"链接，按图 4.17 所示将数据上传到已建立好的 Workspace 中。

图 4.17　上传数据集界面

4.4.1.3　新建 Azure ML 的实验

单击 ML studio 下方的"+new"链接，选择 Experiment 选项，打开如图 4.18 所示界面。

图 4.18　设计预测模型界面

第一步，可以给这个实验添加一个标题，本文命名为"Experiment by Jiahua"。

第二步，在左侧找到上传的数据，名字为上传数据时给定的数据名，本例中为"UCI German Credit Card Data"，将数据拖到中间的工作区，然后右侧会给出数据的描述信息。数据进入工作区之后，用一个圆角的矩形表示，矩形下有一个圆圈，称为"output port"，将鼠标放在上面并单击右键后，可以进行数据可视化等操作。拖动圆圈，可以指向下一个数据处理操作。

第三步，添加完数据集之后，就需要对数据集进行相应的处理，包括数据预处理，训练样本和测试样本划分，选择机器学习算法等，详细操作可参考官方实例。完成上述操作后，一个可视化的机器学习过程完成，如图 4.19 所示。

第四步，模型运行。完成上述操作后，就可以运行程序了，单击下方的"Run"按钮，模型就会运行，每个模块运行完成之后会在右上方标示一个绿色小勾，如果某个模块或步骤出错了，会在同样的地方出现一个红色的✕，鼠标放上去之后就会提示错误的类型。

第五步，查看结果。在"Evaluate Model"方框下的圆点处单击右键，选择"Visualize"即可查看模型运行结果，部分结果如图 4.20 所示。

利用 Azure 云服务进行机器学习研究，可以使得算法的运行过程更加清晰明了，将算法拆分为数据准备、数据预处理、训练数据和测试数据分割、模型选择、模型参数调整、模型评价等环节，每个环节以处理框的形式出现，通过带箭头的连线，可以清晰地看出每个环节的输入和输出关系，研究者从而能更容易抓住和控制算法的要点。

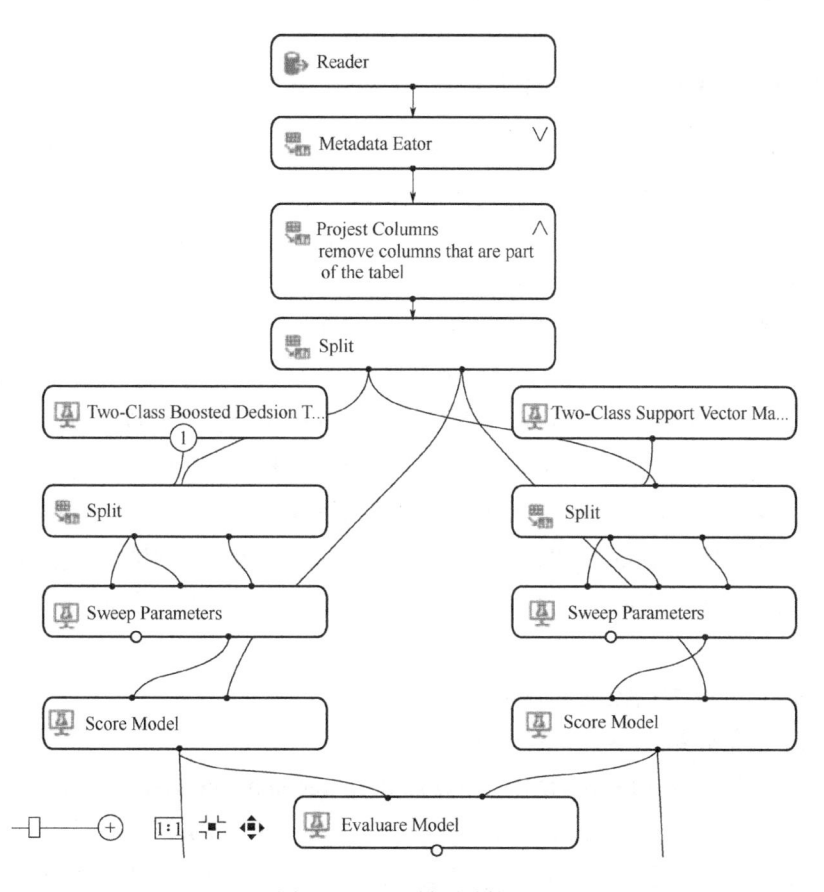

图 4.19 预测模型结构图

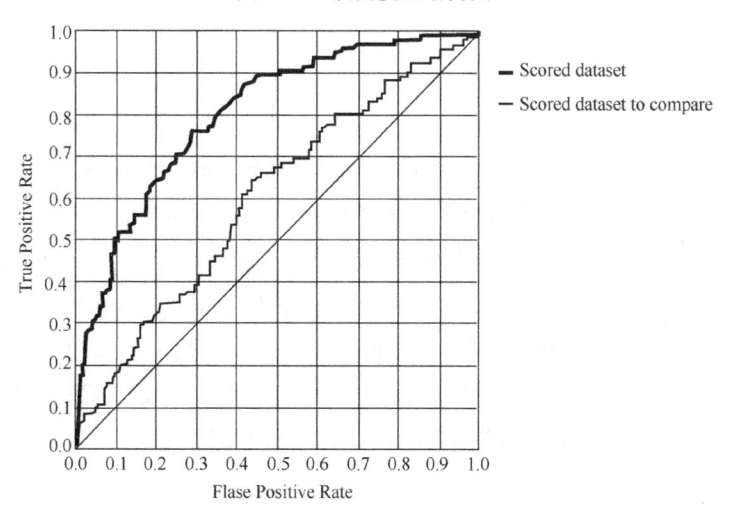

图 4.20 模型预测结果可视化

4.4.2 谷歌 TensorFlow 平台

TensorFlow 是谷歌 2015 年开发的一个人工智能平台。就如命名一样，TensorFlow 为张量从图的一端流动到另一端计算过程。TensorFlow 是将复杂的数据结构传输至人工智能神经网中进行分析和处理过程的系统。TensorFlow 可被用于语音识别或图像识别等多项机器深度学习领域，它可在小到一部智能手机、大到数千台数据中心服务器的各种设备上运行。TensorFlow™是一个采用数据流图（Data Flow Graphs），用于数值计算的开源软件库。节点（Nodes）在图中表示数学操作，图中的线（Edges）则表示在节点间相互联系的多维数据数组，即张量（Tensor）。它灵活的架构让你可以在多种平台上展开计算，例如，台式计算机中的一台或多台 CPU（或 GPU）、服务器、移动设备等。TensorFlow 最初由 Google 大脑小组（隶属于 Google 机器智能研究机构）的研究员和工程师开发出来，用于机器学习和深度神经网络方面的研究，但这个系统的通用性使其也可广泛用于其他计算领域[12]。

TensorfLow 数据流图如图 4.21 所示。

以下简单介绍 TensorFlow 使用方法。

为了介绍 TensorFlow 的用法，将使用 deep_recommend_system 这个开源项目，它实现了 TFRecords、QueueRunner、Checkpoint、TensorBoard、Inference、GPU 支持、分布式训练和多层神经网络模型等特性，而且可以轻易拓展实现 Wide and deep 等模型，在实际的项目开发中可以直接下载使用。Github 工程下载界面如图 4.22 所示。

4.4.2.1 准备训练数据

一般 TensorFlow 应用代码包含 Graph 的定义和 Session 的运行，代码量不大，可以封装到一个文件中，如 cancer_classifier.py 文件。训练前需要准备样本数据和测试数据，一般数据文件是空格或者逗号分隔的 CSV 文件，但 TensorFlow 建议使用二进制的 TFRecords 格式，这样可以支持 QueueRunner 和 Coordinator 进行多线程数据读取，并且可以通过 batch size 和 epoch 参数控制训练时单次 batch 的大小和对样本文件迭代训练多少轮。如果直接读取 CSV 文件，需要在代码中记录下一次读取数据的指针，在样本无法全部加载到内存时使用非常不便。

在 data 目录，项目已经提供了 CSV 与 TFRecords 格式转换工具

convert_cancer_to_tfrecords.py，参考这个脚本就可以 parse 任意格式的 CSV 文件，转成 TensorFlow 支持的 TFRecords 格式。无论是大数据还是小数据，通过简单的脚本工具就可以直接对接 TensorFlow，项目中还提供 print_cancer_tfrecords.py 脚本来调用 API 直接读取 TFRecords 文件的内容。图 4.23 为 TFRecords 文件转换部分代码。

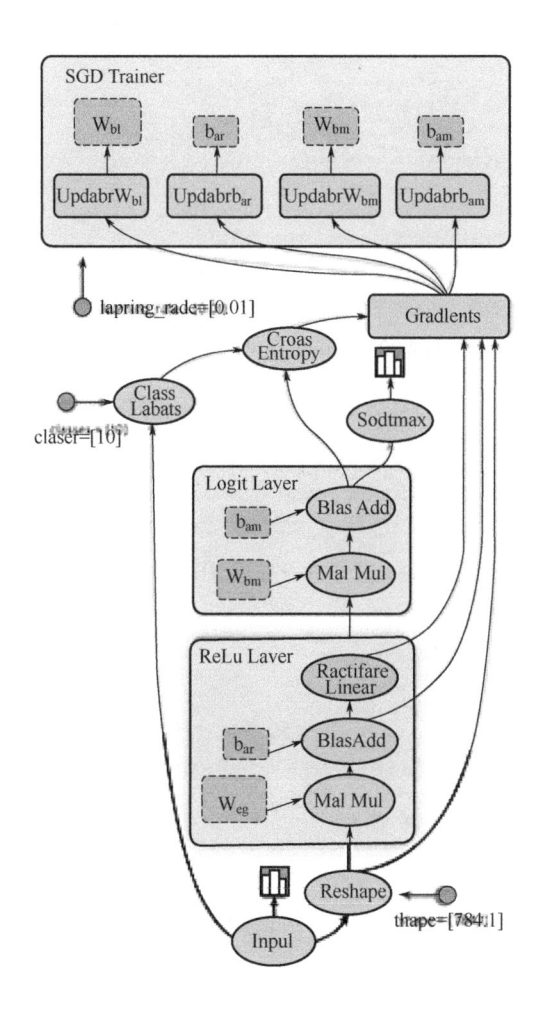

图 4.21　TensorFlow 数据流

图 4.22　Github 工程下载界面

```python
def convert_tfrecords(input_filename, output_filename):
    current_path = os.getcwd()
    input_file = os.path.join(current_path, input_filename)
    output_file = os.path.join(current_path, output_filename)
    print("Start to convert {} to {}".format(input_file, output_file))

    writer = tf.python_io.TFRecordWriter(output_file)

    for line in open(input_file, "r"):
        # Split content in CSV file
        data = line.split(",")
        label = float(data[9])
        features = [float(i) for i in data[0:9]]

        # Write each example one by one
        example = tf.train.Example(features=tf.train.Features(feature={
            "label":
            tf.train.Feature(float_list=tf.train.FloatList(value=[label])),
            "features":
            tf.train.Feature(float_list=tf.train.FloatList(value=features)),
        }))

        writer.write(example.SerializeToString())

    writer.close()
    print("Successfully convert {} to {}".format(input_file, output_file))
```

图 4.23　生成 TFRecords 文件代码

4.4.2.2 接受命令行参数

有了 TFRecords，我们就可以编写代码来训练神经网络模型了，但众所周知，深度学习有过多的 Hyperparameter 需要调优，优化算法、模型层数和不同模型都需要不断调整，这时候使用命令行参数是非常方便的。TensorFlow 底层使用了 python-gflags 项目，然后封装成 tf.app.flags 接口，使用起来非常简单和直观，在实际项目中一般会提前定义命令行参数，尤其在后面将会提到的 Cloud Machine Learning 服务中，通过参数来简化 Hyperparameter 的调优，如图 4.24 所示。

```
# Define parameters
flags = tf.app.flags
FLAGS = flags.FLAGS
flags.DEFINE_float('learning_rate', 0.01, 'Initial learning rate.')
flags.DEFINE_integer('epoch_number', None, 'Number of epochs to run trainer.')
flags.DEFINE_integer("batch_size", 1024,
                     "indicates batch size in a single gpu, default is 1024")
flags.DEFINE_integer("validate_batch_size", 1024,
                     "indicates batch size in a single gpu, default is 1024")
flags.DEFINE_integer("thread_number", 1, "Number of thread to read data")
flags.DEFINE_integer("min_after_dequeue", 100,
                     "indicates min_after_dequeue of shuffle queue")
flags.DEFINE_string("checkpoint_dir", "./checkpoint/",
                    "indicates the checkpoint dirctory")
flags.DEFINE_string("tensorboard_dir", "./tensorboard/",
                    "indicates training output")
flags.DEFINE_string("model", "wide_and_deep",
                    "Model to train, option model: wide, deep, wide_and_deep")
flags.DEFINE_string("optimizer", "adagrad", "optimizer to train")
flags.DEFINE_integer('steps_to_validate', 100,
                     'Steps to validate and print loss')
flags.DEFINE_string("mode", "train",
                    "Option mode: train, train_from_scratch, inference")
```

图 4.24　Hyperparameter 调优

4.4.2.3 定义神经网络模型

准备完数据和参数，最重要的还是要定义好网络模型，定义模型参数可以很简单，创建多个 Variable 即可，也可以做得比较复杂，例如，使用 tf.variable_scope() 和 tf.get_variables() 接口。为了保证每个 Variable 都有独特的名字，而且都能轻易地修改隐层节点数和网络层数，建议参考项目中的代码，尤其在定义 Variables 时注意要绑定 CPU，TensorFlow 默认使用 CPU 可能导致参数更新过慢。卷积神经网络模型建立如图 4.25 所示。

```
# Define the model
input_units = FEATURE_SIZE
hidden1_units = 10
hidden2_units = 10
hidden3_units = 10
hidden4_units = 10
output_units = LABEL_SIZE

def full_connect(inputs, weights_shape, biases_shape):
  with tf.device('/cpu:0'):
    weights = tf.get_variable("weights",
                              weights_shape,
                              initializer=tf.random_normal_initializer())
    biases = tf.get_variable("biases",
                             biases_shape,
                             initializer=tf.random_normal_initializer())
    return tf.matmul(inputs, weights) + biases

def full_connect_relu(inputs, weights_shape, biases_shape):
  return tf.nn.relu(full_connect(inputs, weights_shape, biases_shape))

def deep_inference(inputs):
  with tf.variable_scope("layer1"):
    layer = full_connect_relu(inputs, [input_units, hidden1_units],
                              [hidden1_units])
  with tf.variable_scope("layer2"):
    layer = full_connect_relu(layer, [hidden1_units, hidden2_units],
                              [hidden2_units])
  with tf.variable_scope("layer3"):
    layer = full_connect_relu(layer, [hidden2_units, hidden3_units],
                              [hidden3_units])
  with tf.variable_scope("layer4"):
    layer = full_connect_relu(layer, [hidden3_units, hidden4_units],
                              [hidden4_units])
  with tf.variable_scope("outpu"):
    layer = full_connect(layer, [hidden4_units, output_units], [output_units])
  return layer
```

图 4.25 卷积神经网络模型建立

上述代码在生产环境中也十分常见，无论是训练、实现 inference，还是验证模型正确率和 auc 时都会用到。项目中还基于此代码实现了 Wide and Deep 模型，在 Google Play 应用商店的推荐业务有广泛应用，这也是适用于普遍的推荐系统，将传统的逻辑回归模型和深度学习的神经网络模型有机地结合在一起。

4.4.2.4 使用不同的优化算法

定义好网络模型，我们需要决定使用哪种 Optimizer 优化模型参数，是选择 Sgd、Rmsprop，还是选择 Adagrad、Ftrl 呢？对于不同场景和数据集没有固定的答案，最好的方式就是实践，通过前面定义的命令行参数，可以很方便地使用不同优化算法来训练模型，如图 4.26 所示。

```
print("Use the optimizer: {}".format(FLAGS.optimizer))
if FLAGS.optimizer == "sgd":
  optimizer = tf.train.GradientDescentOptimizer(learning_rate)
elif FLAGS.optimizer == "momentum":
  # optimizer = tf.train.MomentumOptimizer(learning_rate)
  print("Not support optimizer: {} yet, exit now".format(FLAGS.optimizer))
  exit(1)
elif FLAGS.optimizer == "adadelta":
  optimizer = tf.train.AdadeltaOptimizer(learning_rate)
elif FLAGS.optimizer == "adagrad":
  optimizer = tf.train.AdagradOptimizer(learning_rate)
elif FLAGS.optimizer == "adam":
  optimizer = tf.train.AdamOptimizer(learning_rate)
elif FLAGS.optimizer == "ftrl":
  optimizer = tf.train.FtrlOptimizer(learning_rate)
elif FLAGS.optimizer == "rmsprop":
  optimizer = tf.train.RMSPropOptimizer(learning_rate)
else:
  print("Unknow optimizer: {}, exit now".format(FLAGS.optimizer))
  exit(1)
```

图 4.26 网络优化算法

在生产实践中，不同优化算法在训练结果、训练速度上都有很大差异，过度优化网络参数可能效果没有使用其他优化算法来得有效，因此选用正确的优化算法也是 Hyperparameter 中很重要的一步，通过在 TensorFlow 代码中加入这段逻辑也可以很好地实现对应的功能。

4.4.2.5 Online learning 与 Continuous training

TensorFlow 可以通过 tf.train.Saver( ) 来保存模型和恢复模型参数，使用 Python 加载模型文件后，可不断接受在线请求的数据，更新模型参数后，通过 Saver 保存成 checkpoint，用于下一次优化或者线上服务。

而 Continuous training 是指训练即使被中断，也能继续上一次的训练结果继续优化模型，在 TensorFlow 中也是通过 Saver 和 checkpoint 文件来实现的。deep_recommend_system 项目默认能从上一次训练中继续优化模型，也可以在命令行中指定 train_from_scratch，不仅不用担心训练进程被中断，也可以一边训练一边做 inference 提供线上服务，如图 4.27 所示。

4.4.2.6 使用 TensorBoard 可视化工具

TensorFlow 还集成了一个功能强大的图形化工具，也即 TensorBoard，一般只需要在代码中加入我们关心的训练指标，TensorBoard 就会自动根据这些参数绘图，通过可视化的方式来了解模型训练的情况。TensorBoard 可视化工具如图 4.28 所示。

```
# Create session to run graph
with tf.Session() as sess:
  summary_op = tf.merge_all_summaries()
  writer = tf.train.SummaryWriter(tensorboard_dir, sess.graph)
  sess.run(init_op)
  sess.run(tf.initialize_local_variables())

  if mode == "train" or mode == "train_from_scratch":
    if mode != "train_from_scratch":
      ckpt = tf.train.get_checkpoint_state(checkpoint_dir)
      if ckpt and ckpt.model_checkpoint_path:
        print("Continue training from the model {}".format(
          ckpt.model_checkpoint_path))
        saver.restore(sess, ckpt.model_checkpoint_path)
```

图 4.27　模型参数保存与恢复

图 4.28　TensorBoard 可视化工具

参考文献

[1] 雷庆,陈锻生,李绍滋. 复杂场景下的人体行为识别研究新进展[J]. 计算机科学,2014,41(12):1-7.

[2] 叶旭庆. 基于3D卷积神经网络的人体行为识别[D]. 西安:西安电子科技大学,2015.

[3] 陆霖霖. 基于改进ISA深度网络的人体行为识别研究与实现[D]. 成都:电子科技大学,2016.

[4] 马淼,李贻斌. 基于多级图像序列与卷积神经网络的人体行为识别[J]. 吉林大学学报(工学版),2017,47(4):1244-1252.

[5] 林强,田双亮. 行为识别与智能计算[M]. 西安:西安电子科技大学出版社,2016:172-175.

[6] 刘菲. 运动人体行为分析系统及关键技术研究[M]. 西安:西安电子科技大学出版社,2015.

[7] 王亮,胡卫明. 人运动的视觉分析综述[J]. 计算机学报,2002,25(3):225-237.

[8] 姜枫,张丽红. 基于随机Dropout卷积神经网络的人体行为识别方法研究[J]. 测试技术学报,2016,30(1):17-22.

[9] 朱煜,赵江坤,王逸宁. 基于深度学习的人体行为识别算法综述[J]. 自动化学报,2016,42(6):848-857.

[10] 毛星云,冷雪飞. OpenCV编程入门[M]. 北京:电子工业出版社,2015:213-217.

[11] 陆霖霖,江春华,基于不同光照条件下的人体手势识别新方法[J]. 计算机应用,2015(S1):273-277.

[12] 郑泽宇,顾思宇. TensorFlow实战Google深度学习框架[M]. 北京:电子工业出版社,2017:75-79.

第5章　语言识别及情感分析

语言情感识别研究设计的关键技术大致包括预处理、特征提取及情感识别模型的建立3个方面。语言情感识别研究的预处理阶段包括语音信号的预处理及文本信息的预处理阶段；特征提取是情感识别的基础部分；对情感识别模型创建来说，现有的识别方法很多，从是否需要带情感标签样本可分为有监督、无监督及半监督的情感识别方法。本章主要从语音识别关键技术及情感识别分析角度进行相关介绍。

5.1 语言中的文字识别

5.1.1 语音信号预处理

语音信号预处理也称前端处理，是指在特征提取之前，先对原始语音信号进行处理，使处理后的信号更能满足实际的需要，对提高处理精确度有重要的意义[1]。

5.1.1.1 主分量分析技术

主分量分析技术（Principal Component Analysis）[2]是设法将原来的多个指标转化为少数的几个主要指标的统计分析方法，并且少数的主要指标要尽量多地反映原来多个指标的信息，还要求它们是相互独立的。从数学的角度来看，这是一种降维的处理技术。而求分量的方法中最简单的是取原来指标的线性组合，然后调整组合系数。例如，如果有 p 个指标 $(x_1, x_2, \cdots, x_p)$，将它们通过一定的方法线性组合后变为 m 个指标 $(z_1, z_2, \cdots, z_m)$，且

$$\begin{cases} z_1 = l_{11}x_1 + l_{11}x_2 + \cdots + l_{1p}x_p \\ z_2 = l_{21}x_1 + l_{21}x_2 + \cdots + l_{2p}x_p \\ \quad\quad\quad\quad\quad \vdots \\ z_m = l_{m1}x_1 + l_{m1}x_2 + \cdots + l_{mp}x_p \end{cases} \quad (m \leqslant p) \tag{5.1}$$

很明显变化个数减少了,简化了运算,抓住了主要的矛盾。

5.1.1.2 白化技术

白化(Whitening)技术[3]可以减少待估计的参数个数,降低分析的难度。白化技术的主要原理是对观测信号 X 进行线性变换 $Z=WX$,使所得到的新向量 Z 之间互不相关,即 Z 的协方差矩阵为单位阵,即

$$Rz = E\{Z*Z^{\mathrm{T}}\} = I \tag{5.2}$$

其中,W 为白化矩阵。在一些信号处理领域(如盲信号分离)中,对信号白化处理可以有效地减少计算量。

5.1.2 语音识别的特征提取

语音信号的短时分析技术贯穿于语音分析全过程。这是因为,表征语音信号本质特征的相关特征参数是随时间变化的非平稳变量,该特征参数不能直接运用处理平稳信号的数字信号处理技术进行分析[4]。然而,又由于语音的形成过程与发音器官的运动密切相关,并且这种物理运动比声音振动速度缓慢得多,因此可以假定语音信号为短时平稳的,即在 5~50ms 的时间段内,语音频谱特性和其他一些物理特征参数基本保持不变。这样,我们就可以将平稳过程的处理方法和理论引入短时语音信号的处理中。语音信号的短时分析处理包括分帧和加窗两个部分。

语音情感识别关键技术之一便是特征提取。在语音情感识别中,能够表征语音的情感相关的特征相对较多,除了一些较为广泛认同的参数,如基因频率、共振峰、能量等外,还有其他参数,如梅尔频率倒谱系数(MFCC)、线性预测倒谱系数(LPCC)、短时抖动参数等。多样的特征参数在各种语音信号数字处理技术中得到了广泛的应用。下面,我们具体分析各个语音识别的特征提取。

5.1.2.1 基音频率

基音信号(Pitch Signal),又称声门波形,由声带的震动产生,信号的变化同声带的大小、厚薄、紧张程度以及声门气压密切相关。基音频率是基音信号的一个重要特征,它随着语句的变化形成语调,其中包含了大量的语音情感激活度信息,在语音情感识别领域有着广泛的应用[5]。基音频率被定义为单位时间内声带开启和闭合的次数。

基音频率的估计方法很多,但并没有一个适用于各种说话人或者说各种应用

环境的估计算法。基音频率估计的难点在于语音信号中包含了丰富的谐波分量，例如，浊音信号可能含有三四十次谐波分量，而基波分量往往又不是最强的分量，如语音的第一共振峰通常在 300~1000Hz 范围内，这就意味着即便是 2~8 次谐波成分也往往比基波分量要强。

目前，使用最为广泛的基音频率检测方法是自相关基音频率检测算法[6]。利用自相关基音频率检测算法估计基音频率，并提取所用语料库的基音频率曲线。图 5.1 是语音信号时域波形图，图 5.2 给出了对应语音信号基音频率特征参数波形图。根据基音频率曲线对不同情感类别语音信号的基音频率轨迹变化情况进行比较分析，探究各情感基音频率构造特性及彼此之间的差异性。图 5.3 给出了同一语料在不同情感状态下基音频率相关统计特征的比较，就本图而言，高兴与愤怒的基音频率统计值十分相似，而悲伤的情感的基音频率值明显低于其他情感状态，并且基音频率特性对惊奇有一定的区分效果。

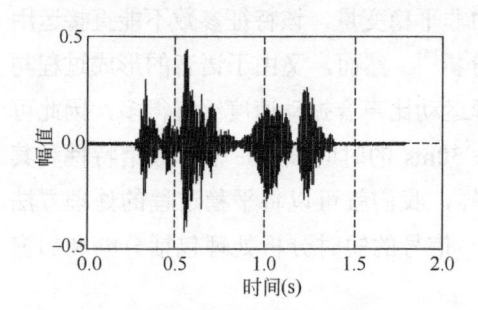

图 5.1 语音信号时域波形

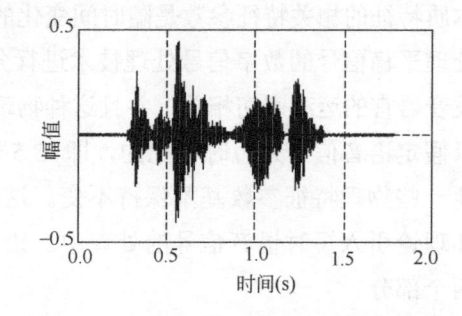

图 5.2 语音信号基音频率特征参数波形图

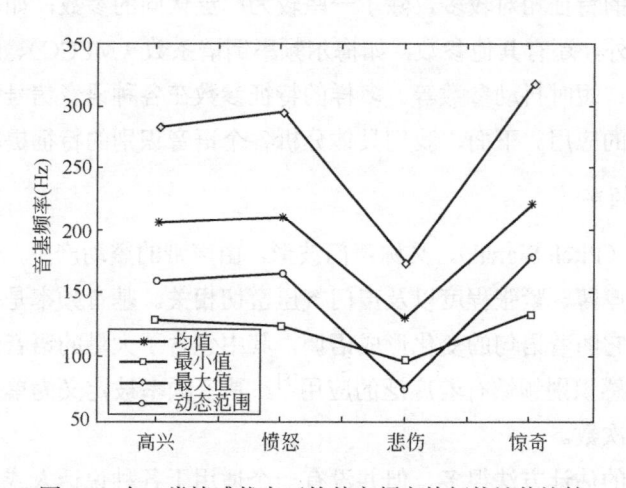

图 5.3 在 4 类情感状态下的基音频率特征统计值比较

5.1.2.2 共振峰

共振峰为音质特征,是语音情感研究的重要特征参数之一[7]。提取共振峰的方法主要有线性预测法(LPC)、倒谱法。LPC方法认为共振峰的位置与升到滤波器共轭极点频谱包络的最大值相对应。假设,一帧语音信号输出函数表示如下:

$$H(z) = \sum_{k=1}^{K} \frac{G_k}{1 - r_k z^{-1}} + \sum_{j=1}^{J} \frac{G_j}{\left(1 - r_j e^{i\phi_j} z^{-1}\right)\left(1 - r_j e^{-i\phi_j} z^{-1}\right)} \quad (5.3)$$

其中,G 为分帧后信号增益;K、J 分别表示实极点个数、共轭极点对的个数;r 为极点半径;ϕ 为极点相位角。

通过式(5.3),进而求得共振峰的频率和带宽,其中,f_s 为采样频率。图5.4是语言信息及共振峰参数波形图。

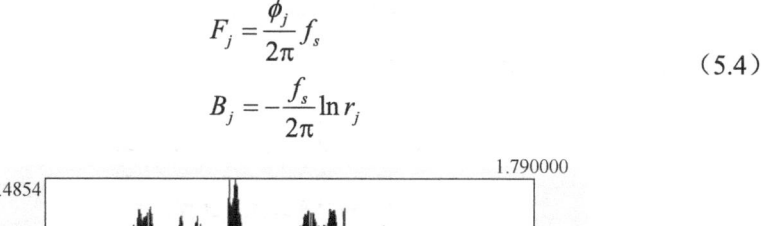

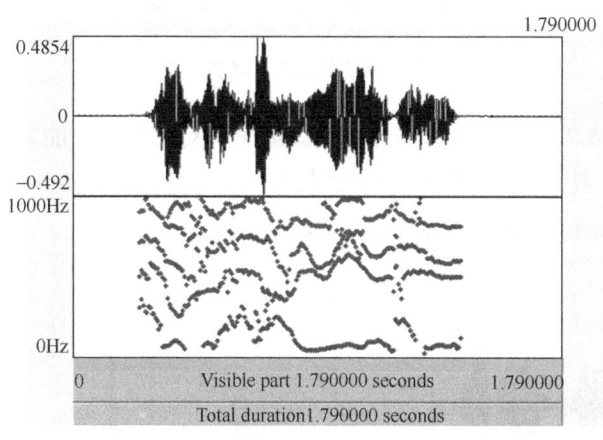

$$F_j = \frac{\phi_j}{2\pi} f_s$$
$$B_j = -\frac{f_s}{2\pi} \ln r_j \quad (5.4)$$

图 5.4 语音信号及共振峰参数波形图

5.1.2.3 能量

语音信号的能量分析是基于语音信号能量随时间有相当大的变化,特别是清音段的能量一般比浊音段的小很多。能量分析包括能量和幅度两个方面。

对语音信号采用短时分析时,信号流的处理用分段或分帧来实现。一般每秒的帧数为 33~100,视实际情况而定。分帧即可以连续,也可以采用交叠分段的方法,用可移动的有限长度窗口进行加权来实现。窗口可采用直角窗,即

$$w(n)=\begin{cases}1 & 0 \leqslant n \leqslant N-1 \\ 0 & \text{其他}\end{cases} \quad (5.5)$$

当然,也可以采用其他形式的窗口分帧。

下面为定义的短时平均能量:

$$E_n = \sum_{m=-\infty}^{\infty}\left[x(m)w(n-m)\right]^2 = \sum_{m=n-N-1}^{n}\left[x(m)w(n-m)\right]^2 \quad (5.6)$$

可见,E_n 是以 n 为标志的。这是因为窗序列是沿着平方值的序列逐段移动的,它所选取的是要包括在计算中的间隔。

这里

$$h(n) = w^2(n) \quad (5.7)$$

此式表明,短时能量相当于语音信号平方通过一个单位函数响应为 $h(n)$ 的线性滤波器的输出,如图 5.5 所示

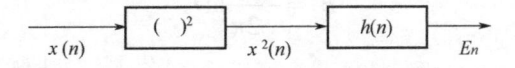

图 5.5 短时平均能量计算框图

图 5.6 和图 5.7 分别是语音信号时域波形图及对应的短时能量波形图,同时分析了不同情感状态下的短时能量特征参数之间的差异,如图 5.8 所示。从图中可以看出,情感强烈时,能量峰值较高;反之较低。

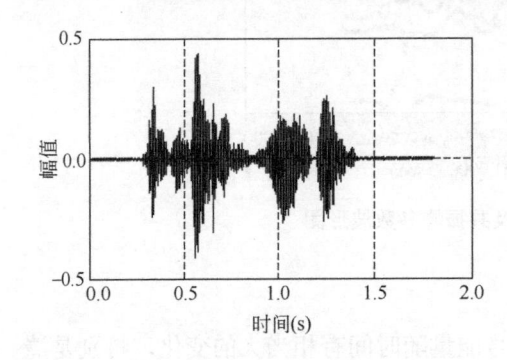

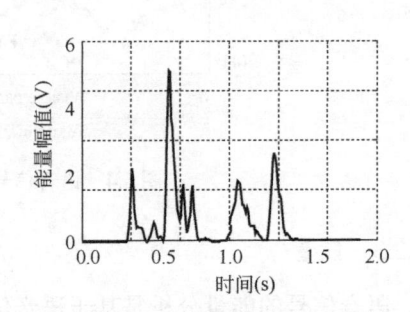

图 5.6 语音信号时域波形图   图 5.7 语音信号能量特征参数波形图

5.1.2.4 梅尔频率倒谱系数

梅尔频率倒谱系数[8](Mel-Frequency Cepstral Coefficients,MFCC)是根据人

耳对不同频率的声波有不同的听觉敏感度特性提取的特征参数,是在 Mel 标度频率域提取出来的倒谱参数。MFCC 参数与 Mel 标度两者之间的关系(图 5.9)近似表示为

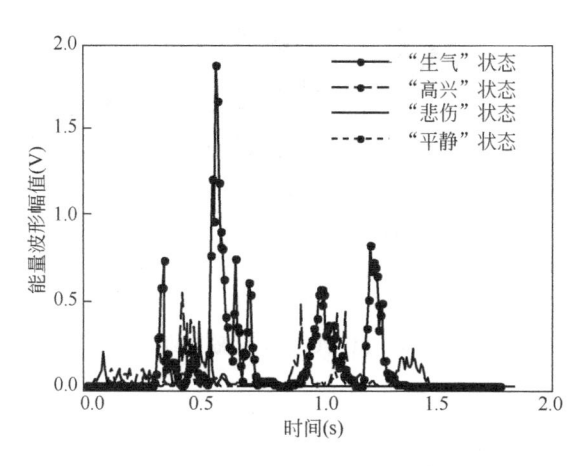

图 5.8 4 种不同情感状态下的能量波形图

$$\mathrm{Mel}(f) = 1125\ln(1 + f/700) \tag{5.8}$$

在 MFCC 特征参数提取中,需要对输入信号进行预加重处理,即将语音信号通过一个高通滤波器,公式表述如下:

$$H(z) = 1 - \mu z^{-1} \tag{5.9}$$

其中,μ 的取值为 0.9~1.0,通常取 0.97。其次,对语音信号 $X(m)$ 进行分帧、加窗处理,分帧后语音信号为 $X_n(m), m = 0,1,\cdots,N$,再对每一帧的语音信号进行离散傅里叶变换,进而求得其功率谱 $W_l(k)$。然后,进入 L 个 Mel 的三角滤波器组,滤波器输出可由下式获得

$$m(l) = \sum_k W_l(k)|X_n(k)| \tag{5.10}$$

$$m_l = \log m(l) \tag{5.11}$$

最后获得每个滤波器组的对数运算结果,如式(5.12)所示,进行离散余弦变换(DCT),最终求得 MFCC 参数,即

$$C_{\mathrm{MFCC}}(i) = \sqrt{2/N} \sum_{l=1}^{L} m_l \cos\left[\frac{i\pi(l - 0.5)}{L}\right] \tag{5.12}$$

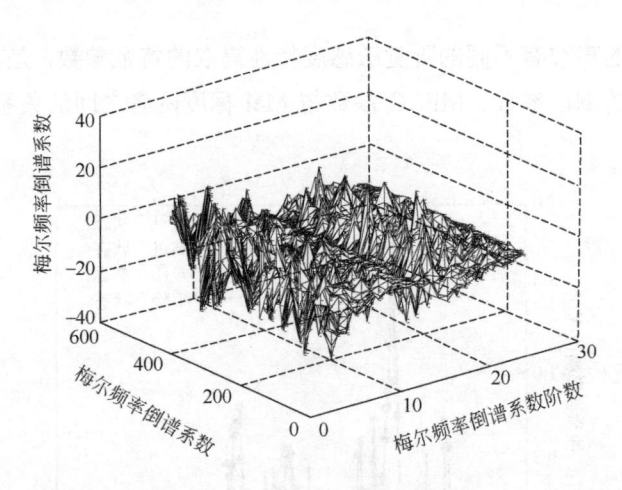

图 5.9 MFCC 特征参数三维图

5.1.2.5 线性预测倒谱系数

线性预测倒谱系数（Liner Prediction Cepstral Coefficients，LPCC）[9]是由线性预测系数从时域转换至倒谱域而来，而 LPC 是用来预测全极点参数的，其系统函数表示如下：

$$H(z) = \frac{1}{1 - \sum_{k=1}^{p} a_k z^{-k}} \tag{5.13}$$

其中，p 为预测阶数，a_k 为对应预测系数。假设，系统的预测输出 $s(n)$ 为下式所述：

$$s(n) = \sum_{k=1}^{p} a_k z^{-k} \tag{5.14}$$

那么，系统的预测误差 $e(n)$ 可表述为

$$e(n) = s(n) - \sum_{k=1}^{p} a_k s(n-k) = \sum_{k=0}^{p} a_k s(n-k) \tag{5.15}$$

这里的 a_0 取值为 1。而若要达到预测效果最佳，即需对预测误差的均方差 $E(e^2(n))$ 求极值，即

$$\frac{\partial E(e^2(n))}{\partial a_k} = 0 \tag{5.16}$$

求得 LPC 系数 $\{a_k\}$，其中 $k = 1, 2, \cdots, p$，最后进行时域到倒谱域的转化，获

得对应的 LPCC 系数 $\{C_n\}$：

$$C_0 = 0$$
$$C_1 = a_1$$
$$\vdots$$
$$C_n = a_n + \sum_{k=1}^{n-1}\left(1-\frac{k}{n}\right)a_k C_{n-k} \quad (1 \leqslant n \leqslant p)$$
$$C_n = \sum_{k=1}^{p}\left(1-\frac{k}{n}\right)a_k C_{n-k} \quad (n > p)$$
(5.17)

其中，n、p 分别为 LPCC 系数的阶数、LPC 系数的阶数。

5.1.2.6 短时抖动参数

基频微扰（Jitter）和振幅微扰（Shimmer）是常用的两个短时抖动参数。它们分别表示基频和振幅的微小变化，可通过计算出基频曲线和振幅曲线的斜率变化而得到。

基频微扰的计算公式定义为

$$\text{Jitter}(\%) = \sum_{i=2}^{N-1}\left(2T_i - T_{i-1} - T_{i+1}\right) \Big/ \sum_{i=2}^{N-1} T_i \tag{5.18}$$

其中，T_i 为第 i 个峰间期（Peak-Peak Interval）；N 为峰间期的数目。

振幅微扰的计算公式定义为

$$\text{Shimmer}(\%) = \sum_{i=2}^{N-1}\left(2E_i - E_{i-1} - E_{i+1}\right) \Big/ \sum_{i=2}^{N-1} E_i \tag{5.19}$$

其中，E_i 为第 i 个峰间能量（Peak-Peak Energy）。

5.1.3 文字识别模型及系统

文字识别模型的创建主旨思想：首先对样本语句进行语句的拆分、停用词的去除，获得一个纯文本的数据集合；其次对数据集合进行信息抽取、特征选择、特征向量化等操作；最后对向量化数据进行分类（聚类）模型的创建，获得最终的文本识别结果。研究表明，文本分类一般过程可总结为三个部分，分别为文档模型建立、知识发现和模型评价。

文档模型建立，也可称为文档结构化。包括文字预处理过程、概念映射、特征抽取及特征集缩减。文字预处理过程一方面要根据禁用词集去除文档中的语义虚泛的禁用词，如"的、虽然、我、但是"等；另一方面要利用特征词典集（包括通用集合专业集）进行分词，如"计算机操作系统"就应该被分成3个词，分别为"计算机""计算机操作""计算机操作系统"。另外，特征词典集的维护也很重要，如果出现词集中没有的词，则将它整体作为一词并记录以便下次人工分词。概念映射通常指有些词形式不同、概念却相同的情况。例如"计算机"和"电脑"，这就要求根据概念集将它们映射为同一概念，如两者全部映射为"计算机"。对于未登录词，则选择与之共现率最多的词作为其概念；对于一词具有多概念标注的，如"软件"，可能就标注为"计算机软件"和"社会环境"等，选择概念标注出现次数最多者为其标注。

特征抽取刻画了某一特征区分文档内容属性的能力，一个属性在文档集中出现的范围越广，说明它的区分能力越低。另外，如果它在某一文档中出现的频率越高，说明它在区分该文档属性方面的能力越强，常用的特征抽取方法有TFIDF法，表示文档特征矢量。特征集缩减在于压缩特征集数目，减少计算复杂度。其算法一般是同构构造一个评价函数，对每个特征向量进行评估，然后分局评估值的大小选定一定数量或超过阈值的特征向量子集。评估函数有多种，如信息增益、期望交叉熵、文本证据权、概率比、词频等。特征及缩减的结果存入文档矢量库。

知识发现是指文本摘要和文本分类。所谓文本摘要，主要采用统计的自动生成方式，其基本思想是把文中与主题密切相关的句子挑选出来，这样的句子往往位于特殊的部分，并含有较多的特征项，一般以句子的权重函数为评价标准。句子权重设计的依据：结论性的句子，包含更多的特征项，对应权重应较高；标题、子标题显然应赋予较高的权重。文本分类的基本思想在于将训练集、矢量集与文档矢量集相比较，方法有支持向量机、朴素贝叶斯分类算法及K-最近邻分类算法等。文本分类是文本分类挖掘的主要目的。

文本评价的模型比较多，一般是将数据集分为训练集与测试机。学习-测试循环反复执行，最后用一个指标来衡量模型质量。模型评价具体指标有分类正确率、查准率、查全率及查准率或查全率的均值或信息估值等。

5.2 基于语言文本的情感识别

情感是人类交流的具体体现，在人机交互中扮演着重要角色。而语言作为情感最直接的交流手段，其本身传递了丰富的信息资源。语音音频信息直接反映了被检测人说话的一种情境状态，如音调的强弱、语气的缓急等，而语音文本信息直白地表述被检测人说话的情感表述，如"今天天气怎么样？""今天天气很好。"

中直接表达的被检测者对问题的答案及对描述对象的直观情感表达。通过语音信号与文本信息融合的描述,计算机可以识别"谁说""怎么说"以及"说的内容是什么",综合多方面信息实现与人更正确、更自然的互动。该技术可应用于呼叫中心、电子服务中心及娱乐行业,具有极高的应用价值和经济价值。

5.2.1 文本数据信息抽取

文本情感数据抽取旨在抽取情感评论文本中有意义的信息单元。其目的在于将无结构化的情感文本信息转化为计算机容易识别和处理的结构化文本,继而供分类模型或聚类模型服务。

5.2.1.1 信息增益

信息增益[10](Information Gain,IG)是信息论中的一个重要概念。在文本分类的特征选择中,信息增益衡量的是某个特征的出现与否对判断文本是否属于某个类别所提供的信息量。信息增益利用的是信息论中熵(Entropy)的概念,其定义为某个特征在文本中出现前后的信息熵之差。特征的信息增益的计算公式如下:

$$\mathrm{IG}(Q) = -\sum\nolimits_{k=1}^{n} p(A_k) \log P(A_k) + P(Q) \sum\nolimits_{i=1}^{n} p(A_k|Q) \\ \log P(A_k|Q) + P(\overline{Q}) \sum\nolimits_{i=1}^{n} p(A_k|\overline{Q}) \log P(A_k|\overline{Q}) \quad (5.20)$$

其中,A_k(其中$k=1,\cdots,m$)为第k类,$p(A_k)$为在训练样本集中是A_k类的概率,$p(Q)$、$p(\overline{Q})$分别为名词Q在训练样本集、不在训练样本集中出现的概率,$p(A_k|Q)$、$p(A_k|\overline{Q})$分别为名词Q出现的前提下样本是A_k类的概率及名词Q不出现的前提下样本是A_k类的概率。IG 值越高,对分类预测提供的信息就越多。通过设定阈值,可以将 IG 值小于阈值的名词删除掉,从而降低特征空间维度。

特征的信息增益值越大,表示该特征对分类越重要。因此从原始特征集合中进行特征选择时,通常选取信息增益值较大的特征。信息增益的不足之处在于考虑了特征不出现的情况,虽然某个特征不出现也可能对判断文本类别有所贡献,但经研究实验确定,这种贡献往往远小于考虑特征不出现情况所带来的干扰。特别是在类分布和特征分布高度不平衡的情况下,在多数类别中绝大多数特征都是"不出现"的,此时信息增益值较大的特征主要是信息增益计算公式中后一部分(代表特征不出现的情况)的值较大,而非前一部分(代表特征出现的情况)的值较大，这样信息增益的效果就会大大降低了。

5.2.1.2 基尼指数

基尼指数（Gini Index）是应用在决策树算法中的不纯性分割方法[11]。如果一个特征出现在所有文本中，则该特征只包含很少的分类信息，甚至不包含任何的分类信息。相反，如果一个特征只出现在某一个类别中，则该特征包含的类别信息最多。因此，基尼指数是用来度量一个特征包含某个类别信息的纯度，如果一个特征包含某个类别信息的纯度越高，则表明该特征越能够代表该类别。改进的基尼指数的定义如式（5.21）所示：

$$\text{Gini}(t_k) = \sum p(t_k|c_i)^2 p(c_i|t_k)^2 \tag{5.21}$$

其中，$p(t_k|c_i)$ 为特征 t_k 出现在类别 c_i 中的概率；$p(c_i|t_k)$ 为当特征 t_k 出现时，该特征属于类别 c_i 的条件概率。

5.2.1.3 卡方统计

卡方统计（Chi-square，χ^2-statistic）是数理统计学中用来检测两个变量相对独立性的方法，被用来确定特征 t_k 与类别 c_i 之间的独立性程度。如果特征 t_k 与类别 c_i 之间的卡方统计量为零，则表明特征 t_k 与类别 c_i 是相互独立的，也就是说特征 t_k 不包含任何关于类别 c_i 的信息。否则，如果特征 t_k 与类别 c_i 之间的卡方统计越大，则特征 t_k 包含类别 c_i 的分类信息就越多。

5.2.1.4 交叉熵

交叉熵[12]（Cross Entropy）和信息增量相似，不同之处在于信息增量相同考虑了特征在文本中发生或者不发生的两种情况，而交叉熵只考虑特征在文本中发生这一种情况。对于特征 t_k，其交叉熵即为

$$\text{CE}(t_k) = \sum_{c_i \in C} p(c_i|t_k) \log \frac{p(c_i|t_k)}{p(c_i)} \tag{5.22}$$

如果特征和类别强相关，也就是 $p(c_i|t_k)$ 大，且相应的类别出现概率又小的话，则说明特征对分类的影响大，相应的函数值就大，则很可能被选中作为特征项。交叉熵反映了文本类别概率分布和在出现了某个特征条件下文本类别的概率分布之间的距离。特征的交叉熵越大，则对文本类别分布的影响越大。

5.2.1.5 单词权

单词权（Term Sregth，TS）最早是由 Wilbur 和 Sirotkin 于 1992 年提出的，用在文本检索中来删除没有意义的单词。后来被 Yang 和 Wilbur 应用到文本分类中。单词权是基于特征在邻近相关文本中出现的概率衡量该特征的权值。它有一个基本的假设：一个特征在相关的文本中出现得越多而在不相关的文本中出现得越少就越重要。

单词权需要计算训练集中任意两个文本之间的相似度，因此其时间复杂度相对较高。另外，两个文本之间的相似度的计算本来就不是非常准确的，所以参数 θ 的调试有时也是比较麻烦的问题。但是，单词权类似于文档频率，不依赖于类别信息，也是一种无监督的特征选择方法。

5.2.2 文本内容的分类与聚类

关于文本分类相关研究一直受到人们的广泛关注，常用的文本分类方法主要有以下几种：KNN 方法、朴素贝叶斯方法、支持向量机方法、Boosting 方法、人工神经网络方法、决策树方法、关联规则方法、高斯混合模型方法和粗糙集方法等[13]。下面详细介绍其中几种方法。

5.2.2.1 KNN 方法

KNN 方法不但具有良好的文本分类效果，而且有很多种不同的实现形式。无论什么样的实现形式，其主要思想都是对于一个待分类文本，首先找到与之最为相似的文本，然后根据这个文本的类别标号，确定待分类文本所属的类别。

使用 KNN 方法进行文本分类时，对于不同的文本分类问题采用不同的策略。对于单标号文本分类问题，KNN 方法通常采用简单多数原则确定待分类文本的类别，即将待分类文本的 k 个近邻中出现次数最多的类别标号作为该文本的类别标号。而对于多标号文本分类问题，就没有那么简单了，通常采用以下公式计算待分类文本 x 与文本类别 c_k 的相似度：

$$f(x,c_k) = \sum \left[\text{Sim}(x,d_i) \cdot y(d_i,c_k) \right] \tag{5.23}$$

其中，$\text{KNN}(x)$ 为待分类文本 x 的 k 个近邻的集合；$\text{Sim}(x,d_i)$ 为待分类文本 x 与其近邻 d_i 的相似度，其计算公式可以使用欧拉距离或者余弦相似度等；$y(d_i,c_k)$ 为类别属性函数，如果文本 d_i 属于类别 c_k，那么 $y(d_i,c_k)=1$，如果文本 d_i 不属于类别 c_k，那么 $y(d_i,c_k)=0$。最后，将待分类文本分到与其相似度较大的几个文本类别中。

5.2.2.2 朴素贝叶斯方法

朴素贝叶斯（Naive Bayes）方法是一种简单而又有效的线性分类方法，在文本分类中应用得非常普遍，并且经常用于分类器性能的比较。朴素贝叶斯方法遵守"贝叶斯假设"：文本的特征是相互独立的。"贝叶斯假设"具有双重意义：一方面大大简化了贝叶斯分类器的计算复杂度；另一方面导致了贝叶斯分类器的分类质量常常不太理想。

朴素贝叶斯方法将文本分类问题看作是应用贝叶斯公式对文本所属类别的条件概率估计。对这个概率进行估计的关键是根据训练集将类别的先验概率转化为后验概率。假设，d_i是文本集合中的一个文本，$C=\{c_1,c_2,\cdots,c_m\}$是文本类别集合，$c_k\ (k=1,2,\cdots,m)$是文本类别集合C中的一个类别；那么，文本d_i属于类别c_k的条件概率用朴素贝叶斯公式可以表示如下：

$$p(c_k|d_i)=\frac{p(c_k)p(d_i|c_k)}{p(d_i)} \tag{5.24}$$

其中，$p(c_k)$为类别c_k发生的先验概率；$p(d_i|c_k)$为给定类别c_k的情况下，文本d_i发生的条件概率；$p(d_i)$为文本发生的概率。对于文本分类而言，可以把$p(d_i)$当成常量看待。

对于给定文本数据集而言，用朴素贝叶斯方法对待分类文本进行分类的关键就是计算$p(c_k)$和$p(d_i|c_k)$。而计算这两个概率的过程实质上就是建立分类模型的过程。根据$p(d_i|c_k)$计算方式的不同，可以将朴素贝叶斯方法分为最大似然模型（Maximum Likelihood Model）、多项式模型（Multinomial Model）和泊松模型（Poison Model）等。

5.2.2.3 人工神经网络方法

以神经网络为例说明人工神经网络在文本分类中的应用。BP神经网络就是采用BP算法进行训练的多层感知器网络，该网络包含一个输入层、一个输出层和至少一个中间（隐藏）层。研究结果表明，增加中间层的层数不一定能提高网络的精度和表达能力。因此，一般情况下，选用一个中间层就足够了。包含一个中间层的BP神经网络也称为三层BP神经网络，其结构如图5.10所示。

如图5.10所示，采用三层BP神经网络进行文本分类时，其输入向量为$d=(t_1,t_2,\cdots,t_n)$，其中，n为输入向量的维数，输出向量为$c=(c_1,c_2,\cdots,c_m)$，m为输出向量的维数。输入层包含 n 个神经元，中间层包含 l 个神经元，输出层包含 m 个神经元。中间层的神经元个数 l 可以认为与问题相关，目前的研究结果还难以给出 l 与问题的类型和规模之间的函数关系，只能通过具体的实验来确定。

对于给定的一个文本及其特征集合，设定三层 BP 神经网络的输入层神经元个数为特征集合中特征的数目，输出层神经元个数为文本类别集合中类别的数目。那么，这个神经网络的输入向量第 i $(i=1,2,\cdots,n)$ 个分量 t_i 的取值 $V(t_i)$ 的计算公式如下：

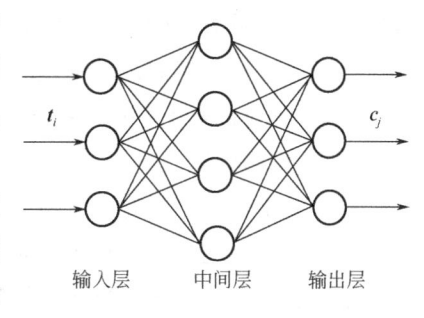

图 5.10　三层 BP 神经网络结构图

$$V(t_i) = \begin{cases} 1 & (\text{特征} t_i \text{在该文本中出现}) \\ 0 & (\text{特征} t_i \text{在该文本中不出现}) \end{cases} \quad (5.25)$$

这个神经网络的输出向量第 i $(i=1,2,\cdots,m)$ 个分量 c_j 的取值 $W(c_j)$ 的计算公式如下：

$$W(c_j) = \begin{cases} 1 & (\text{文本属于类别} c_j) \\ 0 & (\text{文本不属于类别} c_j) \end{cases} \quad (5.26)$$

在用于文本分类的人工神经网络中，输入层与中间层之间、中间层与输出层之间的连接权重隐式地存储了分类知识，这些权重在人工神经网络的训练阶段使用 BP 算法根据对训练文本的学习来确定。最后，利用训练好的人工神经网络对待分类文本进行分类。

5.2.2.4　决策树方法

决策树（Decision Tree）方法是一种基于规则的多级分类方法。一般来说，一棵决策树由一个根节点、一组内部节点和一些叶子节点组成，内部节点表示文本的特征，从内部节点引出的分支则表示特征到达不同状态所对应的权重，而叶子节点表示文本的类别。建立一个决策树分类器一般主要包括以下 4 个步骤：

（1）从特征集中选择信息量最大的特征，作为当前节点；

（2）根据所选特征的权重将训练集分类，得到相应的子类，生成分支；

（3）对每个子类递归进行以上两步操作，直到子类中的样本都属于同一类别，从而得到决策树；

（4）对得到的决策树进行修剪，生成更紧凑的决策树。

在决策树的建立过程中，最关键的就是如何选取信息量最大的特征。衡量特征所包含信息量大小的常用方法有信息增益和信息熵等，根据特征所包含信息量的大小顺序选择。然而，这样建立的决策树可能存在对训练集中文本过拟合的现象，因此一般还需对其进行剪枝，常见的决策树剪枝技术包括：REP、FOTL、GROW 和 IREP 等。

对新文本进行分类时，从决策树的根节点开始，查看该节点所对应的特征，根据该特征在此文本中的权重所对应的分支向下移动，然后在以新节点为根的子树上重复进行上述过程，直到到达某个叶子节点为止，那么，该叶子节点所代表的文本类别就是新文本所属的类别。常见的决策树算法主要包括：CART、ID3、C4.5 和 SLIQ 等。

5.3 基于语音信号的情感识别

语音作为人类交流的重要手段，不仅包含着语义的信息，还包含着情感的内容，在情感计算中拥有极其重要的位置。语音情感识别更成为语音信号处理的主要分支，成为人机交互的重要组成部分。语音情感识别技术在多领域蕴含着巨大的应用潜力，是当前识别技术研究的热点。提取语音信号中能够表征音频情感信息的特征参数并对所选特征集合进行优化处理，再运用分类算法进行情感识别实验。实验结果表明，所用算法能够获得较好的识别结果。

5.3.1 基于改进 KNN 算法的语音情感识别

针对最近邻分类方法易受参数 k 的取值影响，提出一种改进 KNN 算法的语音情感识别方法。该方法在情感分类识别中采用两次投票机制，有效降低了单模型最近邻算法易受 k 值影响的问题，并极大地运用了最近邻算法对模型样本具有较精准识别率及运算速度快的特性。

改进 KNN 算法的核心思想在于多次利用传统最近邻方法进行第一次分类判断，再根据一次分类判断结果进行投票获得待测对象的最终分类结果。所提算法多次调用距离函数 $d(x,q)$，其中，j 为调用次数，次数必为奇数次。f、l、g 为区分标注，用来表示单次调用最近邻算法时所使用的特征参数数量之间具有差异。

$$d_1(x,q) = \left(\sum w(f)\xi(x_f,q_f)^r\right)^{\frac{1}{r}}$$

$$d_2(x,q) = \left(\sum w(l)\xi(x_l,q_l)^r\right)^{\frac{1}{r}} \quad (5.27)$$

$$\vdots$$

$$d_j(x,q) = \left(\sum w(g)\xi(x_g,q_g)^r\right)^{\frac{1}{r}}$$

其中,

$$\xi(x_f,q_f) = \begin{cases} |x_f - q_f| & (f \text{ 是连续的}) \\ 0 & (f \text{ 是不连续的}, x_f = q_f) \\ 1 & (f \text{ 是不连续的}, x_f \neq q_f) \end{cases} \quad (5.28)$$

$$\sum w(f) = s \quad (5.29)$$

$w(f)$ 为属性 f 在 KNN 中的权值,满足式 (5.29)。这里 s 通常设定为常量 1。而当 $r = 2$ 时, $d(x,q)$ 为最近邻方法的欧几里得距离公式。

若训练集为 $X = \{x_1, x_2, \cdots, x_n\}$, 其中 n 是离散的分类特征集,分类属性为 l, 是一个离散变量,且 $l \in L, l = [l_1, l_2, \cdots, l_j]$, j 为总分类数,L 为分类属性集合。具体算法识别步骤如下:

(1) 提取训练集 $X = \{x_1, x_2, \cdots, x_n\}$ 所需的特征参数 $B = \{B_1, B_2, \cdots, B_m\}$, 其中单个特征属性集合 $B_1 = [b_1, b_2, \cdots, b_n]$, m、n 分别表示特征属性,样本个数,并且 $m > 0, n > 0$;

(2) 计算预测样本点 q 对应特征参数;

(3) 找出 q 在训练数据集 X 的 k 近邻集合,通过距离函数 $d(x,q)$ 获得单个训练样本正确分类概率 $P_1(l_j|q)$。并重复本步骤,依次获得 $P_2(l_j|q), \cdots, P_z(l_j|q)$;

$$P_1(l_j|q) = \frac{\sum\limits_{x \in Nq} \begin{cases} K(d_1(x,q)), & x_l = l_j \\ 0, & x_l \neq l_j \end{cases}}{\sum\limits_{x \in Nq} K(d_1(x,q))}$$

$$\vdots \quad (5.30)$$

$$P_z(l_j|q) = \frac{\sum\limits_{x \in Nq} \begin{cases} K(d_1(x,q)), & x_l = l_j \\ 0, & x_l \neq l_j \end{cases}}{\sum\limits_{x \in Nq} K(d_1(x,q))}$$

(4) 每一个结果概率 $P_z(l_j|q)$ 分别对应了 z 个分类结果。对 z 个分类结果进行二次投票判决，得票高者即为预测样本点 q 的最终分类情况。

5.3.2 基于微软 Azure 平台的语音情感识别

基于语音信号的 Azure 机器学习模型创建需要 5 个步骤。在进行相关 Azure 机器学习模型创建之前，已经采用常用的 MATLAB 软件对语音信号做了数据处理等操作，如语音信号预处理、特征选择与提取等，最后保存成 CSV 格式，文件名取为 speech11。供后续 Azure 机器学习模型创建使用。

第一步，准备数据。首先将 CSV 格式的 speech11 上传到 Azure 机器学习实验室的 Datasets（Datasets 数据集用于保存用户自身创建的数据及 Azure 样例所使用的各种数据）中。然后在 Saved Datasets 模块下的 My Datasets 模块中找到 speech11.csv 数据模块，最后将该模块以拖曳的方式，拖入 Azure 机器学习实验室工作区。其中，通过右击选中 speech11.csv 数据模块输出端口，可以查看数据详情，图 5.11 展示了部分数据，从图中我们可以直观地看到 speech11 有 120 组数据，每组数据有 6 个特征参量。其中，col 0 表示该组数据的分类属性，col1、col2、col3、col4、col5 分别表示短时幅值、短时能量短时基频、短时过零率、短时平均幅度。这里的分类属性定义为生气、高兴、悲伤、平静共 4 种。

rows	columns					
120	6					

col 0	col 1	col 2	col 3	col 4	col 5
4	46.630165	11.369013	78.736413	6.682819	0.239018
3	29.304907	5.657042	93.973214	8.79927	0.452778
3	39.11144	9.25129	152.064732	7.425339	0.295894
2	23.604213	3.319888	382.508117	12.75	0.347339
4	10.788194	1.17836	118.411145	6.35303	0.374801
2	23.900069	4.33413	304.078734	11.907285	0.348453
3	16.069238	1.940201	106.00142	8.144509	0.340299

图 5.11 speech11 数据集

第二步，数据的拆分。Split Data 模块用于数据的拆分，但需要进行参数的设定（85%用于训练，15%用于测试），如图 5.12 所示。

图 5.12　Split Data 模块参数设定

第三步，选择并应用算法。首先，从 Machine learning 模块中选择要使用的算法——支持向量机（Support Vector Machine，SVM）算法。这里采用 Two-Class Support Vector Machine 模块与 One-vs-All Multiclass 模块相结合来实现多分类支持向量机算法功能（由于 Azure 机器学习直接提供的 SVM 模型为二分类模型），如图 5.13 所示。

图 5.13　训练模型参数设定

第四步，添加训练与验证模型。找到"训练模型 train-model"模块，并对训练所需模块参数进行设定，即对分类属性进行标注，如图 5.13 所示（col 0 为分类属性，这里表示这是该模型要预测的分类值）。然后，依次添加"验证 Score Model"模型和"评估 Evaluate Model"模型（验证模型用于验证数据并直接显示验证结果，而评估模型采用表格、图形或数学统计的形式展示验证结果）。

第五步，运行试验。在整个实验创建过程中，为了保证数据有效载入，每一步与下一步之间均要及时进行数据的传入（即每一步都要"run 运行"）。整个实验的建立如图 5.14 所示。而图 5.15 为实验验证结果显示图。

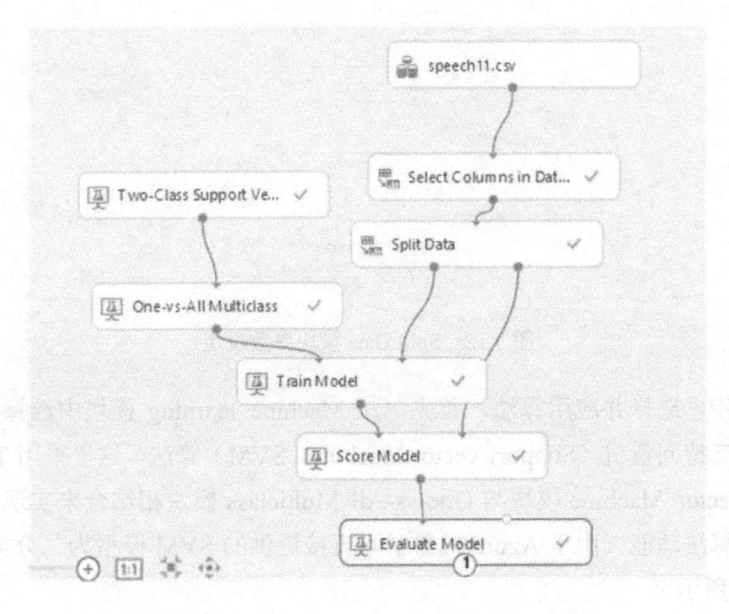

图 5.14　基于 SVM 方法的语音情感识别模型

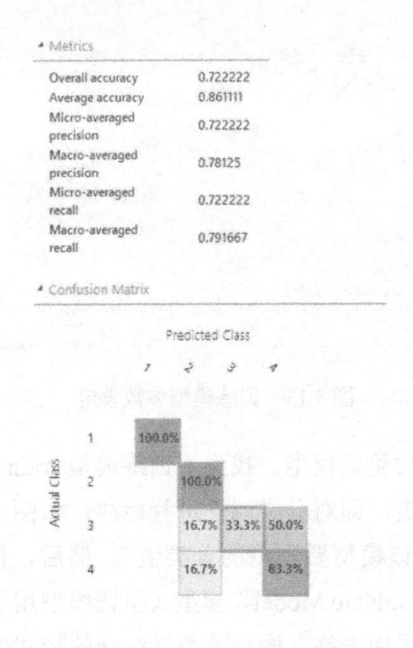

图 5.15　基于 SVM 方法的语音情感识别结果

由识别结果可得，情感属性"生气"的识别精度可达 100.0%，情感属性"高兴"的识别精度可达 100.0%，情感属性"悲伤"的识别精度只有 33.3%，情感属性"平静"的识别精度可达 83.3%。可见，情感识别模型对情感表达强烈的样本识别精确度高，对情感表达较弱的样本精确度低。整体趋势与 MATLAB 平台创建的情感识别模型的准确度相对一致。

参考文献

[1] 张节. 语音信号的预处理和特征提取技术 [J]. 电脑知识与技术，2009，5（22）：6280-6282.

[2] 范雪莉，冯海泓，原猛. 基于互信息的主成分分析特征选择算法 [J]. 控制与决策，2013，28（6）：915-919.

[3] 束慧，王文平，熊萍萍. 白化权函数已知的区间灰数的核与灰度 [J/OL]. 控制与决策，2017，32（12）：2190-2194.

[4] 赵力，钱向民，邹采荣，等. 语音信号中的情感特征分析和识别的研究 [J]. 通信学报，2000，12（10）：18-24.

[5] 赵萍. 语音信号的自相关基音周期检测 [J]. 上海电力学院学报，2011，27（3）：297-300.

[6] 马效敏，郑文思，陈琪. 自相关基频提取算法的 MATLAB 实现 [J]. 西北民族大学学报（自然科学版），2010，31（4）：54-58，63.

[7] 赵涛涛，杨鸿武. 结合 EMD 和加权 Mel 倒谱的语音共振峰提取算法 [J]. 计算机工程与应用，2015，51（9）：207-212.

[8] 胡峰松，张璇. 基于梅尔频率倒谱系数与翻转梅尔频率倒谱系数的说话人识别方法 [J]. 计算机应用，2012，32（9）：2542-2544.

[9] 黄惠明，师骋. 线性预测编码倒谱系数距离（LPC-CD）在语音信号质量客观测度中的应用 [J]. 计算机与网络，1999，（16）：25-26.

[10] 任永功，杨荣杰，尹明飞，等. 基于信息增益的文本特征选择方法 [J]. 计算机科学，2012，39（11）：127-130.

[11] 尚文倩，黄厚宽，刘玉玲，等. 文本分类中基于基尼指数的特征选择算法研究 [J]. 计算机研究与发展，2006，43（10）：1688-1694.

[12] 于海，赵玉丽，崔坤，等. 一种基于交叉熵的社区发现算法 [J]. 计算机学报，2015，38（8）：1574-1581.

[13] 陈祎荻，秦玉平. 基于机器学习的文本分类方法综述 [J]. 渤海大学学报（自然科学版），2010，31（2）：201-205.

第6章 肢体动作捕捉及行为识别

肢体动作识别是人机交互过程的最自然、最有效的信息表达方式之一，从肢体动作中可以获得较为丰富直观的肢体语言信息，肢体动作的识别和理解有助于实现自然的人机交互方式。人机交互的无缝沟通和自由互动的发展趋势促使了肢体动作识别成为未来多方式的人机研究中的热点。人机交互过程离不开动作捕捉技术与行为识别技术的发展。

动作捕捉技术涉及尺寸测量、物理空间里物体的定位及方位测定等可以由计算机直接理解处理的数据。在运动物体的关键部位设置跟踪器，由Motion Capture系统捕捉跟踪器位置，再经过计算机处理后得到三维空间坐标的数据。当数据被计算机识别后，可以应用在动画制作、步态分析、生物力学、人机工程等领域。

20世纪七八十年代，动作捕捉最初是作为生物力学研究中的摄影图像分析工具，随着日渐成熟，该技术开始拓展到教育、体育运动、动画、电视、电影、视频游戏[1]等领域。使用者在各个关节处配备有标记点（Marker），通过标记点间位置和角度的变化来识别动作。动作捕捉系统有机械运动捕捉、电磁式运动捕捉、光学式运动捕捉、声学式运动捕捉和惯性导航式运动捕捉器和惯性传感器。每种技术各有优点。

通常对肢体动作的定义为：人通过身体及四肢运动所表现出来的各种姿态和动作、表达或是辅助表达人的想法、情感、意愿等。肢体动作包含上肢动作、下肢动作、躯干动作和头部动作，其中上肢动作主要是指手势，根据手势的运动状态，手势又主要分为动态手势（Hand Gesture）和静态手势（Hand Posture）两类；下肢动作主要是指步态（Gait）。肢体动作的分类如图6.1所示。上肢和下肢的运动范围较大，而头部和躯干受到人体骨骼、肌肉及韧带的约束，运动范围有限，因此上肢和下肢动作是肢体动作中的主要部分。

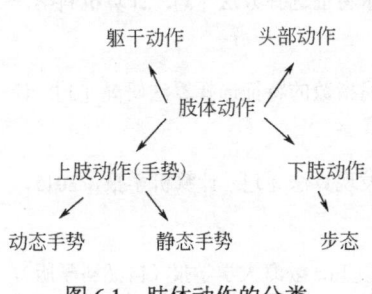

图6.1 肢体动作的分类

本章将分别介绍基于视觉和惯性传感的手势、肢体的动作捕捉技术和行为识别。

6.1 手势捕捉及识别

6.1.1 手势捕捉的特点

手势是一种直观自然的交互方式，具有很强的表意功能，手势表达方式快捷且表达意义丰富，它是人手或手和臂结合产生的各种姿势或动作[2]。从广义上讲手势就是指人有意识地做出的手的运动（包括手指的弯曲、伸展、手形的变化，手腕的转动和手在空间的移动）。人手虽然结构简单，但是由于手势本身具有多样性，多义性，时间和空间等不确定性，手势又成为一种复杂的可变形体。

根据应用目标、环境及设备等的不同，在手势识别中的数据采集设备主要分为基于数据手套的和基于图像的两种大类，后者包括深度感知摄像机、立体摄像机和普通摄像机等图像采集设备。

数据手套。是一种多模式的虚拟现实硬件，通过软件编程，可进行虚拟场景中物体的抓取、移动、旋转等动作，也可以利用它的多模式性，用作一种控制场景漫游的工具。数据手套的出现，为虚拟现实系统提供了一种全新的交互手段，目前的产品已经能够检测手指的弯曲，并利用磁定位传感器来精确地定位出手在三维空间中的位置[3]。这种结合手指弯曲度测试和空间定位测试的数据手套被称为"真实手套"，可以为用户提供一种非常真实自然的三维交互手段。

深度感知摄像机。这类摄像机通常是专门定制的专业摄像机，如时间相关摄像机在一定的量程内可以产生基于摄像场景的深度图谱，通过这种方式所获得的数据近似 3D 场景信息。对于运动范围较小的手势来说，使用这种摄像机可以得到很好的手部运动信息。

立体摄像机。使用两个已知相对位置的摄像机，通过摄像机标定技术和三维重建技术，可以构建目标的三维场景，其中摄像机的相对位置关系可以通过使用棋盘格标定或红外发射装置获得。有研究者通过这种测量系统进行手部运动检测。

普通摄像机。在资源或环境条件限制下不方便使用其他数据采集方式，但又要使用基于图像的模式识别情况下，普通摄像机也可以被用于手势识别。虽然普通摄像机没有深度感知摄像机和立体摄像机那么有效，但是普通摄像机由于其设备安装简单和成本低廉等特点，其适用范围相对其他方式更广。

6.1.2 基于视觉的手势识别

基于视觉的手势识别利用一台或多台摄像机采集手势图像或视频[4]，采用图像处理和机器视觉的方法分析识别手势信息。虽然一些基于视觉的手势识别系统需要用户佩戴专用的标记物，但大多数实现了无标记的、非接触的手势识别。因此，这类方法的突出优点是输入设备便宜，摄像头在各种消费电子产品中越来越普及，并且它对人手不做附加要求，使计算机与人的交互更加趋于自然化。随着对基于视觉的手势识别的研究越来越多，该方法在识别率和实时性方面都有很大的提高。基于视觉的手势识别除了采用普通的摄像头之外，也用到一些专用的摄像传感器，如采用近红外摄像头来解决光照不足的问题，采用立体摄像机或者TOF（Time of Flight）摄像机获取深度信息实现更直接、更准确的手势识别。Microsoft为 Xbox 360 开发的体感输入外设 Kinect[5]采用 PrimeSense 公司开发的 Structured Light Imaging 技术，获取深度图像实现人体姿态的识别，其中包括部分动态手势的识别。

目前，国际上研究手势识别的大学和机构有美国的卡内基·梅隆大学（CMU）、加州大学圣巴巴拉分校（UCSB）、麻省理工学院、佐治亚理工学院、伊利诺伊斯大学（UIUC）以及英国的剑桥大学东芝实验室等，微软、IBM、东芝、日立等公司也在手势识别研究中做了很多努力。在商业化方面，美国的 GestureTek 公司是提供手势识别解决方案和产品的最为有名的一家公司，以色列的 PointGrab 公司提供基于普通摄像头的指示手势识别应用的解决方案。

基于视觉的手势识别大致可以分为以下几个过程[6,7]：检测分割、跟踪定位、特征提取以及分类识别。利用摄像头获取视频图像之后，首先要从视频图像中检测分割出人手区域。如果是运动中的人手，还需要对手不断地跟踪定位。对分割出来的手区域进行识别，首先要提取手势的特征参数，然后把这些特征参数跟训练好的手势模板的特征参数进行比较匹配，确定出不同的手势类别。通过语法语义的规定，来控制计算机或其他设备，实现人机交互（图 6.2）。

6.1.2.1 静态手势识别

按照手势识别系统应用的目标不同，手势识别系统分为动态手势识别和静态手势识别两类。本小节主要介绍静态手势识别，静态手势识别主要以单帧图像中的手形作为研究对象。在识别过程中通过提取手部区域特征并与标准手势库中的特征进行对比，并通过分类器实现手势的识别。

第 6 章 肢体动作捕捉及行为识别

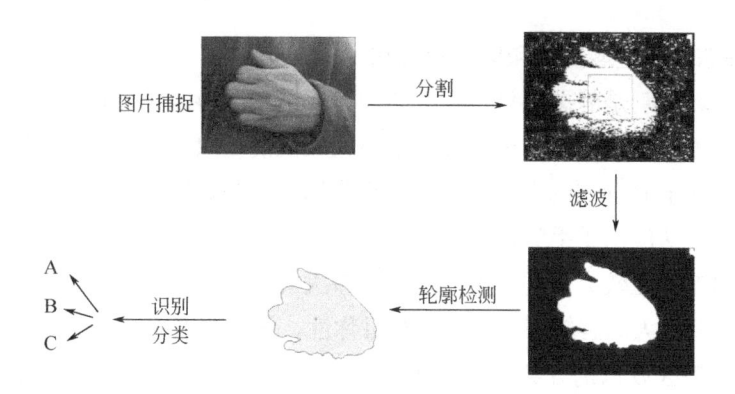

图 6.2 手势识别处理流程

在静态手势算法设计中，在尽可能降低算法时间复杂度的同时，尽可能提高算法识别率和鲁棒性。

主要流程如图 6.3 所示，测试图片经过手势区域分割和图片的标准化，获得测试图片的手势区域，同时标记的训练图片经过手势区域分割和标准化之后构建手势数据库，通过提取测试图片和手势数据库中图片的灰度、纹理和手形等特征，经过本文提出的多特征稀疏表征分类算法（Joint Feature Sparse Representation，JFSRC）[8]，从训练数据库中获取对测试图片表征误差最小的手势类型，实现对静态手势图片的识别。

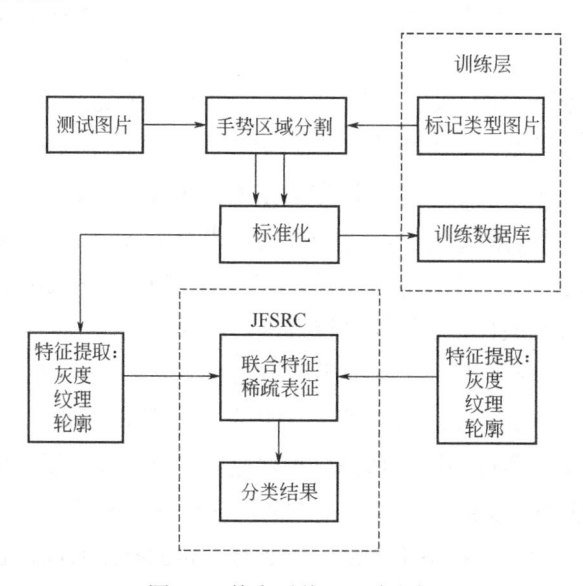

图 6.3 静态手势识别流程图

· 151 ·

1. 静态手势区域提取和区域标准化

手势区域分割是静态手势识别中的关键环节，手势区域分割的错误会直接影响到后续的静态手势识别结果，涉及手势区域准确提取和手势区域标准化这两个方面。虽然基于 Haar-like 特征[9]已被广泛应用于人脸识别中，但是现有文献中很少有人将该方法应用于手势识别中。相比于人脸区域，手势自身变化较多，各种不同手势的差异性较大，同一手势还存在较大旋转的情况，而人脸区域相对比较统一，不存在较大的旋转情况，并具有对称性。基于常用的 Haar-like 特征难以构建稳定的手势区域识别分类器，因此本书提出针对手势特点的扩展 Haar-like 特征，如图 6.4 所示。

图 6.4 扩展的 Haar-like 特征

扩展的 Haar-like 特征考虑到手势在图片中旋转、缩放的情况，同时通过调整 Haar-like 特征中黑白区域值的权重，突出手势区域的主要特征。在实际应用中使用单一的 Haar-like 特征无法获得较好的分类效果，针对图片中提取的 Haar-like 特征数量较多同时单一 Haar-like 特征分类效果弱的特点，使用 Adaboost 学习算法[10]可以有效地解决这个问题，用于人脸识别中的 Adaboost 的算法结构如图 6.5（a）所示，通过对子窗口大小缩放、子窗口的位置、多级的 Haar-like 弱分类器实现对图片中物体的识别提取。虽然该方法在人脸区域识别中具有很好的效果，但是直接在手势中应用效果较差，因为静态手势的区域形状不具有一致性，该 Adaboost 学习算法中没有考虑子窗口的形状，即子窗口长宽比例的变化，本书对人脸识别中的 Adaboost 算法结构进行改进，增加子窗口形状变化层次，针对静态手势中主要的区域形状，分为长形和方形两种类型，长宽比例分别为 3∶2 和 1∶1，对这两种不同形状类型的静态手势图片分别进行训练，构建独立的分类器。在识别过程中对两种不同手形的分类器进行并行计算，提高手势区域识别速度。手势区域识别的 Adaboost 算法结构如图 6.5（b）所示。

在人机交互过程中，静态手势的示意具有一定的持续时间，在快速的图像获取过程中，通过连续多帧的图像进行区域识别，最终提取出稳定的手势区域。过程如式（6.1）所示，其中，R 为最终识别的手势区域；r_i 为单帧图像中提取的手势区域；n 为多帧的图像校正阈值，阈值的选择会影响计算速度，通过连续多帧图像的手势区域校正，可以在滤除图像中无意义的手势表达，同时提高手势区域提取的准确性。

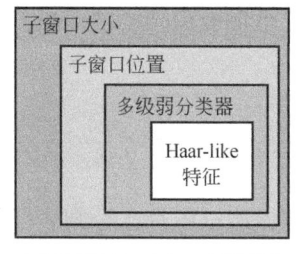

(a) 人脸识别中Adaboost算法结构　　(b) 手势区域识别中Adaboost算法结构

图 6.5　Adaboost 算法结构

$$R = r_1 \bigcap r_2 \bigcap \cdots \bigcap r_n \quad (n \in Z) \tag{6.1}$$

获取的手势区域往往具有不同的大小，为了后续手势识别计算，保证特征向量的维数的一致性，需要对手势区域进行标准化，手势区域的标准化与手势表示的复杂程度相关联，复杂手势的识别一般需要较高的分辨率。

2．手势表征模型的构建

针对静态手势的识别，本书提出了一种新的手势识别模型，称为手势的多特征线性表征模型。手势的多特征线性表征模型是通过对已知的各种类型手势图片中提取的多特征进行线性组合，获取对测试图片的表征误差最小值所对应的手势类型，从而判断出被测试的手势类型。

手势标准化图片的特征向量 $V \in R^m$，图像数据库 I 中包含 k 类一共 n 张的手势图片，则数据库中所有图片特征向量 A_n 构成的特征矩阵：

$$A = [A_1, \cdots, A_n] \in R^{m \times n} \tag{6.2}$$

在特征空间内的测试图片特征向量 y 可以由一定数量的同类手势图片进行近似线性表征：

$$y = Ax_0 \tag{6.3}$$

如果手势数据库中确实含有该类型的手势，则其特征向量的线性组合仅包含来自该类的图片，整个系数向量中除了相关类型的手势图片的系数之外，其他系数多为 0 或是近似于 0 的值：$x_0 = [0 \cdots 0 x_i^T 0 \cdots 0]$。

如果数据库能够尽可能的完备，则系数向量的结构就会足够的稀疏。把静态手势的识别问题归结为如何使用其他特征向量来线性表示测试手势图片的特征向量问题,以达到最小的表征误差结果。

$$y = F(T) \tag{6.4}$$

式中,T 为标准化的测试图片;y 为从 T 中提取出的特征向量,可以被稀疏线性表征。

$$y = AX \tag{6.5}$$

式中,X 为系数向量,$X \in R^N$。

在线性表征的过程中,除非数据库中含有该测试图片,否则表征的过程中必然有表征误差的存在。为了解决这个问题,引入了表征误差限制条件 $\|e\|_2 < \varepsilon$:

$$y = AX + e \tag{6.6}$$

由于需要一定量的手势图片去构建数据库,所以数据库中的图片数量一般远大于特征维数 $N \gg m$,则上述的方程是一个欠定方程组。

欠定方程组的求解是一个病态问题,无法直接从 y 中求得 X,最直接的求解方法是通过最小 l_0 范数的最优化求解得到 X,l_0 范数表示 X 中非零项的个数:

$$\min \|X\|_0 \text{ s.t. } y = AX \tag{6.7}$$

其中,$\|\cdot\|_0$ 为 l_0 范数。

最小 l_0 范数的求解是属于非确定性多项式时间复杂性类困难问题(NP-hard, Non-deterministic Polynomial Hard),需要穷举 X 中非零项的 C_N^m 种可能,寻找在多项式时间内的近似解法,无法直接进行求解。其中矩阵 A 的列向量 a_n 构成的基之间并非完全相互独立,具有一定的相关性,常用相关系数 ρ 来衡量:

$$\rho = \sup_{i,j,i \neq j} |\rho_{i,j}| \tag{6.8}$$

$$\rho_{i,j} = \frac{\text{cov}(a_i, a_j)}{\sigma_{a_i} \sigma_{a_j}} \tag{6.9}$$

其中,cov 为协方差;σ 为标准差。

相关系数 ρ 表示 A 中各个基 a_n 之间相关性的强弱,$\rho = 0$ 表示 A 中的所有基之间相互完全独立,即为正交基。随着 ρ 值的增加,表示各个基之间的相关性越强,当 $\rho = 1$ 的时候,表明 A 中至少有两个基是完全一样的。l_1 范数是最近似于 l_0 范数的凸函数,因此最小 l_1 范数是最小 l_0 范数的接近最优解,最小 l_1 范数可以等

价于最小 l_0 范数解。定理如下：

定理 6.1 如 $y \in N$ 被 A 中的基 $a_n (n=1,\cdots,N)$ 稀疏表示，且 $\|y\|_0 < \dfrac{\sqrt{2}-0.5}{\rho}$ 时，l_1 范数最小化问题的解是所有的可能的组合中非零个数最少的，即为最小 l_0 范数的解。

该定理表明，如果一个向量能够在完备的基中得到稀疏表示，那么通过范数最小化问题所求得的表达式是其中最稀疏的，等价于求解范数最小化问题。于是当方程（6.10）中满足系数向量 X 为稀疏解并且 A 中各列向量之间相互独立时，方程（6.7）可以被转换为方程（6.10）求解：

$$\min\|X\|_1 \quad \text{s.t.} \, y = AX \tag{6.10}$$

最小范数的求解被转换为最小范数问题，最小 l_1 范数求解问题是凸优化问题，可以通过现代数学方法进行求解，常见的算法主要有用基追踪（Basis Pursuit，BP）算法、内点法（Interior-point）和梯度投影法（Gradient Projection Method）。内点法速度慢，是较早的 l_1 范数凸优化求解方法，该方法受参数选取影响较大，且计算复杂度高、不适用于大数据量的问题；梯度投影法速度较快，但是数据准确性较差。基于这类的算法计算的复杂度比较高，使得计算的速度较慢，近年来很多研究者转向求解次优化的问题，即在一定误差限制的条件下求得近似解，则在一定误差条件下的式（6.10）可表示为：

$$\min\|X\|_1 \quad \text{s.t.} \, |y - AX| \leqslant \varepsilon \tag{6.11}$$

对于式（6.11）的求解主要有匹配追踪算法（Matching Pursuit，MP）和正交匹配追踪算法（Orthogonal Matching Pursuit，OMP），该类算法属于贪婪算法（Greedy Method，MD）。MP 的思路是将 y 在基 a_n 上进行线性展开，然后通过迭代方法求解，在每一次迭代中，通过贪婪方式在基中寻找一个与信号最匹配的项，不断迭代求得逼近，由于投影的非正交性使得每次迭代结果可能不是最优，因此为收敛过程需要经过较多次的迭代计算；OMP 算法则可以克服这个问题，本书使用 OMP 算法进行求解计算，通过递归对已选择的集合进行正交化以保证迭代的最优性，从而减少了迭代次数，提高计算的实时性。

（1）单特征的稀疏表征计算。

单特征的稀疏表征分类算法（SRC）是一个基于稀疏表征的监督分类方法。在一些模式识别的应用中，SRC 已经被证明其相比于其他常见方法的有效性，如最小近邻（NN）、最小子空间（NS）以及支持向量机（SVM）。SRC 为特征的分类提供了一个新的方法，同时特征的提取和选择也很重要，提取合适的特征使得分类方法更加简单有效。

（2）静态手势表征。

① 灰度值特征。

灰度值特征是图像处理中常用的特征之一，摄像头获取的彩色图像数据具有三个通道的数据[11]，数据的处理量较大，数字图像处理中一般都将彩色图像转换为灰度图像进行处理，其中常用的 RGB 图像转换为灰度图像方法：

$$\text{Gray} = R \times 0.299 + G \times 0.587 + B \times 0.114 \quad (6.12)$$

为了避免浮点计算影响计算机：

$$\text{Gray} = (R \times 30 + G \times 59 + B \times 11) \div 100 \quad (6.13)$$

数据的灰度值特征是对图像中每个像素点的颜色的描述，灰度值的范围是 0～255，0 表示纯黑色，255 表示纯白色。通过灰度值特征可以对获得静态手势整体区域的表征效果，具有很强的容错性，但是光线的变化会影响图像的获取效果，导致灰度值特征的不稳定性。

② 纹理特征。

纹理特征是常用于图像分割以及感兴趣区域的识别。通常手势的表现都比较复杂，很难使用纹理特征直接进行表征。因此现有的文献中都没有直接应用纹理特征于手势识别中。但是不同手势中的部分区域可以用纹理特征加以区分。

现有的文献中有较多的方法去提取纹理特征，其中 Gabor 函数与人眼的工作原理类似，常被用于纹理识别中，可以获得较好的纹理特征。本书的研究中使用 Gabor 函数提取的 Gabor 特征去表征静态手势的纹理。二维的 Gabor 函数如下：

$$\psi(x,y) = \frac{\|k\|}{\delta^2} \cdot e^{-\|k\|^2 \|(x,y)\|^2 / 2\delta^2} \cdot [e^{ik(x,y)} - e^{-\delta^2/2}] \quad (6.14)$$

Gabor 函数的缩放和方向由频率分量 $k = \pi / 2^s e^{i\phi d}$ 表示，其中 $\phi d = \pi d / 16$，变量 s 和 d 分别决定了 Gabor 函数的缩放大小和方向。在本书的应用中，手势中手指间相对角度范围是从 $-\pi/4$ 到 $\pi/4$，因此 $d \in 4,5,6,7,8,9,10,11,12$。在高斯包络下，幅值的大小由 $\delta = 2\pi$ 决定。所有的手势区域都被标准为统一的大小，因此缩放的大小被确定为 $s = 1$。为了加速计算，相关文献提出了一个方法去融合各个方向上的 Gabor 函数值。每个手势的纹理表征都是通过合并固定缩放条件下 9 个不同方向上 Gabor 函数而成：

第 6 章 肢体动作捕捉及行为识别

$$\text{Gabor}(A) = \text{Gabor}(g(x,y)) = \left| g(x,y) \sum_d \psi(x,y) \right| \tag{6.15}$$

其中，$g(x,y)$ 为在图像中 (x,y) 位置处的灰度值。

纹理特征能较好地区分手势和背景区域，同时受到光线的影响较小。在 9 个方向上的 Gabor 函数如图 6.6（a）所示，一张对手势的 Gabor 特征的效果如图 6.6（b）所示。Gabor 表征值的最终实部输出是对于在 9 个方向上 Gabor 特征的平均，通过提取不同方向上的 Gabor 特征，手势中关键的手指部位特征会被突出，最终结合成为对该手势特征的表征结果。

(a) 9 个方向上的 Gabor 函数　　(b) 手势的 Gabor 特征

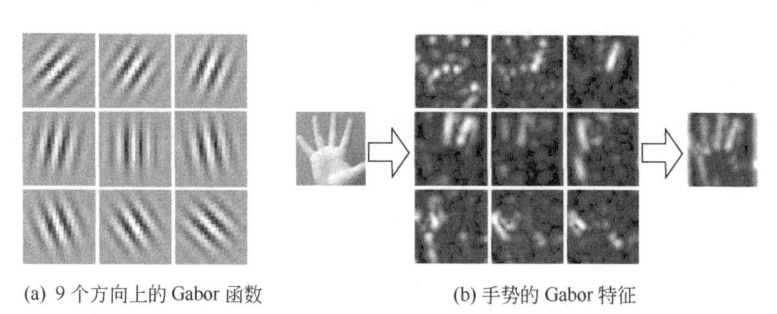

图 6.6　手势的纹理特征

③ 手形特征。

手形即轮廓特征，常应用于物体的识别和分类中。有文献中提出了一种基于曲率比例空间特征的方法（Curvature Scale Space，CSS）描述静态手势的轮廓信息。本书就选用 CSS 特征实现手形的描述。在简单背景条件下的手形特征通常可以获得较好的表征结果。该特征的缺点是需要提取清晰的、连续的轮廓信息，如果手势背景较为复杂以及受到噪点影响的情况下，较难获得完整的手势轮廓信息，因此在该情况下仅依赖于手形特征无法获得稳定的识别结果。

④ 特征向量构建。

在特征表征的过程中，对于每个图片 $(w \times h)$，建立的特征矩阵中灰度值特征的维数 $m_g = w \times h$，纹理特征的维数 $m_t = w \times h$，手形特征的维数 $m_s = w \times h$。合并特征矩阵中所有的列向量，构成特征向量 $\boldsymbol{x}$，以灰度值特征矩阵为例，有灰度值矩阵：

$$\boldsymbol{M} = [\boldsymbol{x}_1, \boldsymbol{x}_2, \cdots, \boldsymbol{x}_w]^\text{T} \quad (\boldsymbol{M} \in \boldsymbol{R}^{w \times h}, \boldsymbol{x}_w \in \boldsymbol{R}^h) \tag{6.16}$$

合并 $\boldsymbol{M}$ 中的各个列向量得到其特性向量：

$$x = [x_1^T, x_2^T, \cdots, x_w^T] \quad (x \in R^{w \times h}) \tag{6.17}$$

(3) 基于 JFSRC 的手势分类。

单特征的 SRC 算法[12]已经被应用于模式识别中，如人脸识别、物体识别。由于静态手势的表现形式比较复杂，在实际应用中通过单一特征表征无法获得较好的效果。因此本书针对手势识别，提出多特征稀疏表征分类法，通过融合多特征的表征结果实现对手势的识别。

在本书的研究中，灰度值特征、Gabor 特征以及 CSS 特征被用于分别表征手势的颜色、纹理以及手形。用 $F_c(\cdot)$、$F_t(\cdot)$、$F_s(\cdot)$ 分别代表灰度值、Gabor、CSS 的特征提取函数。JFSRC 充分的利用三种特征各自的优点实现了对手势的准确识别。

在 SRC 计算之后，可以获得每个特征的稀疏表征系数向量，用 $r(X)$ 表示特征系数向量 X 的稀疏率，定义如下：

$$r(X) = \frac{S_n(X)}{S(X)} \tag{6.18}$$

其中，$S(X)$ 为特征系数向量 X 的维数；$S_n(X)$ 为特征系数向量 X 中非零或是非近似于零的元素的个数。

用 sparse(·) 表示稀疏判断函数：

$$\text{sparse}(X) = \begin{cases} \text{Ture} & (r(X) \leq \theta) \\ \text{False} & (r(X) > \theta) \end{cases} \tag{6.19}$$

其中，θ 为稀疏率的阈值，在本书中 θ 根据经验被设置成 0.05。

由于不同的特征在表征手势的过程中有着不同的影响效果，因此针对融合过程中不同的特征表征效果加以权重。

① 特征权重计算。

不同特征的权重是根据从已知的样本中获得的先验数据。本书基于 Boosting 算法计算在 JFSRC 中融合各特征的权重值。在权重计算中，作为 Boosting 计算中的训练误差值被 JFSRC 中计算的各特征的表征剩余值 r_m，表征剩余值也称为表征误差，是对该特征表征效果好坏的一个衡量指标，表征剩余值越大则说明该特征的表征效果越差。

$$r_m = \|y_m - A_m X_m\|_2 \quad (m \in [1,2,3]) \tag{6.20}$$

在训练过程中通过调整不同特征值的权重去获得最小的表征剩余值，三个特征的权重在训练的开始都设置成统一的值，通过每一轮测试图片的训练，每个特征的权重都根据该特征的表征剩余值进行调整，表征效果好的特征能获得更小的表征剩余值，因此权重被逐渐分配到更加稳定可靠的特征中去。通过一定数量图片的训练，各个特征的权重值会逐渐趋于稳定，最后从 Boosting 算法[13,14]输出的分类器中获得不同特征的各自对应的权重。本书用 W_g、W_t、W_s 分别代表灰度特征、Gabor 特征以及 CSS 特征的权重值。

② 分类算法。

本书手势分类的基本思路是通过已知类型的数据库中图片去表征测试图片，获得表征效果最好的那张图片，即表征剩余值最小的那张图片，根据该图片的类型确定对测试图片的分类。分类算法通过对测试图片的多特征表征，获得表征系数中系数最大的那张数据库图片所对应的手势类型。以下为详细计算流程：

首先构建数据库，数据库中含有 K 类的手势图片，数据库中的图片经过标准化处理后为 $I_1^1, I_2^1, \cdots, I_1^2, I_2^2, \cdots, I_{n_k}^k$。通过特征值的计算获得每张图片的对应的特征向量，把同一类特征的特征向量进行排列，组合成特征矩阵 A_1, A_2, A_3：

$$A_1 = [F_g(I_1^1), F_g(I_2^1), \cdots, F_g(I_{n_i}^i)] \tag{6.21}$$

$$A_2 = [F_t(I_1^1), F_t(I_2^1), \cdots, F_t(I_{n_i}^i)] \tag{6.22}$$

$$A_3 = [F_s(I_1^1), F_s(I_2^1), \cdots, F_s(I_{n_i}^i)] \tag{6.23}$$

计算测试图片 T 的特征向量：

$$y_1 = F_g(T), y_2 = F_t(T), y_3 = F_s(T) \tag{6.24}$$

计算单个特征对应的表征系数向量 $X_m, m \in [1, 2, 3]$，其中 $\varepsilon = 0.05$：

$$\min \|X_m\|_1 \quad \text{s.t.} \quad \|y_m - A_m X_m\|_2 \leqslant \varepsilon \tag{6.25}$$

计算特征融合后的表征系数向量 X：

$$X = \sum_{m=1}^{3} X_m W_m = [x_1^1, x_2^1, \cdots, x_{n_1}^1, x_1^2, \cdots x_{n_k}^k]^{\text{T}} \tag{6.26}$$

其中，表征系数向量 X 是由三个特征的表征效果累加而成，稀疏表征算法的前提条件必须要求表征的结果是稀疏解，因此在 JFSRC 中不包含非稀疏解的特征表征。

使用稀疏判断函数 sparse(●) 对每个特征表征稀疏向量进行判断，对于非稀疏解的特征表征结果，设置对应特征的权重为 0，使该特征表征结果不被带入最终的表征结果中。然后计算数据库中每类手势图片对应的表征系数最大值：

$$\delta(i) = \max_j(x_j^i), j = 1, 2, \cdots, n_i \qquad (6.27)$$

其中，x_j^i 为数据库中第 i 类手势图片 I_j^i 对应的表征系数。

计算出最大的表征系数值归属于哪个类：

$$i^* = \max_i \delta(i), i = 1, 2, \cdots, K \qquad (6.28)$$

如果仅有一个特征可以获得系数表征解时，JFSRC 算法则简化为 SRC 进行计算。当数据库中的图片 x_j^i 具有对应的最大表征系数值，说明在数据库中该图片最近似于测试图片，具有最小的表征误差，因此测试图片被归为第 i 类的手势，实现对测试图片的分类过程。

（4）实验。

为了检验本书方法在人机交互中的有效性，开展了一些相应的实验。主要分为两个部分，第一部分对基于改进的 Haar-like 特征的手势区域提取方法进行测试，第二部分使用公共的手势图片数据库测试识别方法的效果，并与其他文献中常用方法进行对比。

① 手势区域提取测试。

首先构建对手势区域提取的分类器，使用 3000 组手势图片作为正样本和 7000 组非手势图片作为负样本进行训练，用于训练的部分正样本图片如图 6.7 所示。

实际图片的测试效果如图 6.8 所示，在有肤色背景的条件下仍然可以获得手势区域的较好的识别效果，而常见的基于肤色的手势区域分割方法遇到图片中有人脸或其他肤色区域存在时，无法准确地实现手势区域分割；同时当部分遮挡时仍可以实现手势区域识别，因为在级联的 Haar-like 特征分类器中起主要决策的是通过训练获得的手势区域关键位置处的 Haar-like 特征，因此对非关键位置的部分遮挡不影响手势区域的提取效果。所有从图像中提取的手势区域图片通过标准化缩放至 20×24 大小用于后续手势识别。

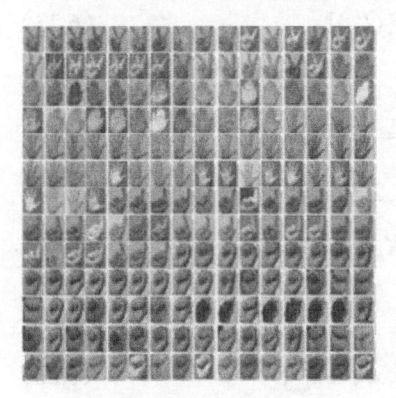

图 6.7 训练的手势图片

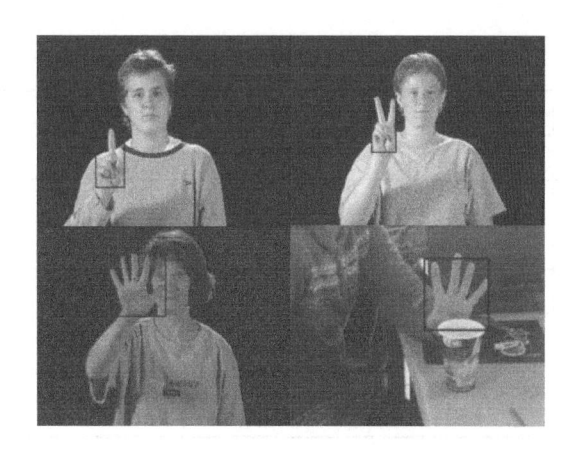

图 6.8 手势区域识别效果

② 公共数据库对比实验。

静态手势的公共图片库较少,做得较好的 JT(Jochen Triesch)和 SM(Sebastien Marcel)静态手势图片库。JT 图片库的手势数量更多,配有多样的背景,本书选用了 JT 静态图片库用于测试,JT 公共图片库包含 24 个人在不同背景下表示的 10 种类型的手势,手势的背景分为简单(光线变化)和复杂背景两类,在静态手势识别检测中具有代表性,常用于静态手势识别方法的测试,图片库中部分图片如图 6.9 所示。

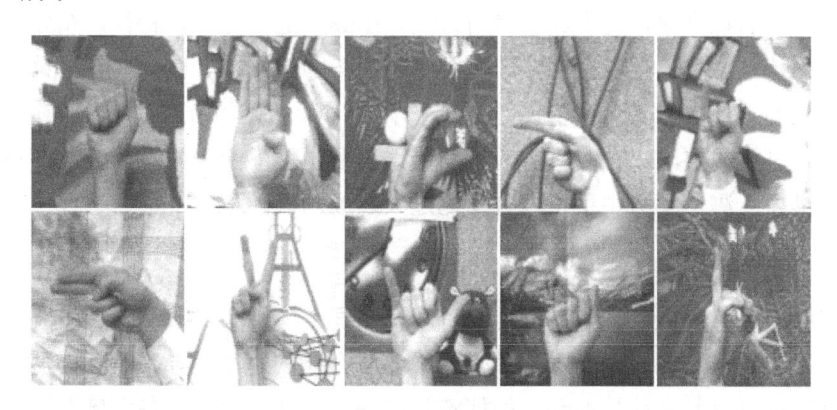

图 6.9 部分 JT 静态手势库中图片

本书中使用该图片库中 2/3 的图片作为数据库文件,用其余的图片作为测试使用。由于该数据库图片数量不够特征权重的测试使用,所以三种特征的权重都设置为一样的值 $(W_g, W_t, W_s = 0.33)$。实验的结果总结于表 6.1 中。

表 6.1　JT 手势库测试结果对比

方法	识别率（%）简单背景	识别率（%）复杂背景	测试图片总数	速度（s/帧）
模糊粗糙集	93.3		480	1.92
弹性图形匹配	93.8	86.2	657	1.85
特征空间函数法	95.2		418	
SRC	93.7	83.7	657	0.04
KMTJSRC	95.2	80.8	657	0.15
JFSRC	95.7	92.0	657	0.18

在实验中，JFSRC 的平均识别率高于模糊粗糙集、弹性图形匹配和基于灰度特征 SRC 方法。基于特征空间函数法（Eigenspace Size Function）虽然获得和本书相近的识别率，但是计算过程复杂，算法效率低，实时性较差。在本书中提出的 KMTJSRC 算法也是一种给予稀疏矩阵表示的特征融合方法，但是它仅仅对每个特征结果进行累加，没有进行特征的选择，当某一特征表征效果较差时会严重影响到最终的识别效果，因此其在简单环境背景下有较好的效果；而复杂背景下，某些特征表征失败时，整体识别率会大幅降低。本书提出的 JFSRC 方法在简单背景下的照片获得了非常好的识别效果，达到了 95.7%的识别率；在复杂背景下仍然保持较高的识别率，优于其他常用方法。JFSRC 通过融合多特征，充分利用各自特征的特点，将其优势互补，改进了静态手势的识别率。在 2.4G Hz 的 CPU，2GB 内存的计算机平台下，该方法的平均计算时间达到了 0.18s/帧，能够满足人机交互实时性的要求。在测试中的识别错误主要由以下两个方面造成：手势区域的识别错误；测试手势中手指位置变化过大造成的误匹配。

6.1.2.2　动态手势识别

与静态手势不同，动态手势涉及时间及空间上。绝大多数动态手势被建模为参数空间罩的一条轨迹[15]。不同用户做手势时存在的速率差异、熟练程度会在轨迹的时间轴上引起非线性波动，如何消除这些非线性波动是动态手势识别技术必须克服的一个重要问题。考虑到对时间轴的不同处理，现有的动态手势识别技术可以分为三类[16~18]：基于隐马尔可夫模型（Hidden Markov Models，HMM）的识别，基于动态时间规整（Dynamic Time Warping，DTW）的识别，基于压缩时间轴的识别。

动态手势识别的主要步骤[19]包括手势分割、手势特征提取、手势识别、手势轨迹提取和手势轨迹识别。

1. 基于 DDF 和 HMM 的动态手势轨迹识别的流程

本节主要从基于 DDF 的关键帧提取和轨迹特征提取两个方面来研究动态手势轨迹识别。

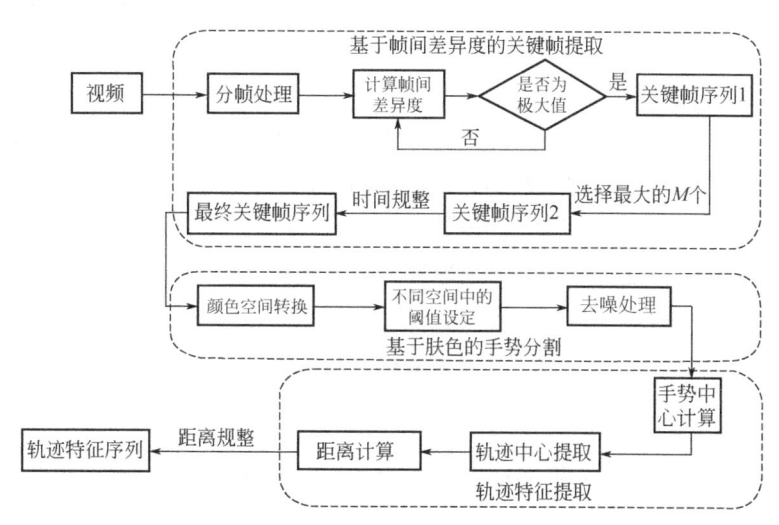

图 6.10 基于 DDF 和 HMM 的动态手势轨迹识别流程图

① 首先对视频进行分帧处理计算 DDF，通过极大值选取算法得到初始关键帧序列，再对关键帧进行时间规整获取最终的关键帧序列；

② 对关键帧序列使用基于肤色的手势分割算法得到手势区域，计算手势区域的中心得到轨迹点序列，提取轨迹点的相应特征得到其距离序列作为 HMM 算法的输入向量。

2. 基于 DDF 的关键帧提取

采用基于 DDF 的关键帧提取方法对关键帧进行选取，它的基本思路是利用欧氏距离方法计算各个图像帧之间的差异度，再选取最大的 M 个极大值作为关键帧，同时对这些帧进行时间规整得到最终关键帧序列[20]。

选择帧间欧氏距离方法作为基础算法来计算帧间的相对差异度，根据差异度选取关键帧，即 diff 越大说明该帧图像与其前后两帧图像的差异越大。因此，在选取关键帧的时候，尽可能地选择 diff 值变化剧烈的帧。

① 计算帧间欧氏距离作为相邻帧间的差异度，如式（6.29）所示：

$$\text{diff}_n = \sqrt{\sum_i \sum_j (G_{n+1}(i,j) - G_n(i,j))} \qquad (6.29)$$

其中，$n = 2,3,\cdots,N-1$，式（6.29）经过改进之后得到式（6.30）的帧差公式：

$$\text{diff}_n = \sqrt{\sum_i \sum_j (G_{n+1}(i,j) - G_n(i,j)) - (G_n(i,j) - G_{n-1}(i,j))} \qquad (6.30)$$

其中，

$$G_n(i,j) = R_1 \times r_n(i,j) + G_1 \times g_n(i,j) + B_1 \times b_n(i,j) \qquad (6.31)$$

式（6.31）中 $R_1 = 0.299, R_2 = 0.587, R_3 = 0.114$；$r_n(i,j)$、$g_n(i,j)$ 和 $b_n(i,j)$ 分别为第 n 帧图像的 (i,j) 处的红色、绿色、蓝色分量。

② 对 $\text{diff}_n (n = 2,3,\cdots,N-1)$ 进行极大值点选择，作为关键帧序列，判定公式如式（6.32）所示：

$$e(i) = \begin{cases} 1 & \text{diff}''(i) \cap \text{diff}'(i) = 0 \\ 0 & \text{others} \end{cases} \qquad (6.32)$$

但是，当 diff_n 为极大值时，diff_n 值不一定非常大，因此还需要通过其他方法对这些极大值点进行筛选。

③ 对所有极大值点进行排序，选取最大的 M 个点，选取的这些就是关键帧。

④ 由于必须保证轨迹点的顺序，对选取的 M 帧进行时间规整，得到视频的关键帧的图像序列。

通过上述基于 DDF 的关键帧提取算法得到了一系列关键帧图像，为了对这些图像进行 HMM 训练和识别，需要对图像进行手势目标区域分割，并对提取到的区域进行分析以提取轨迹点的特征值。

3. 基于 HMM 的手势识别

HMM 的构成：

① 一阶马尔可夫过程，主要描述各种状态之间的转移，通过状态转移概率矩阵 A 和初始状态的随机分布 π 描述；

② 观测随机过程，描述各种状态与观察序列之间的对应关系，使用状态输出概率分布矩阵 B 描述。

HMM 模型中三个主要问题分别是评估、解码和学习，这三个问题可以分别使用前后向算法、Viterbi 算法、Baum-Welch 算法进行解决。本章选择从左到右的模式作为模型依据，选取学习模型中的状态数，在理论上该状态数越多越好，这样就能代表模型中更多的细节信息。

(1) 评估。

评估问题即为识别问题，在随机给定初始模型 $\lambda=\{\pi,\boldsymbol{A},\boldsymbol{B}\}$ 和观察序列 O 的前提下，通过对于每个 HMM 训练产生当前观察序列的输出概率 $P(O|\lambda)$，通过对比各个模型的输出概率，概率最大的模型即为最合适的模型，此处的观察序列是提取的输入手势的特征向量，使用前向算法来计算 $P(O|\lambda)$。前向算法过程步骤如下。

步骤 1　初始化 $\alpha_1(i)=\pi_i b_i(o_1)(i=1,2,\cdots,N)$。

步骤 2　递归计算公式如下：

$$\alpha_{t+1}(j)=\left[\sum_{i=1}^{N}\alpha_t(i)a_{ij}\right]b_j(o_{t+1}) \quad (1\leqslant t=1,2,\cdots,T-1;j=1,2,\cdots,N) \quad (6.33)$$

步骤 3　最后 $P(O|\lambda)=\sum_{i=1}^{N}\alpha_T(i)$。

其中，$\alpha_t(i)=P(o_1,o_2,\cdots,o_t,q_t=s_i|\lambda)$ 代表在给定模型 $\lambda=\{\pi,\boldsymbol{A},\boldsymbol{B}\}$ 条件下截止到 t 时刻产生的观察序列 $o_1,o_2,\cdots,o_t$ 时且 t 时刻的状态为 s_i 的概率。后向算法过程步骤如下：

步骤 1　初始化 $\beta_T(i)=1(i=1,2,\cdots,N)$；

步骤 2　递归计算公式如下；

$$\beta_t(i)=\sum_{j=1}^{N}a_{ij}b_j(o_{t+1})\beta_{t+1}(j) \quad (t=T-1,T-2,\cdots,1;j=1,2,\cdots,N) \quad (6.34)$$

其中，$\beta_t(i)=P(o_{t+1},o_{t+2},\cdots,o_T,q_t=s_i|\lambda)$ 表示在已知模型 $\lambda=\{\pi,\boldsymbol{A},\boldsymbol{B}\}$ 且 t 时刻状态为 s_i 时，$t+1$ 时刻产生观察序列 $o_1,o_2,\cdots,o_t$ 的概率。

(2) 解码。

解码问题是寻找最有可能产生观察序列 O 的隐含状态序列。在给定模型参数 $\lambda=\{\pi,\boldsymbol{A},\boldsymbol{B}\}$ 和观察序列 O 时，寻找最佳的状态序列 $Q^*=q_1^*q_2^*\cdots q_T^*$ 可以最好地解释观察序列 O。常用的解码算法是 Viterbi 算法，该算法的思想主要是基于动态规划。Viterbi 算法求解的具体过程步骤如下：

步骤 1　初始化 $\delta_1(i)=\pi_I b_i(o_i),(1\leqslant i\leqslant N),\psi_1(i)=0,(1\leqslant i\leqslant N)$；

步骤 2　递归计算公式如下：

$$\delta_t(j)=\max_i[\delta_{t-1}(i)\cdot a_{ij}]b_j(o_t),(2\leqslant t\leqslant T,1\leqslant j\leqslant N) \quad (6.35)$$

$$\psi_t(j)=\arg\max_i[\delta_{t-1}(i)\cdot a_{ij}],(2\leqslant t\leqslant T,1\leqslant j\leqslant N) \quad (6.36)$$

步骤3 终止：
$$P^* = \max_i[\delta_T(i)], q_T^* = \arg\max_i[\delta_T(i)] \tag{6.37}$$

最佳状态序列回溯：$q_t^* = \psi_{t+1}(q_{t+1}^*), (t = T-1, T-2, \cdots, 1)$。其中，$\delta_t(i)$ 表示在给定模型参数 $\lambda = \{\pi, A, B\}$ 和观察序列 $o_1, o_2, \cdots, o_t$ 时，求取 t 时刻状态为 s_i 的最大概率。

（3）学习。

学习问题即为 HMM 模型的训练问题，在给定样本的观察序列的条件下，对模型参数进行多次重估的过程。通过迭代运算对 HMM 模型的参数 $\lambda = \{\pi, A, B\}$ 进行不断调整，使得观察序列 O 出现的概率 $P(O|\lambda)$ 达到最大，学习出一个最适合样本集的 HMM 模型。求取 HMM 的最优参数 λ^* 的具体步骤如下：

步骤1 构成一个初始化的 HMM 模型 $\lambda = \{\pi, A, B\}$；

步骤2 根据模型参数 $\lambda = \{\pi, A, B\}$ 和观察序列 O 估算新模型参数 $\overline{\lambda} = \{\overline{\pi}, \overline{A}, \overline{B}\}$。重估公式如下：

$$\overline{\pi}_i = P(q_1 = s_i) = \gamma_1(i), \overline{a}_{ij} = \frac{\sum_{t=1}^{T-1} \xi_t(i,j)}{\sum_{t=1}^{T-1} \gamma_t(i)}, \overline{b}_j(k) = \frac{\sum_{t=1, o_t=v_k}^{T-1} \gamma_t(j)}{\sum_{t=1}^{T-1} \gamma_t(j)} \tag{6.38}$$

其中，$\gamma_t(i) = P(q_t = s_i, q_{t+1} = s_j | O, \lambda)$ 表示在给定观察序列 O 和 HMM 模型参数 λ 的条件下，在 t 时刻状态为 s_i 的概率，使用前向变量和后向变量表示为

$$\gamma_t(i) = \frac{\alpha_t(i)\beta_t(i)}{P(O|\lambda)} = \frac{\alpha_t(i)\beta_t(i)}{\sum_{i=1}^{N} \alpha_t(i)\beta_t(i)} \quad (1 \leq i \leq N) \tag{6.39}$$

其中，$\xi_t(i,j) = P(q_t = s_i, q_{t+1} = s_j | O, \lambda)$ 表示在给定观察序列 O 和 HMM 模型参数 λ 的条件下，在 t 时刻状态为 s_i 并且在 $t+1$ 时刻处于状态 s_j 的概率，用前向变量和后向变量表示为

$$\xi_t(i,j) = \frac{\alpha_t(i)a_{ij}b_j(o_{t+1})\beta_{t+1}(j)}{P(O|\lambda)} = \frac{\alpha_t(i)a_{ij}b_j(o_{t+1})\beta_{t+1}(j)}{\sum_{i=1}^{N}\sum_{j=1}^{N} \alpha_t(i).a_{ij}b_j(o_{t+1})\beta_{t+1}(j)} \tag{6.40}$$

步骤3 使用前、后向算法，计算在模型 λ 下观察序列 O 的概率 $P(O|\lambda)$ 以及在 $\overline{\lambda}$ 下的概率 $P(O|\overline{\lambda})$。

第 6 章　肢体动作捕捉及行为识别

步骤 4：ε 为设定的收敛门限值。式（6.41）得到满足，意味着 $P(O|\bar{\lambda})$ 收敛，此时的 $\bar{\lambda}$ 即为训练得到的最接近手势样本的 HMM。因此，继续完成步骤 2 直到满足式（6.41）：

$$\left|\log P(O|\bar{\lambda}) - \log P(O|\lambda)\right| < \varepsilon \qquad (6.41)$$

4．实验结果及算法性能分析

图 6.13 显示的是本章的手势视频库中动态手势 7 某个样本中 1~50 帧的图像，图 6.11（a）~（c）分别显示了实验者 A、实验者 B 和实验者 C 的第 1~50 帧原始图像。

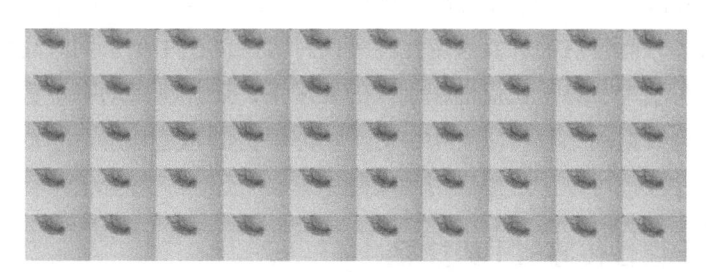

(a) 实验者A

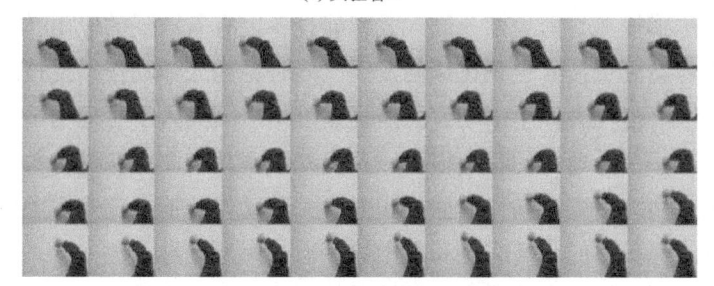

(b) 实验者B

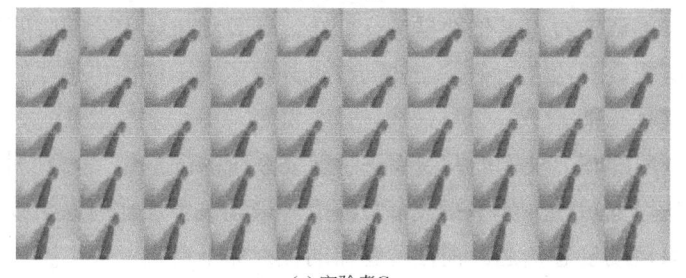

(c) 实验者C

图 6.11　动态手势 7 的第 1~第 50 帧原始图像

为了测试本章算法的识别率和运行速率，统计算法的平均运行时间，与现有

· 167 ·

两种方法作比较（表 6.2）。

表 6.2　算法运行效率比较

使用方法	DDF+HMM	SURF+数据流聚类	多模式分层融合+DTW
平台主频	3.3GHz	2.2GHz	600MHz
帧率（帧/s）	25	8～16	10
识别率（%）	87.67	84.6	91.7
运行速率（s）	0.457524	1～3	2.07

根据表 6.2，本章算法的试验平台的主频虽然比较高，但是帧率也同样是两种方法的 2 倍多，而算法的计算速率比另外两种方法高出 1 倍，同时还保证了识别率，这就证明了本章算法在保证识别率的要求下，还能满足动态手势轨迹识别的实时性。实验数据的比较可以表明：对于动态手势的轨迹识别，本章方法更具有可靠性和实时性，可以广泛地应用到实际中。

6.1.3　基于惯性传感的手势捕捉

微惯性传感器在目前大部分嵌入式智能设备上有着广泛的应用[21, 22]，基于惯性传感器的姿态测量技术也正在蓬勃发展，同时也为人体动作捕捉技术的实现带来了新的方法，但在人体手部动作的捕捉系统中，因其人手生理构造，各手指间的间距很小，手关节弯曲的程度很小，且运动频率却很高，在进行关节姿态解算时会出现误差，故手姿态动作的捕捉和人体关节动作的捕捉在实质上皆是对各自姿态的解算，但具体的解算方法和数学建模方法有所差异。

当前也有利用加速度传感器来解算手部姿态信息的产品，如 DG Tech Vhand，但是由于计算的姿态没有其他数据进行修正，计算结果误差会随时间变化积累，整体性能有待提高。除此之外，一些高校也开发了基于惯性传感器的手姿态测量设备来实现具体功能。

微惯性（MEMS）技术的发展促进了航姿系统的微型化[23]，利用 MEMS 开发的微型系统可安放在人体手指关节骨骼上，采集关节运动的原始数据，经计算机处理，还原运动姿态信息。惯性传感器的优点如下：

① 对使用场景的要求低，测量信息精确；

② 安装和使用便捷，动态性能好；

③ 功耗低，抗干扰性和自动调整性强；

④ 对光线遮挡和操作空间无硬性要求。

基于 MEMS 的运动捕捉技术发展时间并不长，在商业领域能够成功推出产品的公司并不多，如 3D Suit，该产品使用的是高性能和高精度的传感器，产品价格高昂，且设备对磁场环境的抗干扰性较差，很难进行民用化普及[24]。目前，基于 MEMS 传感器的动作捕捉技术的研究热点分为以下三点：

① 数据采集、通信传输和姿态解算；
② 多传感器多域数据融合算法；
③ 运动还原仿真建模。

图 6.12 为基于惯性传感的数据手套。

图 6.12　运动捕获套装手部姿态效果捕获及其传感节点分布图

6.1.3.1　手部姿态解算算法

1. 速度信息解算

根据在第 2 章中推导的姿态信息解算方法，可以方便地计算出运动载体当前的姿态信息 (γ,θ,ψ)，即运动载体与参考坐标系之间的姿态关系矩阵 C_n^b。对此将由加速度传感器感测的比力从载体自身坐标系变换到参考导航坐标系[25]，可有：

$$\begin{bmatrix} f_x^t \\ f_y^t \\ f_z^t \end{bmatrix} = C_b^t \begin{bmatrix} f_x^b \\ f_y^b \\ f_z^b \end{bmatrix} \quad (6.42)$$

在式（6.42）中，$C_b^t = [C_t^b]^T$，$[f_x^b, f_y^b, f_z^b]$ 为加速度传感器的感测量，则载体速度的求解可通过计算比力方程得出：

$$\dot{\overline{V}} = \overline{f} - (2\overline{\omega}_{ie} + \overline{\omega}_{ep}) \times \overline{V}_{ep} + \overline{g} \quad (6.43)$$

将式（6.43）的坐标系进行变换，可将其描述为

$$\begin{bmatrix} \dot{V}_{etx}^t \\ \dot{V}_{ety}^t \\ \dot{V}_{etz}^t \end{bmatrix} = \begin{bmatrix} f_x^t \\ f_y^t \\ f_z^t \end{bmatrix} + \begin{bmatrix} 0 \\ 0 \\ -g \end{bmatrix} - \begin{bmatrix} 0 & -2\omega_{iez}^t - \omega_{etz}^t & 2\omega_{iey}^t + \omega_{ety}^t \\ 2\omega_{iez}^t + \omega_{etz}^t & 0 & -2\omega_{iex}^t - \omega_{etx}^t \\ -2\omega_{iey}^t - \omega_{ety}^t & 2\omega_{iex}^t + \omega_{etx}^t & 0 \end{bmatrix} \begin{bmatrix} V_{etx}^t \\ V_{ety}^t \\ V_{etz}^t \end{bmatrix} \quad (6.44)$$

鉴于载体相对于参考坐标的运动速度，令其在水平面上的分量为 V，可用式（6.45）表示，即

$$V = \sqrt{V_x^2 + V_y^2} \quad (6.45)$$

载体自身地理坐标系和参考坐标系都是相对运动的，相互间存在制约关系，首先地球运动参考坐标系与导航惯性坐标系的角速度在自然坐标系中的关系为

$$\begin{bmatrix} \omega_{iex}^t \\ \omega_{iey}^t \\ \omega_{iez}^t \end{bmatrix} = \boldsymbol{C}_e^t \begin{bmatrix} o \\ o \\ \omega_{ie} \end{bmatrix} = \begin{bmatrix} \omega_{ie}\cos\varphi \\ o \\ \omega_{ie}\sin\varphi \end{bmatrix} \quad (6.46)$$

其次载体自身运动参考坐标系与地球坐标系的角速度在自然坐标系中的关系为

$$\begin{bmatrix} \omega_{etx}^t \\ \omega_{ety}^t \\ \omega_{etz}^t \end{bmatrix} = \begin{bmatrix} \omega_{etx}^t \\ \omega_{ety}^t \\ \omega_{etx}^t \tan\varphi \end{bmatrix} = \begin{bmatrix} -\dfrac{V_{ety}^t}{R_{yt}} \\ \dfrac{V_{etx}^t}{R_{xt}} \\ -\dfrac{V_{ety}^t}{R_{yt}}\tan\varphi \end{bmatrix} \quad (6.47)$$

将式（6.46）和式（6.47）代入式（6.44）中进行计算，可有：

$$\begin{bmatrix} \dot{V}_{etx}^t = f_x^t + (2\omega_{ie}\sin\varphi - \dfrac{V_{ety}^t}{R_{yt}}\tan\varphi)V_{ety}^t - \dfrac{V_{etx}^t}{R_{xt}}V_{etz}^t \\ \\ \dot{V}_{ety}^t = f_y^t - (2\omega_{ie}\sin\varphi - \dfrac{V_{ety}^t}{R_{yt}}\tan\varphi)V_{etx}^t + (2\omega_{ie}\sin\varphi - \dfrac{V_{ety}^t}{R_{yt}}\tan\varphi)V_{etz}^t \\ \\ \dot{V}_{etz}^t = f_z^t + \dfrac{V_{etx}^t}{R_{xt}} - (2\omega_{ie}\cos\varphi - \dfrac{V_{ety}^t}{R_{yt}})V_{ety}^t - g \end{bmatrix} \quad (6.48)$$

在手部姿态信息捕捉过程中，手部在重力方向上的速度会很小，可令 $V_{etz}^t \approx 0$，变换式（6.48）可有：

$$\begin{cases} \dot{V}_{etx}^t = f_x^t + \left(2\omega_{ie}\sin\varphi - \dfrac{V_{ety}^t}{R_{yt}}\tan\varphi\right)V_{ety}^t \\ \dot{V}_{ety}^t = f_y^t - \left(2\omega_{ie}\sin\varphi - \dfrac{V_{ety}^t}{R_{yt}}\tan\varphi\right)V_{etx}^t \end{cases} \tag{6.49}$$

2. 位置信息解算和数据预处理

在利用姿态算法得出载体的姿态信息 C_n^b 后，结合地球参考坐标系可计算出载体的位置信息 (λ, φ)，其中 λ 代表经度，φ 代表纬度，即

$$\begin{cases} C_1 = -\cos\lambda\sin\varphi \\ C_2 = \sin\lambda \\ C_3 = \cos\lambda\cos\varphi \end{cases} \tag{6.50}$$

对手部位置信息的解算，也可以使用加速度传感器测量值在参考导航坐标系下进行二次积分运算得出，该方法过程简单，但精确性稍差。

加速度传感器测量的信号经过数据预处理后得到的数据，再通过二次积分法来计算其载体所处的位置信息。由于采样信号是离散的数据，可直接通过对采样时间进行二次求和，计算出载体的位置信息。

$$\begin{cases} v_i = v_{i-1} + f_i\delta_t \\ s_i = s_{i-1} + v_i\delta_t \end{cases} \tag{6.51}$$

在式（6.51）中，f_i、v_i、s_i 分别是在 i 时刻的加速度、速度和位置信息，且在 $i=0$、$f_0=0$、$v_0=0$、$s_0=0$，δ_t 为采样的时间间隔。

在实际应用场合下，当手部姿态在静止时，由于传感器自身的速度累积效应，会造成输出的加速度值在趋近于零时，其实际的速度并非也为零，此时所计算的位置信息会有很大的误差累积。这时若要对其位置信息进行准确定位的话，则必须借用一些辅助定位方法。但如果仅是对位置信息进行粗略的判断，可以在该方法的基础上通过增添一些判断算法来计算位置信息[26]。

在人体手部运动过程中，手部各关节很难做到协调的匀速运动，但在整体处于静止状态下却比较容易做到。当采集的纯加速度为零时，手部运动不会有匀速运动这一状态，此时可以直接判定状态为静止，即使运动的速度不为零，也将其自动归零，这在很大程度上能够将随时间漂移的速度及时纠正。同时，由于加速

度传感其能感测到细微的动作变化，外界干扰同样会引起数据的波动，故需要对测量的数据进行一些预处理，为了抑制位置信息的漂移和保证数据的可靠性。

由于制造工业和应用环境的差异，系统通过传感器测量的信息和真实的数据之间存在一定的误差[27]，这个误差是由环境或硬件工业本身带来的高斯白噪声干扰所引起的，通常为了系统的可靠性和精确性，在对测量的数据进行计算处理之前，先要对数据进行预处理，以降低外界干扰带来的影响。数据预处理常见的方式为软件数字滤波，即通过滤波算法对测量的原始信息进行计算，去除当中的噪声和干扰信息，得出与真实信息相匹配的数据，和传统的硬件滤波方式不同，软件数字滤波会降低系统实时性，但操作调整方便，几乎没有成本开销，因此在数据预处理上被广泛地使用。这里介绍几种常用的方法。

① 中值滤波。中值滤波被广泛地用在图像处理领域中，以消除图像中的高斯白噪声，达到平滑的效果，通过设定图像中像素点的区域范围，并计算该范围内所有像素点灰度值的中值，最后取计算的中值为该像素点的灰度值。在基于传感器测量数据的预处理中，该方法是将连续感测的 N 个奇数样本数据按一定的顺序进行排列，计算样本数据的中间值并将其作为该时刻的采样值输出，在感测的数据变化较慢的系统中具有很好的效果，如温度监控，但对于手姿态捕捉等运动数据变化较快的系统，此方法实时性较弱，效果没那么理想。

② 均值滤波。均值滤波是将一组连续采集的数据作为一次处理的样本，通过计算得出样本的算术平均值，并将其作为该组数据的采样值输出。该方法计算所得的数据平滑度取决于所选取的样本数量，即当选取的采集样本数量越大，输出的信号就会越平滑，但这会降低系统的实时性和灵敏度，比较适合于数据变化波动小的应用场合，能有效地滤除随机干扰信号，如在手部运动过程中自身抖动而引起的外界干扰噪声，就适合采用该方法进行滤波。但由于输出结果是计算的样本算术平均值，其中运算量略大，数据的输出会有一定的延时，实时响应性较弱。

③ 限幅滤波。限幅滤波法主要是指依据先验经验值进行判断输出，通过计算每次采样间隔时期内相邻样本值之间的最大偏差值，在采样周期内每当采样到一个新值时，就进行比较判断输出，若采样到的新值与上采样时刻的输出采样值之差不大于所设定的先验值，则判定此次采样值有效，并输出；反之，则判定本次采样值为无效，并输出上采样时刻的值。该方法对外界造成的突发干扰噪声等随机信号具有较好的滤除能力，但输出数据的平滑度不理想，且对周期性的干扰信号滤波处理能力较弱。

综合以上因素和手姿态捕捉系统的考虑，在传感器数据信号预处理过程中，选择限幅滤波和均值滤波相结合的方法进行处理。对于传感器所采集到运动数据，先经过限幅滤波，去除信号中可能存在的随机脉冲等外界干扰信号，然后，再用均值滤波法对数据进行算术平均运算，并取其样本的平均值作为滤波后的输出数据，从而实现对数据的预处理，保证系统后续计算的可靠性和精确性。

3. 手部姿态的运动算法

在人手正向运动学方程式（6.52）中描述了手部各关节之间的相互隶属和运动关系，在通过该方法运算推出手关节的运动的描述矩阵，须知道其父关节点数。在基于人手正向运动学方程的基础上，设计了一种适合手部姿态捕捉的手关节运动推算算法。具体如下：

$$^{P}\boldsymbol{T}_{j}^{f} = \begin{bmatrix} f_j & f_j & f_j & f_j \\ n_p & s_p & a_p & p_p \\ 0 & 0 & 0 & 1 \end{bmatrix} \quad (6.52)$$

① 将传感器采集的数据按姿态解算算法得出角度表示的信息，但由于人体手部关节运动的复杂性和系统传感器数量的约束，须先对手部姿态进行规范设定：初始状态时可令传感器参考系 Z 轴为零，掌心与地表水平面垂直，其他关节姿态可根据相关坐标变换得到，系统简易结构如图 6.13 所示。黑色方块为 MEMS 惯性传感器，手指关节相对于其父关节的运动状态用 $\angle A$、$\angle B$、$\angle C$ 表示，通过算法进行计算可得出姿态数据，然后用此数据来复原手部运动情况。

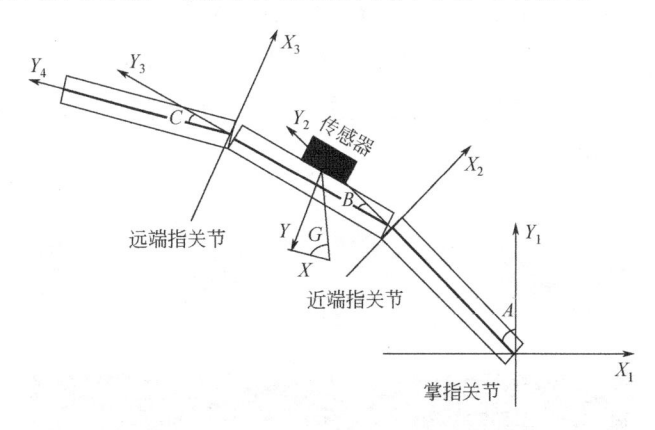

图 6.13　手关节运动结构示意图

② 手部关节的远端指和近端指的运动关系是呈线性比例的，其系数大致为 2/3。手部关节运动算法采用以下方法来实现对真实手部运动动作的还原：图 6.13 中利用加速度传

感器测量值计算的姿态角度为 $\angle G_{(x,g)j}$，其中 (x,g) 为加速度传感器在水平 X 轴上的分量与重力方向上的夹角，j 用来表示手部不同的手指关节，Y_i 和 Y_{i+1} 间的夹角用 $Y(i,i+1)$ 表示，按其计算的范围可分三种情况。

若经过计算得出的姿态角度的范围为 $\angle G_{(x,g)j} \in (0°, 90°)$，可用下式计算 $\angle A$、$\angle B$、$\angle C$ 的值。

$$\begin{cases} \angle A_{Y(1,2)j} = \dfrac{\angle G_{(x,g)j}}{3} \\ \angle B_{Y(2,3)j} = \angle G_{(x,g)j} - \dfrac{\angle G_{Y(1,2)j}}{3} \\ \angle C_{Y(3,4)j} = \dfrac{\angle G_{(x,g)j}}{2} \end{cases} \quad (6.53)$$

若 $\angle G_{(x,g)j} \in (90°, +\infty)$ 时，$\angle A$、$\angle B$、$\angle C$ 计算公式为

$$\begin{cases} \angle A_{Y(1,2)j} = \dfrac{\angle G_{(x,g)j}}{2} \\ \angle B_{Y(2,3)j} = \angle G_{(x,g)j} - \dfrac{\angle G_{Y(1,2)j}}{2} \\ \angle C_{Y(3,4)j} = \dfrac{\angle G_{(x,g)j}}{2} \end{cases} \quad (6.54)$$

若 $\angle G_{(x,g)j} \in (-\infty, 0°)$ 时，$\angle A$、$\angle B$、$\angle C$ 的值为零。

为了达到对真实手部动作的跟踪捕捉，可以利用 OpenGL 对建立的虚拟手模形进行渲染，并结合计算输出的手部姿态信息，实现虚拟手对真实手动作的实时复原，如图 6.14 和图 6.15 所示。

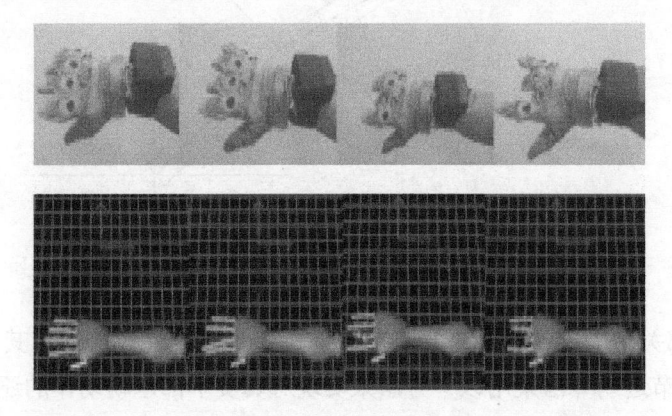

图 6.14 关节动作显示效果

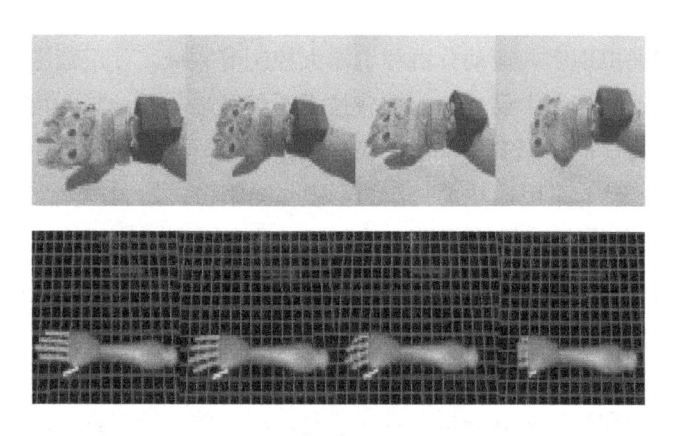

图 6.15 握拳动作显示效果

6.2 肢体动作捕捉

动作捕捉是近年来发展起来的一个多学科和技术相互交叉结合的应用领域，涉及电子、通信、控制、计算机图形学、人体工效学、导航学等多门学科[28,29]。在影视制作、机器人控制、互动游戏、体育训练、医疗康复等领域具有广阔的发展前景，是目前人机交互领域新的研究热点。

在游戏设计领域，许多大型运动类游戏已将人体运动捕获和虚拟现实技术相结合，使构建的对象更加逼真、形象，如目前的《3D篮球》《NBA》等[33]，图6.16描述了游戏制作过程中动作捕捉技术的应用。

图 6.16 游戏设计过程中动作捕捉技术的应用

伴随着技术的发展和大批新兴创意产业的涌现，运动捕捉技术已逐渐成为当下研究的热点[30]。它不仅为医疗康复、动画和游戏产业制作提供了新的解决方案，还可以应用到虚拟现实、运动分析和机器人控制等领域，使用范围日渐广泛。例如，在影视与动画产业中通过动作捕获技术不仅可以刻画动画人物逼真的动作特征，还可以将演员的精彩演技保留，简化制作过程，这已逐渐成为该制作领域的发展趋势[31,32]。目前采用该技术制作的影视作品很多，如 3D 电影《阿凡达》、魔幻大片《指环王》[33]等，都获得了巨大成功。在人机游戏交互中将动作捕捉技术运用到游戏制作中，使刻画的人物形象更为真实和顺畅，如在《实况足球》这一款竞技游戏中利用该技术和职业足球队员的高精度专业动作，使游戏中的虚拟人物的动作看起来更逼真和自然。在医疗康复领域中，动作捕捉技术主要用于对伤残患者等的运动和行为数据分析以及在恢复过程中的直接观察，以使医生更准确地跟踪记录病人的情况，更有针对性地安排康复训练。此外，还可将该技术应用于一些教学动作中，如舞蹈、精密控制和传统武术等，进行全方位地捕捉、展示和数据记录，这对于历史文化的延续具有很大的价值。相信伴随技术的发展，动作捕捉技术将在更大的领域得到更广泛的应用。

6.2.1 基于视觉的肢体动作捕捉

基于视觉的人体动作捕获只需对视频进行分析，其成本低廉而且对人体的动作也没有限制。基于视频的人体运动分析是一项涉及图像处理、计算机视觉、随机过程、模式识别、人工智能等多学科交叉融合的前沿技术和热点研究课题[34]，得到国内外学者和商业机构的广泛关注。加上计算机硬件水平的不断提高，计算机的处理速度也变得越来越快，使得很多只存在于理论上的算法得以实现。对人体运动分析的研究学习，不仅可以促进相关学科的发展。同时，基于视频的运动人体分析还有着广阔的应用前景，主要应用表现在以下 4 个方面。

① 智能视频监控。智能视频监控与传统的视频监控不同之处在于，可以实时地对监控到的视频图像进行分析并做出相应的判断。目前，主要应用在对安全要求较高的场所，如停车场、取款机、监狱等，通过对场景中人的行为分析和判断，一旦发现可疑情况，立刻采取报警处理。

② 人机交互。传统的人机交互是用键盘、鼠标等设备对机器进行控制，采用基于视频的人体运动分析方法，可以根据人体的姿态、手势等动作完成指令的发送。主要应用于工业领域当中。

③ 医疗辅助诊断。通常应用在对病人的步态进行跟踪观察，通过对跟踪的步态视频进行分析，帮助医生来判断病人的伤病或者康复情况。

④ 基于内容的检索。随着视频网站的流行，我们经常需要在海量的数据库中搜索自己感兴趣的视频，当前的检索方式主要依赖于视频的标题和标签。然而人工对视频进行标注不仅浪费了大量的人力，准确率也不高。人体行为识别技术使计算机能够分析和理解视频序列中的内容，并形成自然语言的描述。与传统的人工标注方式相比，能大大节省时间并降低人力成本，使人们能方便、快捷地从海量的视频数据库中检索到特定事件。

6.2.1.1 基于粒子滤波的人体关节点跟踪

本节主要研究在粒子滤波理论框架下对运动人体关节点特征的跟踪，结合运动人体骨骼化信息来对人体的关节点位置进行定位。

1. 粒子滤波基础理论

粒子滤波算法是蒙特卡罗方法中的一种[35]，该算法的核心思想是用一组带有权值的随机样本来表示目标状态的后验概率密度函数。在系统时间允许的情况下，样本点数目越多，粒子的状态就越接近目标状态的后验概率密度函数。扩展卡尔曼滤波（EKF）和 Unscented 卡尔曼滤波（UKF）都是针对线性卡尔曼滤波的改进，但是受到卡尔曼滤波本身的限制，系统状态应满足高斯分布。在处理非高斯分布的状态模型时，会使滤波效果变差。粒子滤波算法没有对状态变量做太多的约束，只与采样的粒子数有关，所以可以很好地处理非线性、非高斯问题[36]。

2. 粒子滤波对人体特征的跟踪

在粒子滤波理论框架下，根据不同的应用场合，粒子滤波算法也有不同，本节主要讨论人体关节点跟踪中系统状态转移模型、特征建模、观测模型三个问题[37]。算法的流程框架如图 6.17 所示。首先需要获取运动目标的信息，包括运动目标的运动模型和目标的初始位置、目标特征的选取、粒子数量的选择以及粒子参数的初始化。提取目标信息以后，随后视频帧中的粒子开始系统状态转移，即粒子传播，当粒子传播完以后，进行系统观测，计算每一个粒子在当前状态下的权重。通过各个粒子加权求和来得到当前运动目标的运动

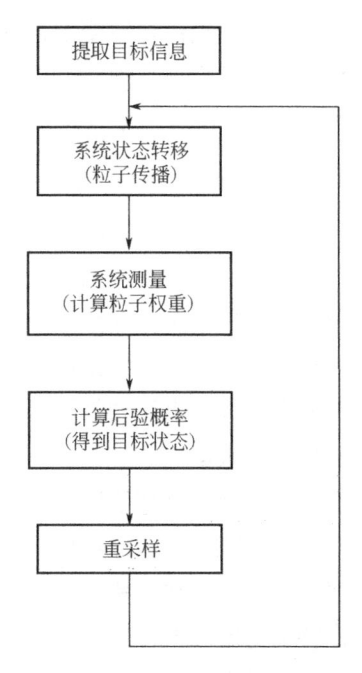

图 6.17 粒子滤波跟踪流程框图

状态。最后清除权重较小的粒子，同时为了保证采样粒子的数目，对粒子进行重采样，从权重较大的粒子中衍生出新的粒子。此时完成了一次运动目标的跟踪过程，并转入下一次的迭代过程。

(1) 系统状态转移模型。

系统状态转移就是运动目标从当前的状态按照状态转移模型转移到下一个运动状态。常见的系统状态转移模型有平移模型和仿射变换。

平移模型：平移模型具有两个参数，主要用于跟踪形状大小不发生变换的目标。当目标做平移运动时，平移模型的状态转移方程表示为

$$\begin{bmatrix} x_{k+1} \\ y_{k+1} \end{bmatrix} = A \begin{bmatrix} x_k \\ y_k \end{bmatrix} + B \begin{bmatrix} \Delta x_k \\ \Delta y_k \end{bmatrix} \qquad (6.55)$$

式（6.55）中，$(x,y)^T$ 表示目标的平面坐标位置，$(\Delta x, \Delta y)^T$ 表示目标的平移量，为零均值高斯白噪声，取值范围为[-1, 1]。A 一般取值为 1，B 表示粒子的传播半径，根据目标的实际运动范围进行取值。目标下一时刻的状态可以看作是由噪声驱动，该模型实现简单，但是没有考虑相邻帧之间的运动相关性。

仿射变换：仿射变换包括 6 个参数，主要用于跟踪目标形状会发生旋转、拉伸、大小的变换。仿射变换的状态转移方程表示为

$$\begin{bmatrix} x_{k+1} \\ y_{k+1} \end{bmatrix} = A \begin{bmatrix} x_{k+1} \\ y_{k+1} \end{bmatrix} + \begin{bmatrix} \Delta x \\ \Delta y \end{bmatrix} = \begin{pmatrix} a_1 & a_2 \\ a_3 & a_4 \end{pmatrix} \begin{bmatrix} x_k \\ y_k \end{bmatrix} + \begin{bmatrix} \Delta x_k \\ \Delta y_k \end{bmatrix} \qquad (6.56)$$

式（6.56）中 A 为二维仿射变换矩阵。

由于这里只跟踪人体关节点的位置信息，所以选择平移模型。平移模型主要分为：自回归（Auto Regressive）模型、随机游走（Random Walk）模型、匀速（Constant Velocity，CV）运动模型、匀加速（Constant Acceleration，CA）运动模型等。跟踪的人体关节点运动是不确定的、无规律的，所以目标的系统状态转移模型选择随机行走模型。

(2) 视觉特征建模。

目标特征的选择是粒子滤波算法对目标跟踪的关键，一些常用的图像特征包括：颜色、轮廓、特征点、纹理、边缘等。由于场景、应用场合的不同，各个图像特征稳定性也有所不同。由于颜色特征在非刚性物体的跟踪中具有明显的优势，当目标发生部分遮挡、旋转、尺度发生变化的时候，目标区域中的颜色信息不会发生很大的变化。所以利用颜色特征对目标进行跟踪会更加简单有效。

所以本书选择 HSV 颜色模型作为目标跟踪的颜色特征[38]。对颜色特征的提

取通常采用颜色直方图的方法，它可以描述目标区域颜色的全局分布，同时计算也非常简单，所以选择颜色直方图的方法对目标的颜色特征进行提取，在进行直方图统计时，首选需要对颜色空间进行划分，在对 HSV 颜色模型的彩色图像处理中，通常忽略亮度的影响，以对光照变化的环境有较好的适应性。所以不考虑 V 分量对图像的影响。当 H 和 V 用 0.0～1.0 表示时，通常将其映射到整数范围内进行处理。H 分量的取值范围为 0～180，S 分量的取值范围为 0～360，这里将 H 划分为 12 个小格（Bin），S 划分为 8 个小格（Bin），共产生了 12×9 个统计区域，然后对由 H 和 S 分量组成的二维空间进行颜色统计。

图 6.18（b）显示了彩色图像 6.18（a）在二维空间中的 HSV 颜色直方图，从图 6.18（b）中可以看出，统计到的红色分量在整幅图像占有较大的比重，与源图像 6.18（a）中的颜色信息相符合，图像 HSV 颜色直方图对图 6.18（a）中的颜色信息进行了正确地划分。

(a) 源图像　　(b) 二维 HSV 颜色直方图

图 6.18　二维 HSV 颜色直方图

图 6.19 显示了 HSV 颜色模型的直方图统计在三维空间中的统计情况，把色度 H 划分为 30 个 Bin，分布在红色数轴上。饱和度 S 划分为 32 个 Bin，分布在蓝色数轴上。

(a) 源图像 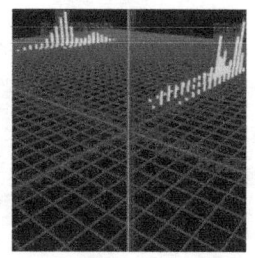　　(b) 三维 HSV 颜色直方图

图 6.19　三维 HSV 颜色直方图

(3) 人体关节点观测模型。

粒子传播以后，需要计算每个粒子的权重，所以需要建立一个目标观测模型。对目标区域和粒子传播后的候选区域进行颜色直方图统计以后，采用巴特查理亚（Bhattacharyya）距离作为两个颜色直方图的相似性度量。设目标区域的颜色直方图为 $q=\{q_u\}_{u=1,\cdots,m}$，粒子传播后所在区域的颜色直方图为 $p=\{p_u\}_{u=1,\cdots,m}$，则巴特查理亚距离表示为

$$d(p,q)=\sqrt{1-\rho(p,q)} \tag{6.57}$$

其中，$\rho(p,q)=\sum_{u=1}^{m}\sqrt{p_u q_u}$ 为巴特查理亚系数。

计算出的 d 值越小，说明两个直方图越相似，应该给相应的粒子赋予较大的权重。此时，观测似然函数表示为

$$p(z_k|x_k^i)=\frac{1}{\sqrt{2\pi}\sigma}\exp\left(-\frac{d_i^2}{2\sigma^2}\right)=\frac{1}{\sqrt{2\pi}\sigma}\exp\left(-\frac{1-\rho(p^i,q)}{2\sigma^2}\right) \tag{6.58}$$

其中，p^i 为第 i 个粒子所在区域的颜色直方图；σ 表示高斯方差。

6.2.1.2 粒子滤波对目标跟踪的实验

上面实验主要说明粒子滤波对目标进行跟踪的过程。图 6.20（a）中的运动目标在视频首帧中手动进行标定，图 6.20（b）显示了对粒子的初始化过程，选择随机游走模型，粒子在目标传播范围内随机分布，图 6.20（c）～（f）显示了粒子滤波在对目标的跟踪情况，通过观察可以看出，粒子滤波对运动目标的跟踪是稳定可靠的。

(a) 选取跟踪目标　　(b) 粒子初始化　　(c) 第32帧

(d) 第43帧　　(e) 第55帧　　(f) 第94帧

图 6.20　粒子滤波对目标的跟踪

图 6.21 中对运动人体的头部进行了跟踪,在视频的首帧,手动选取要跟踪的人体头部区域,在后续帧中,采用粒子滤波算法完成对人体头部的跟踪。从跟踪的结果可以看出,粒子滤波对人体头部可以较稳定地跟踪。

图 6.21 粒子滤波对目标的跟踪

6.2.2 基于惯性传感的肢体动作捕捉

基于运动传感的人体运动捕捉是通过在人体关键节点部位放置传感器,来实时地采集人体运动过程中的姿态信息,并通过数据融合解算来推算人体运动过程的特征参量,通过数据驱动,实现虚拟模型对真实人体运动状态的跟踪。基于运动传感的人体动作捕捉系统,主要包含数据的采集、通信、处理和运动还原 4 个部分,下面分别对 4 个部分进行详细介绍。

① 数据采集。数据采集主要由部署在身体各部位的传感节点和数据汇聚节点构成,各传感节点通过紧身穿戴的方式部署在肢体上,能够实时地采集各身体部位的实时运动信号,并通过汇聚节点进行数据的打包,并将其通过无线模块实现与上位机的数据通信。通过对原始运动信号进行处理,便能够还原出人体在三维空间中的运动轨迹。对于基于惯性传感器的人体运动捕捉系统,初始信号包括三轴加速度、三轴角速度和地磁信息。通过对这些信息进行处理,能还原出最终的运动特征参量。

② 数据通信。在运动捕捉系统中，数据的通信协议是至关重要的一环，如何设计系统的通信方式，对系统的影响较大。该系统中，主要的通信环节包含两部分：一是传感节点和汇聚节点的数据通信方式；二是计算机软件端与下位机硬件部分的通信方式。考虑到穿戴方便和传输速率的影响，本书中传感节点和汇聚节点之间采用有线的通信方式，上位机和下位机之间采用无线的通信方式。

③ 数据处理。在运动捕捉系统中，由惯性传感器采集到的人体运动特征数据必然存在着一定的误差和数据噪声，需要对其进行滤波处理和数据的修正。同时数据处理过程中，还需要对人体运动的特征参量进行高速解算，根据相关的融合算法从原始信号中解析出有效的运动特征和轨迹，并将这些特征参量与 3D 运动模型相结合，实时驱动模型模拟真实人体的运动。

④ 运动还原。在动作捕捉系统中，运动还原效果是评价动作捕捉产品优劣的标准，在动作捕捉系统中，参考人体运动学和解剖学原理，通过相关的软件构建基于骨骼堆栈的 3D 视角的运动捕捉平台，并结合人体运动的驱动算法，实现特征参量对模型的实时驱动。

动作捕捉系统的主要构架如图 6.22 所示。

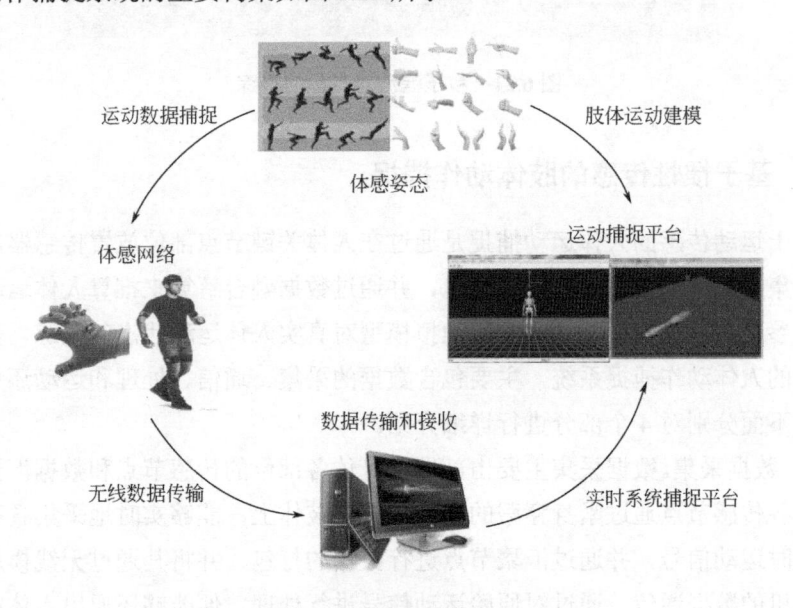

图 6.22　动作捕捉系统的主要构架

体感网络由穿戴在手部或者身体部位的传感网络构成，其能够实时地采集人体运动过程的实时运动信号，并进行数据的预处理，然后通过无线传输的方式发送给 PC 端的上位机，上位机对信号进行解析后用来实时驱动三维运动模型，三维运动模型可通过对肢体结构建模进行构建。

6.2.2.1 基于异构传感器的位移解算策略实现

1. 人体运动根节点的位移解算策略

在运动过程中，为了避免奇异值的出现，采用四元数来表示运动的定位关系。根据陀螺仪的信号模型，每段肢体在全局坐标系中时刻 t 的定位关系 q'_t 可以表示为

$$q'_t = \exp(0.5\Omega(y'_{g,t})\Delta t)q_{t-1} \tag{6.59}$$

其中，$q_t = [q_1, q_2, q_3, q_4]$；$\Delta t$ 为采样间隔时间；$y'_{g,t} = y_{g,t} - b_{g,t}$；$q_{t-1}$ 为在 $t-1$ 时刻定位方向的四元数表示；$\Omega(y'_{g,t})$ 是 4×4 阶斜对称矩阵。

$$\Omega(y'_{g,t}) = \begin{bmatrix} -[y'_{g,t}] & y'_{g,t} \\ -(y'_{g,t}) & 0 \end{bmatrix} \tag{6.60}$$

其中，$[y'_{g,t}]$ 为交叉乘积算子。

预测的速度和位移可以通过加速度积分得到：

$$v'_t = v_{t-1} + a^g_t \Delta t \tag{6.61}$$

$$S'_t = S_{t-1} + v'_{t-1}\Delta t \tag{6.62}$$

式中：

$$a^g_t = C(q'_t)y'_{a,t} - g_0 \tag{6.63}$$

$$y'_{a,t} = y_{a,t} - b_{a,t} \tag{6.64}$$

g_0 为在 GHS 下的重力向量，$C(q'_t)$ 是由预测四元数 q'_t 描述的方向余弦矩阵[55]。图 6.23 为此时解算出的位移运动曲线。

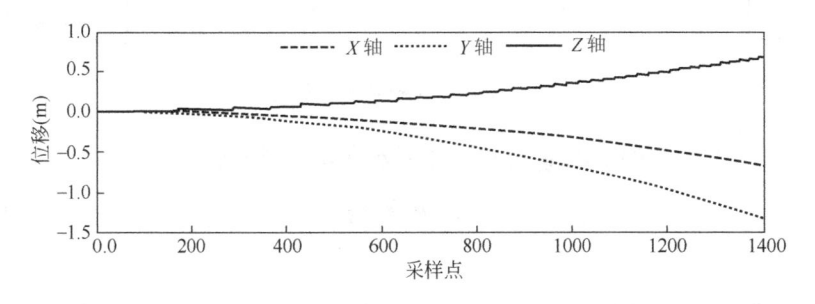

图 6.23 静止时加速度积分后的位移量

$$C(\boldsymbol{q}_t') = (q_{4,t}^2 - \boldsymbol{e}^\mathrm{T}\boldsymbol{e})\boldsymbol{I}_3 + 2\boldsymbol{e}^\mathrm{T}\boldsymbol{e} - 2q_{4,t}[\boldsymbol{e}_t'] \quad (6.65)$$

其中，$\boldsymbol{e}_t = [q_{1,t}, q_{2,t}, q_{3,t}]^\mathrm{T}$，$[\boldsymbol{e}_t']$ 为 $\boldsymbol{e}_t$ 的交叉乘积算子。虽然此时能计算出相关的位移参量，但由图 6-23 曲线可知，由于加速度传感器存在的偏移和噪声的干扰，所以很难计算出较为准确的数据，而且积分过程会不断助长误差，所以此时的运动位移并不准确，具有较大的数据漂移，仍需要对其进行滤波处理。此处我们采用互补 Kalman 滤波器对位移参量进行融合滤波处理。整体解算策略如图 6.24 所示。

首先建立状态误差模型和测量模型：

$$\delta\boldsymbol{x}_t = \boldsymbol{P}_t\delta\boldsymbol{x}_t + \boldsymbol{u}_t \quad (6.66)$$

$$\delta\boldsymbol{z}_t = \boldsymbol{M}\delta\boldsymbol{x}_t + \boldsymbol{n}_t \quad (6.67)$$

$$\boldsymbol{Q} = E(\boldsymbol{u}_t, \boldsymbol{u}_t^\mathrm{T}) \quad (6.68)$$

$$\boldsymbol{R} = E(\boldsymbol{n}_t, \boldsymbol{n}_t^\mathrm{T}) \quad (6.69)$$

$$\delta\boldsymbol{x}_t = \begin{bmatrix} \delta\boldsymbol{q}_t^\mathrm{T} & \boldsymbol{b}_{g,t}^\mathrm{T} & \delta\boldsymbol{S}_t^\mathrm{T} & \delta\boldsymbol{v}_t^\mathrm{T} & \boldsymbol{b}_{a,t}^\mathrm{T} \end{bmatrix}^\mathrm{T} \quad (6.70)$$

其中，$\boldsymbol{u}_t$ 为协方差矩阵 $\boldsymbol{Q}$ 的过程噪声；$\boldsymbol{P}_t$ 是状态转移矩阵。以人体某一节段为例，状态误差向量 $\delta\boldsymbol{x}_t$ 可由上式表示，$\delta\boldsymbol{z}_t$ 是测量误差，$\boldsymbol{n}_t$ 是协方差矩阵 $\boldsymbol{R}$ 的测量噪声，$\boldsymbol{M}_T$ 是测量矩阵。

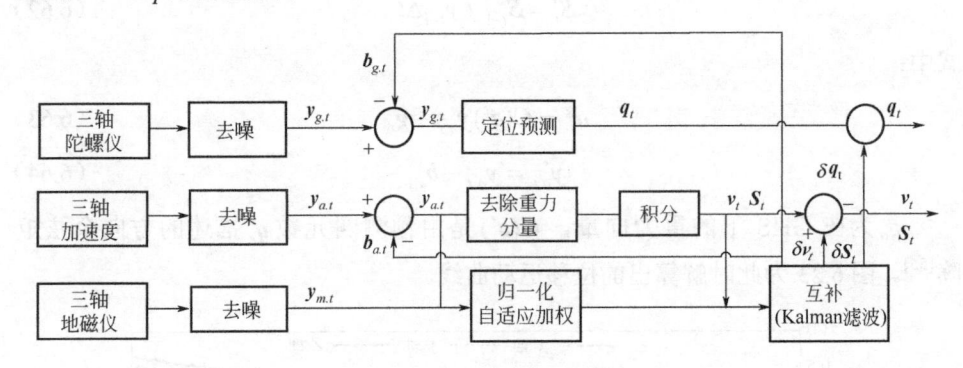

图 6.24 位移解算策略

此时真实的运动四元数 $\boldsymbol{q}_t$ 可由预测值 $\hat{\boldsymbol{q}}_t$ 和误差值 $\delta\boldsymbol{q}_t$ 来表示：

$$\boldsymbol{q}_t = \hat{\boldsymbol{q}}_t \otimes \delta\boldsymbol{q}_t \quad (6.71)$$

经处理，可以得到定位方向误差，速度误差和位移误差的实时更新值。

第 6 章 肢体动作捕捉及行为识别

$$\delta q_t = (I_3 + \Delta t[y'_{g,t}])\delta q_{t-1} - 0.5\Delta t b_{g,t-1} - u_{g,t} \quad (6.72)$$

$$\delta v_t = \delta v_{t-1} + 2\Delta t C(q'_t)[y'_{a,t}]\delta q_{t-1} + u_{a,t} \quad (6.73)$$

$$\delta S_t = \delta S_{t-1} + \Delta t \delta v_t \quad (6.74)$$

其中，$u_{g,t} = 0.5\Delta t\omega_{g,t-1}$；$u_{a,t} = C(q'_t)\omega_{a,t}$；$I_3$ 为 3×3 阶单位矩阵，$[y'_{a,t}]$ 为加速度计去除偏移后的交叉乘积算子。

对加速度和地磁矢量进行归一化，并计算出互补卡尔曼滤波的输入测量值。可以对 t 时刻定位方向、速度和位移量进行校正，校正方程如下：

$$q_t = q'_t \otimes \delta q_t \quad (6.75)$$

$$v_t = v'_t - \delta v_t \quad (6.76)$$

$$S_t = S'_t - \delta S_t \quad (6.77)$$

其中，q_t、q'_t、δq_t 分别为 t 时刻对应的定位方向的真实值、预测值及误差值；v_t、v'_t、δv_t 分别对应 t 时刻的真实速度、预测速度和误差速度；S_t、S'_t、δS_t 分别对应 t 时刻的真实位移量、预测位移量和误差位移量。最后通过 Kalman 滤波更新，可以得到最终的位移量的更新方程。

$$S_t^+ = S_t^* + K_t(\varepsilon_{p,t} - US_t^*) \quad (6.78)$$

$$S_t^* = S_t + \eta_t \quad (6.79)$$

$$\varepsilon_{p,t} = US_t + \mu_{p,t} \quad (6.80)$$

$$U = [I_3 \ -I_3] \quad (6.81)$$

其中，S_t^+ 为经过 Kalman 滤波后全局坐标下的位移；K_t 为卡尔曼增益；S_t^* 为预测位移矢量；η_t 为过程噪声；U 为测量矩阵；$u_{p,t}$ 为测量噪声；由此可以得到最终的位移量。

2．位移解算策略的精度验证

为了对算法性能进行评估，本书进行了以下实验。

首先对位移量进行评估，以脚部的节点为参考，选择传统的光学捕捉系统捕获脚部节点的位移为参考值，并将本书所设计的算法与加速度二次积分解算的位移量与光学捕捉系统测得的位移量进行比较。当人体进行走步运动时，详细的位移对比曲线如图 6.25 所示，误差曲线见图 6.26。表 6.3 详细描述了本书算法与二次积分后的误差结果对比。由验证的结果可得，本书位移解算的误差保持在 0.05m 以内，足以满足精度要求。

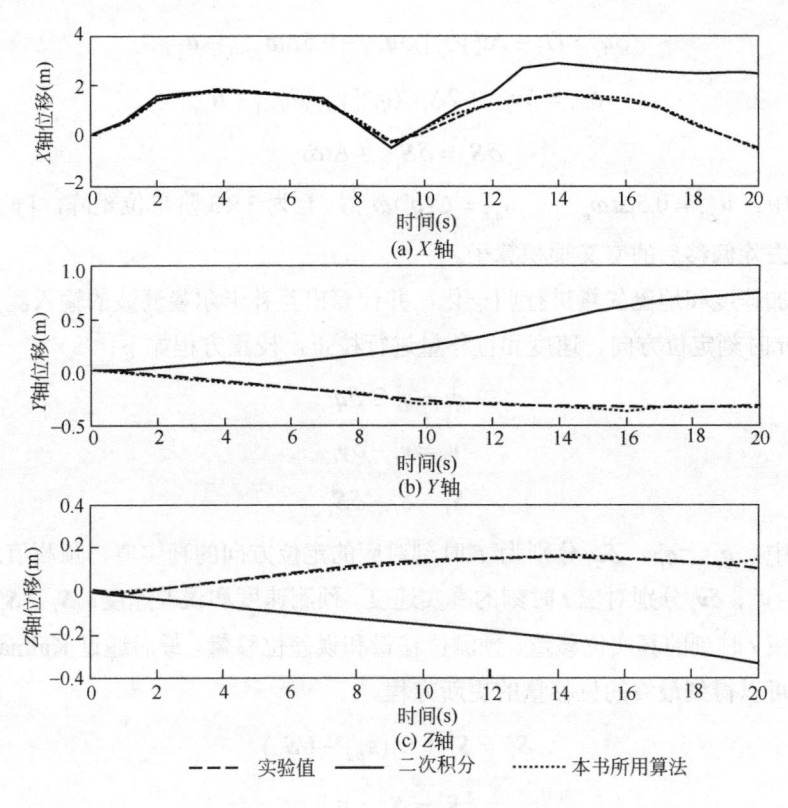

图 6.25 X、Y、Z 轴位移对比结果

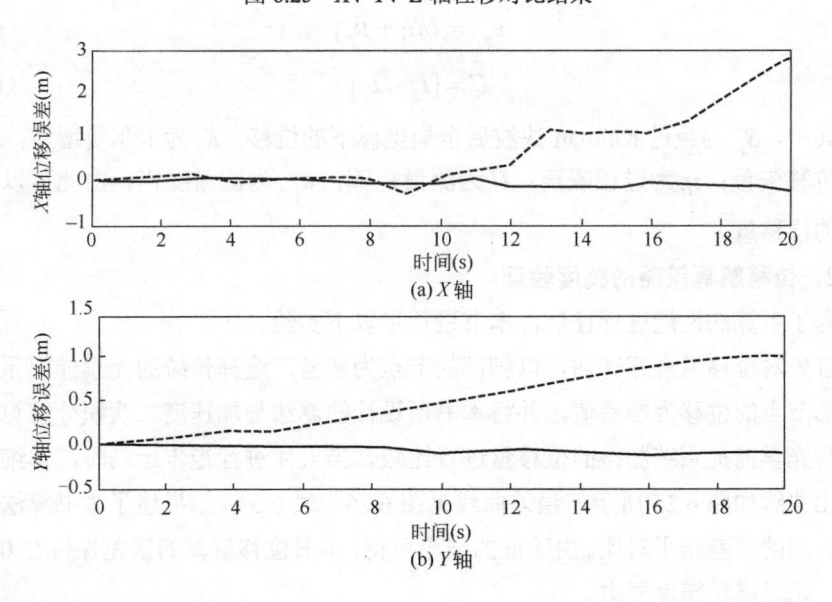

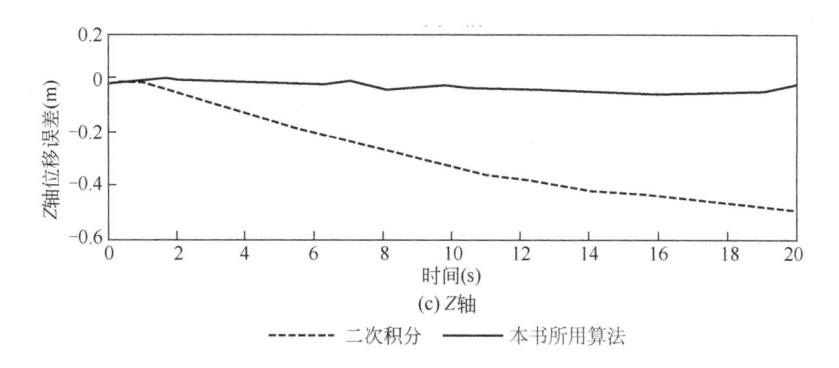

图 6.26　X、Y、Z 轴位移误差对比

表 6.3　本书算法与二次积分的位移误差对比

时间（s）		0	5	10	15	20
本书所用算法位移误差（m）	X 轴	0.00	0.02	0.02	-0.01	-0.01
	Y 轴	0.00	0.00	-0.04	0.01	0.02
	Z 轴	0.00	0.02	0.02	0.03	0.06
二次积分位移误差（m）	X 轴	0.00	0.03	0.04	1.34	3.22
	Y 轴	0.00	0.23	0.47	0.88	1.12
	Z 轴	0.00	-0.16	-0.26	-0.37	-0.42

3. 基于异构传感器的角度解算方法

传统的姿态解算策略都是在惯性导航学基础上拓展的，起初采用陀螺仪对姿态角进行积分解算，但由于受积分漂移的影响，使得解算的姿态角呈现较大的偏差，难以用于实际过程，后来又将陀螺仪和加速度结合用来解算姿态，但是由于地理磁场的影响，对航行角的解算会产生较大的漂移，图 6.27 和图 6.28 分别为通过三轴陀螺仪以及陀螺仪结合加速度计解算后的姿态角。

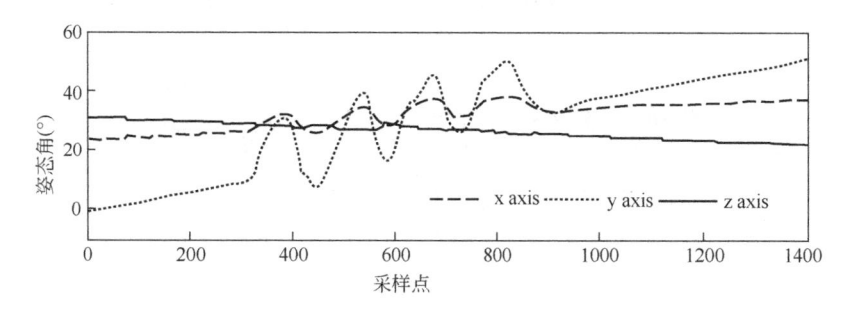

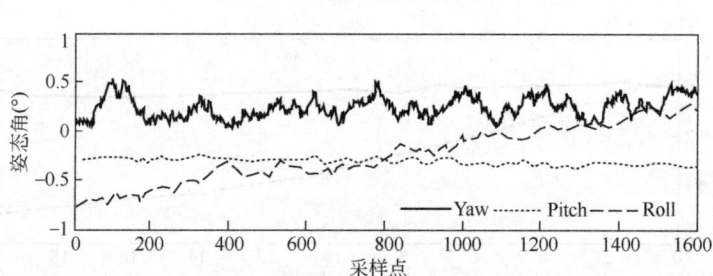

图 6.27 陀螺仪解算姿态角

图 6.28 陀螺仪联合加速度计解算的姿态角

后来又提出一种采用加速度计和地磁仪来解算姿态角数据的方法，但由于通过加速度计和地磁仪解算的姿态动态响应较差，对噪声振动敏感，所以在对运动节点的角度进行解算过程中，需要融合陀螺仪的反馈数据，来提高姿态稳定性。

融合过程先通过 FAQ 算法，对加速度计和地磁仪预处理后的数据进行联合解算，得出初始的姿态角。为了避免出现奇异值，将欧拉角转化为四元数 q_0、q_1、q_2、q_3，并将其作为一组参考量，然后引入互补滤波器，对姿态进行融合解算，计算出较为稳定的姿态四元数，此时解算的姿态信息已经较为准确，但在静止过程中仍然有小幅度震荡，此时将四元数转化为欧拉角的运动曲线见图 6.29。

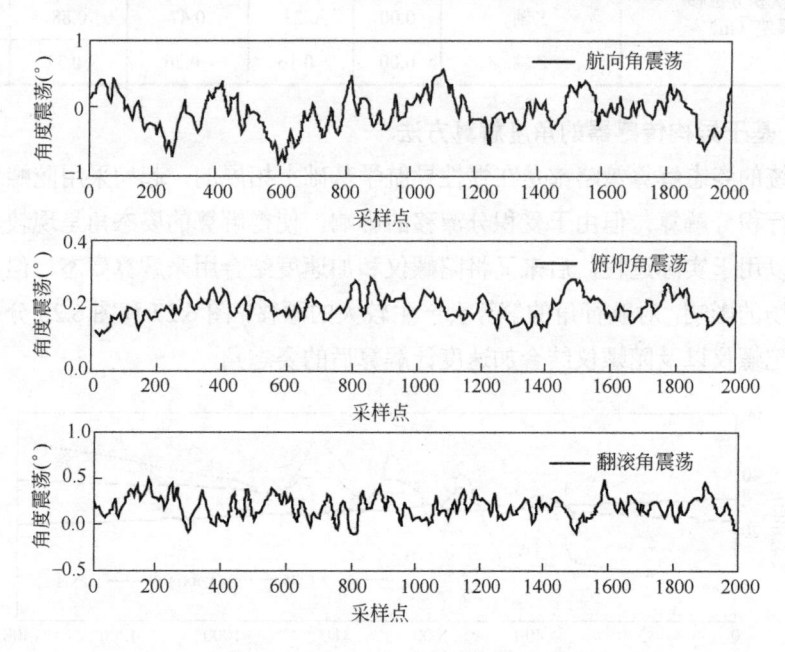

图 6.29 互补滤波后静止时的角度震荡

第 6 章　肢体动作捕捉及行为识别

为了进一步提高抗干扰性能，在此基础上，对姿态四元数进行 Kalman 滤波，提高抗扰动性能，解算策略如图 6.30 所示。

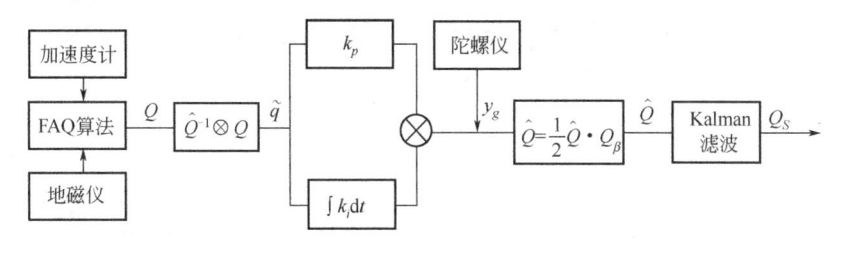

图 6.30　角度解算策略

解算过程中，定义全局坐标系到人体坐标系的姿态四元数 $Q=[q_0,q_1,q_2,q_3]$，设四元数误差量为

$$\tilde{Q} = \hat{Q}^{-1} \cdot Q = \begin{bmatrix} \hat{q}_0 & q_0 + \hat{q}^{\mathrm{T}} & q \\ \hat{q}_0 & p - q_0 & \hat{q} - \hat{q} \times q \end{bmatrix} = \begin{bmatrix} \tilde{q}_0 \\ \tilde{q} \end{bmatrix} \tag{6.82}$$

其中，$q = \begin{bmatrix} q_1 & q_2 & q_3 \end{bmatrix}$。四元数互补滤波算法可由式（6.83）表示：

$$\dot{\hat{Q}}^g = \frac{1}{2}\hat{Q} \cdot Q_\beta \tag{6.83}$$

$$\beta = y_g - b_g + k_p \tilde{q} \tag{6.84}$$

式中，$\dot{\hat{b}} = -k_i \dot{\tilde{q}}$；$Q_\beta = \begin{bmatrix} 0 \\ \beta \end{bmatrix}$；$y_g$ 为陀螺三轴输出；b_g 为陀螺仪计算出的漂移；$k_p > 0$，$k_i > 0$。此时由互补滤波器可以解算出此刻的四元数形态的姿态角，由于此刻的信号仍存在细微误差，所以通过模型与测量噪声矩阵 Q 和 R，进一步用 Kalman 滤波器进行信号的校正。Q 和 R 的矩阵形式如下：

$$Q = \begin{bmatrix} q\_acc & 0 \\ 0 & q\_gyro \end{bmatrix} \tag{6.85}$$

$$R = \begin{bmatrix} r\_meas \end{bmatrix} \tag{6.86}$$

实验过程中，根据信号的调试情况，可以确定 $q\_acc=0.001$，$q\_gyro=0.003$，$r\_meas=0.001$，则 K 时刻最优姿态角递推公式为

$$\hat{q}_k = \Phi_{k,k-1} \hat{x}_{k-1} + K(y_k - C_k \hat{x}_{k|k-1}) \tag{6.87}$$

其中，$\pmb{\Phi}_{k,k-1}$ 为状态转移矩阵；K 为 Kalman 滤波器的增益；C_k 为测量矩阵，且初始值 $\hat{x}_0 = \hat{x}_{0|0} = \hat{x}_0$。经过 Kalman 滤波后，可以得到最优的估计角度。通过四元数与欧拉角的转化可以得到 Kalman 滤波后的欧拉角，此时的姿态角与互补滤波相比，其震荡较小，如图 6.31 所示。

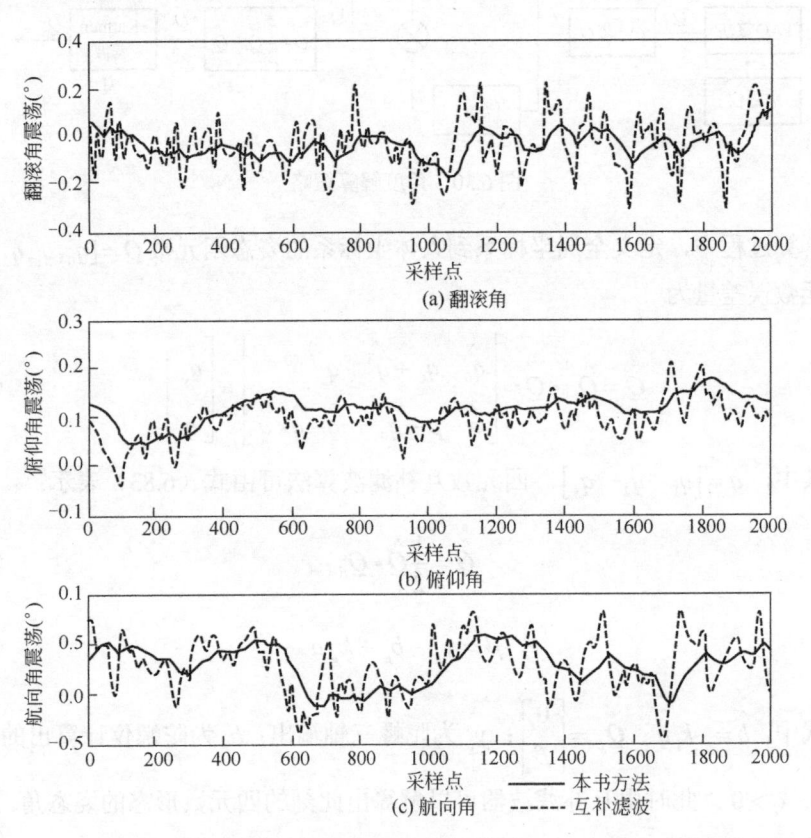

图 6.31 经过 Kalman 滤波与互补滤波的 X、Y、Z 轴姿态对比

4. 基于异构传感器的角度解算实验对比

对角度特征进行评估时，由于我们采用的算法最终是以四元数来表示角度的，但由于四元数直观性不强，不利于验证，故通过四元数与欧拉角的转换关系将其转化为欧拉角，并以实验室配备的多轴电机调试平台为对象，将传感器各轴向旋转的角度通过电机转动的角度表示出来，并以此作为参考，将所用算法测得的特征量与参考量和常用的互补滤波测得的特征量相比较，图 6.32 为解算角度的对比结果。表 6.4 为不同算法的解算角度对比结果。图 6.33 为误差曲线。表 6.5 对本书算法和互补滤波的解算角度误差进行了详细对比。图 6.34 为将欧拉角转化

为四元数后，本书算法与互补滤波的解算对比结果。由验证的结果可得，运动角度的解算误差保持在 1°左右，且算法在动态情况下精度高于传统互补滤波算法，具有一定的参考价值。

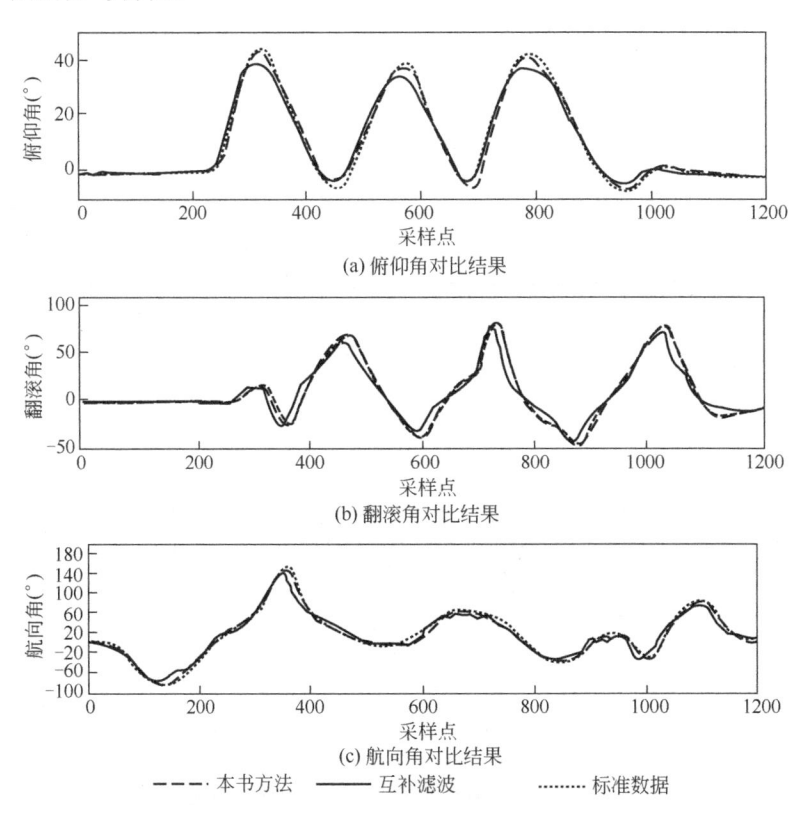

(a) 俯仰角对比结果

(b) 翻滚角对比结果

(c) 航向角对比结果

----- 本书方法 ——— 互补滤波 ········· 标准数据

图 6.32 俯仰角、翻滚角、航向角对比结果

表 6.4 不同算法的解算角度对比结果

采样点数	互补滤波（°）			本书方法（°）			标准数据（°）		
	Yaw	Pitch	Roll	Yaw	Pitch	Roll	Yaw	Pitch	Roll
0	0	0	0	0	0	0	0	0	0
200	-42.11	2.14	-5.21	-43.23	2.16	-4.96	-43.72	2.17	-4.86
400	-61.62	8.17	11.33	-63.12	8.24	10.65	-62.91	8.24	10.57
600	-23.12	20.15	-28.73	-20.31	22.27	-33.24	-20.11	23.85	-32.92
800	-4.13	35.28	-15.83	-7.14	38.24	-20.41	-6.97	38.22	-21.32
1000	-2.13	4.96	-61.95	-4.33	4.15	-62.31	-4.11	4.17	-62.54

(a) 仰俯角误差对比

(b) 翻滚角误差对比

(c) 航向角误差对比

----- 互补滤波　　　——— 本书方法

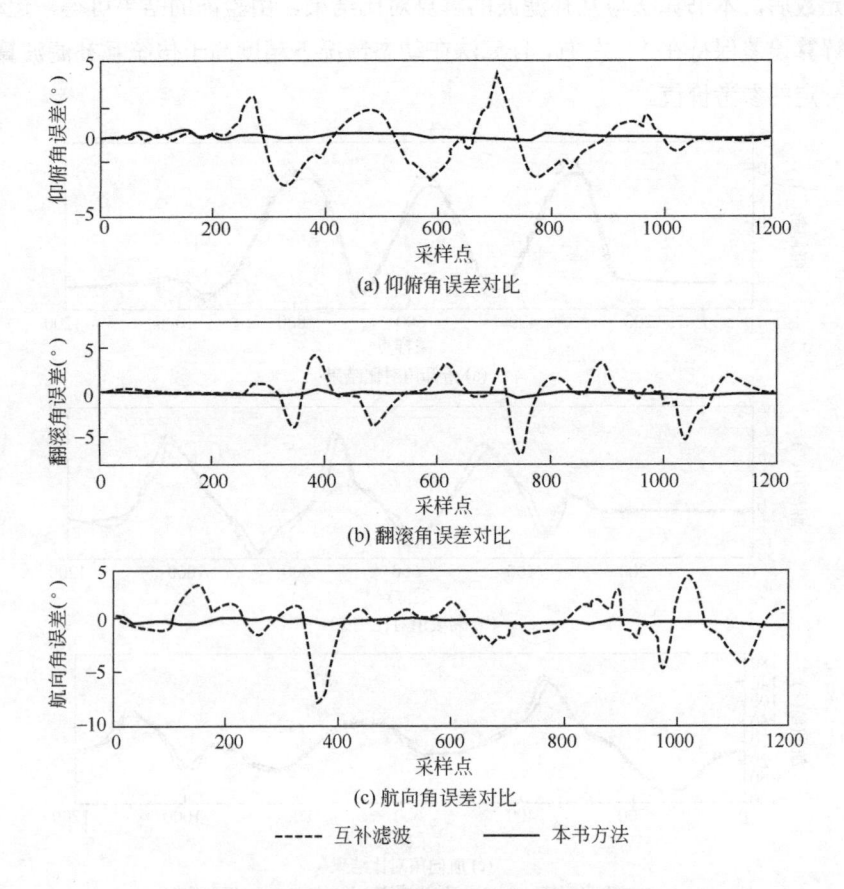

图 6.33　俯仰角、翻滚角、航向角误差对比

表 6.5　本书算法与互补滤波的解算角度误差对比

采样点数	互补滤波误差（°）			本书算法的误差（°）		
	Yaw	Pitch	Roll	Yaw	Pitch	Roll
0	0	0	0	0	0	0
200	1.58	−0.02	−0.33	0.48	−0.02	−0.21
400	1.28	−0.07	0.77	−0.22	−0.03	0.12
600	−3.01	−3.71	−4.18	−0.25	0.56	−0.32
800	2.83	−2.93	5.48	0.14	0.22	0.92
1000	1.97	0.81	0.62	−0.21	0.06	0.24

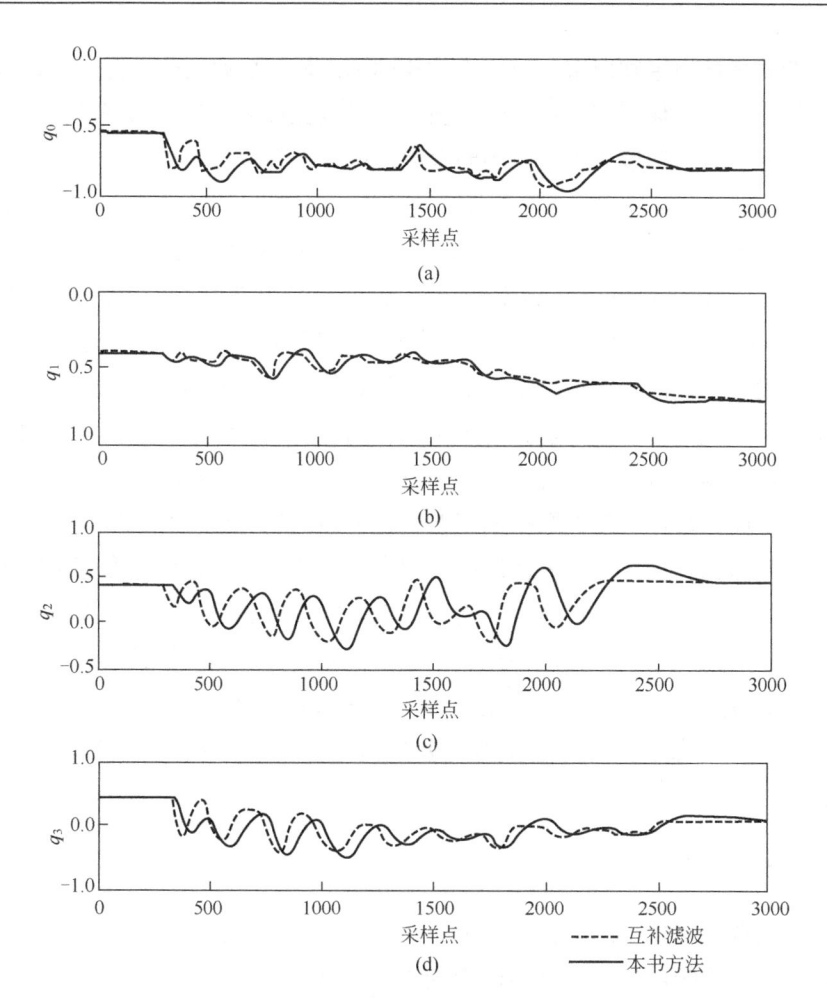

图 6.34　本书算法与互补滤波解算后的四元数对比结果

6.3　肢体行为的行为识别

　　肢体动作数据的获取主要通过两种方式[39]：一种是利用彩色摄像头或是其他种类的摄像头录取图像信息；另一种是使用惯性传感器配合可穿戴设备采集动作过程中加速度、角速度变化等。

　　传统上肢体动作识别是基于视频图像信息实现的，包含数字图像处理、模式识别等多项技术的融合应用。针对图像处理和识别过程的算法有很多种，但整体的识别过程一致，即通过摄像头采集人体动作信息，利用不同的图像处理方法将人体从背景环境中区别出来，辨别人体轮廓和部位，提取人体关键特征，最后根据帧与帧之间的变化识别人体动作。虽然计算机在很大程度上加强了图像处理的硬件和软件，处理速度和方法也不断改善，但对图像数据的处理仍然受很多因素影响，例如，拍摄环境中的光照条件、拍摄目标和拍摄环境的相似程度、拍摄目标受遮挡情况等，使得获取的图像数据信息含量不够，进而导致识别错误或出现无法识别的情况。基于图像的动作识别结合特定的肢体模型获取人体特征时，常需特定空间环境和拍摄角度来采集图像数据，设备安装过程复杂而且便携性差。

加速度计用于测量物体的受力情况，陀螺仪用于测量物体运动过程中速度情况，结合加速度和角速度可以分析一个物体当前的运动姿态。同时利用无线传输实现传感器数据上传到计算机，可以做更多灵活的动作，消除有线传输的动作局限。相比于图像数据，惯性数据的获取过程更加直观明显，通过将惯性传感器配合穿戴在肢体的关键部位，人在运动过程中引起的加速度、角速度变化即可反映佩戴部位的肢体位移。惯性传感器随微机电系统（MEMS）的快速发展实现微型化和高度集成化，小体积、低功耗、低成本，使得利用惯性传感器获取运动学参数更加方便快捷。惯性传感器也有其局限性，人体肢体动作变化快、幅度小时，传感器出现输出数据噪声大、实时性差的情况，单一的传感器无法实现准确的辨识。

6.3.1 手语识别

手语是聋哑人使用的语言，是用手形动作辅之以表情姿势、由符号构成的比较稳定的表达系统，是一种靠动作/视觉交际的语言。

手语识别的研究目标是让机器"看懂"聋哑人的语言。这里"看懂"有两种含义，一种是将聋哑人的语言逐词逐句地转换为相应的书面语言（即文字）；另一种是对聋哑人语言中所包含的要求或询问做出正确的响应。手语识别和手语合成相结合，构成一个"人-机手语翻译系统"，可以方便聋哑人之间、聋哑人与正常人之间以及聋哑人与计算机之间的交流。

最初进行自动手语识别的尝试始于20世纪90年代，中国手语按照历史的发展可以分为两类[40]，手势语和手指语。手指语是从字母语言发展起来的，用一个指式代表一个汉语拼音字母，按照汉语拼音方案拼成普通话；而手势语则是由象形语言发展起来的，其充分利用人的手势表情和身体动作形象地表达物体与行动的最基本特征。

从手语输入设备来看，手语识别系统主要分为基于数据手套的和基于视觉的手语识别系统。台湾大学的 Liang 等利用单个 VPL 数据手套作为手语输入设备，可识别台湾手语课本中的 250 个基本词条，识别率为 90.5%。Starner 与 Pentland 的美国手语识别系统利用摄像机作为手语输入设备可以识别美国手语中带有词性的 40 个词汇随机组成的短句子，识别率为 99.2%。Vogler 与 Metaxas 的美国手语识别系统交互采用一个位置跟踪器及 3 个垂直放置的摄像机作为手势输入设备，完成了 53 个孤立词的识别，识别率为 89.9%。对于具有时空并发性的手语的识别，宜采用数据手套作为输入设备。因为与摄像机相比，数据手套采集的数据简洁，准确利用数据手套易获取表明手语时空特性的特征，如手指关节运动信息等，数据手套采集的数据不受光照等环境变化的影响。

从识别技术来看，以往手语识别系统主要采用神经网络及 HMM（Hidden Markov Model）等[41]方法。神经网络方法具有分类特性及抗干扰性，然而由于其处理时间序列的能力不强，因而目前广泛用于静态手势的识别。著名的 Fels 的 GloveTalk 系统采用神经网络方法作为识别技术。对于分析区间内的手语信号，通常采取 HMM 方法进行模型化。HMM 是众所周知并广泛使用的统计方法，一般拓扑结构下的 HMM 具有非常强的描述手语信号的时空变化能力，在动态手势识别领域一直占有主导地位。然而正是由于 HMM 拓扑结构的一般性，导致这种模型在分析手语信号时过于复杂，使得 HMM 训练和识别计算量过大。尤其是在连续的 HMM 中，由于需要计算大量的状态概率密度，需要估计的参数个数较多，使得训练及识别的速度相对较慢。因而以往手语识别系统所采用的 HMM 一般为离散 HMM。

根据第一节介绍的手势识别方法进行授予识别试验，一个实时可用的手语识别系统显然是需要针对非特定人群的。每个人由于自身的体型以及习惯等差异，打出的同一个手语也可能存在很大差异。本书邀请几位身高、体型存在明显差异的同学，在 Kinect 摄像机前打出多组相同的手语。

图 6.35 是两个不同的手语者在不同时间打出的相同手语"毕业证书"的系统运行截图。

图 6.36 是两个不同的手语者在不同时间打出的相同手语"一亿"的系统运行截图。

图 6.37 是两个不同的手语者在不同时间打出的相同手语"医生"的系统运行截图。

(a) 中间的动作　　　　　　　　(b) 中间的动作

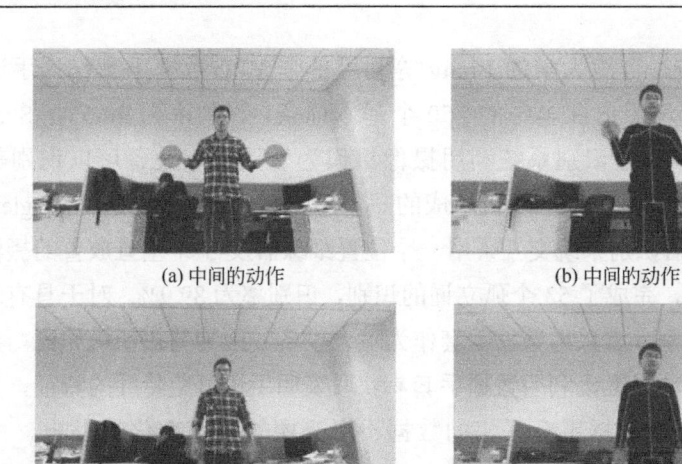

(c) 识别结果　　　　　　　　(d) 识别结果

图 6.35　两个不同手语者打"毕业证书"

(a) 中间的动作　　　　　　　　(b) 中间的动作

(c) 识别结果　　　　　　　　(d) 识别结果

图 6.36　两个不同手语者打"一亿"

通过图 6.35、图 6.36 以及图 6.37 的对比可以发现，本书的手语识别系统对非特定手语者打出的相同手语有着良好的识别结果，即使在复杂背景下，也能在 0.5s 内识别出手语，实时性非常好。对比图 6.35（a）和图 6.35（b）我们可以看到，同一个手语动作在不同的手语者之间会存在着显著差异。图 6.35（c）和图 6.35（d）展示了同样的手语动作由不同手语者打出，识别的时间差相差超过了 200ms。这是因为本书采用了多级分类的方法，由于有的手语者打出的手语并不规范，进行轨迹匹配时，最优距离与次优距离的比值并没有达到设定的阈值，因此需要到二级匹配才能识别成功。图 6.36（c）、（d）以及图 6.37（c）、（d）表明即使不同手语者，只要打出的手语是规范的，那么手语识别时间相差不大，也表明了算法的稳定性。

(a) 中间的动作

(b) 中间的动作

(c) 识别结果

(d) 识别结果

图 6.37 两个不同手语者打"医生"

6.3.2 肢体动作行为识别

人体行为识别是一种通过获取和分析人体行为相关信息，判断人体行为状态的技术。人体行为识别技术的应用十分广泛[42]，通过获知人体基础的行为活动，该技术能够为运动追踪、健康监测、老年人监护、复杂行为识别、辅助工业制造、人机交互、增强现实、室内定位及导航、城市化计算等众多领域的研究和应用提供人体相关信息，因此受到研究人员的广泛关注。在其中一些领域，人体行为识别技术已经得到了较为广泛的应用[43,44]。例如，在健身领域，通过追踪人体运动强度和持续时间，能够帮助用户了解运动时间、热量消耗等信息，制订合理的健身计划；在老年人监护方面，通过监测跌倒等异常行为实现自动报警，能够避免意外发生带来的更大伤害；在医护领域，通过分析病人的恢复训练情况，能够为进一步的治疗提供帮助。

人的肢体运动随着时间的变化有着不同的含义，一般来说，对于持续时间较短的运动称为动作，它是运动的最基本单元，是形成复杂行为的基础，如迈步。而对于持续时间较长的动作序列表现为行为，反映了一个人的运动的目的性，如徘徊。一个人的行为是相对复杂、高级的运动，目前人的运动的研究大都集中在人的行为识别中。

随着人行为识别研究的深入，大量的识别算法被提出，如 Qian 提出了建立运动能量图轮廓编码的方法、凌志刚提出的基于张量子空间学习的人行为识别方法、Bobick 和 Davis[45]将图像序列转换成运动能量图像（MEI）和运动历史图像（MHI）进行识别、Behrous[46]提出的采用时空距离的度量方式进行动作序列匹配、杜友田等提出的基于多层动态贝叶斯网络的人的行为多尺度分析及识别方法、钱方提出的基于抽象隐马尔科夫模型的运动行为识别方法、谷军霞提出的基于人体行为 3D 模型的 2D 行为识别方法。这些方法大都采用了时序模型来表达行为信息，如基于人体行为 3D 模型的 2D 行为识别方法，在学习行为分类器时，以 3D 占据网格表示行为样本，提取人体 3D 关节点作为描述行为的特征，为每一类行为训练一个基本范例的隐马尔科夫模型[47]，同时从 3D 行为样本中选取若干帧作为 3D 关键姿态集，以此集合作为连接 2D 观测样本和人体 3D 关节点特征的桥梁，进而用于 2D 行为识别，采用具有级联形式的抽象隐马尔科夫模型建立人的运动模型，使用期望最大化算法分别学习抽象隐马尔科夫模型的观测模型和状态转移模型，并采用具有较高计算效率的粒子滤波近似推理方法识别人运动的时空序列。

本书首先以走步，通过动作捕捉平台导出实时的 BVH 动作捕捉数据，总计 344 帧数据，对该数据帧进行动作还原，以验证其捕捉效果，其还原效果如图 6.38 所示。

同理，以跑步和坐下运动为例，通过动作捕捉平台导出了实时 BVH 动作捕捉数据，总计分别为 713 帧跑步数据和 2980 帧从走步到坐下运动的数据帧，通过 MATLAB 和 Visio Studio 动作捕捉验证平台对系统的捕捉精度进行了验证，图 6.39 和图 6.40 分别为奔跑与坐下休息的过程的真实还原图像。

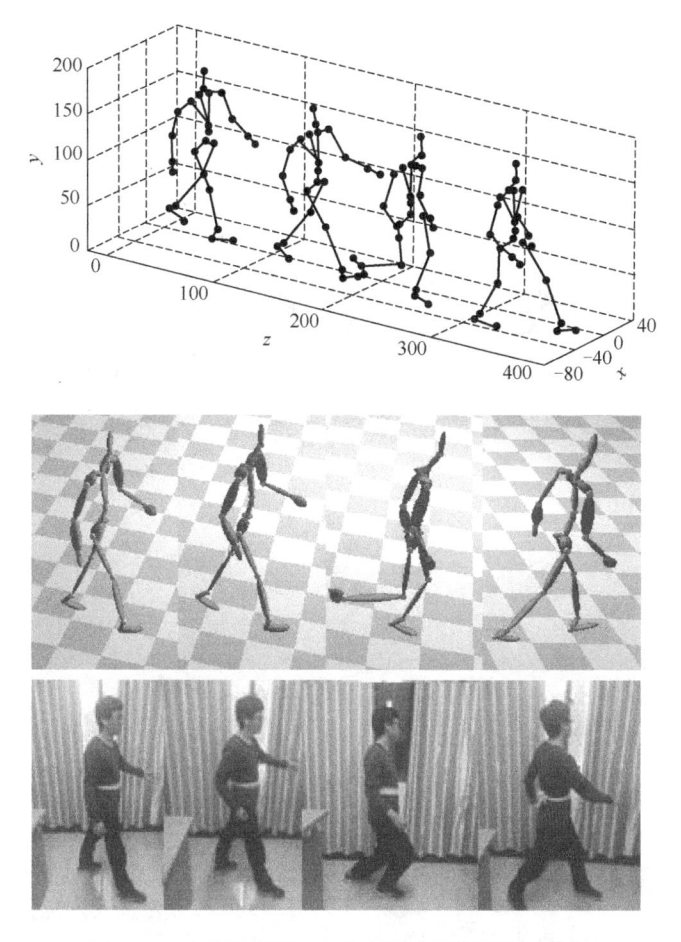

图 6.38 走步过程的 BVH 动作捕捉数据还原效果

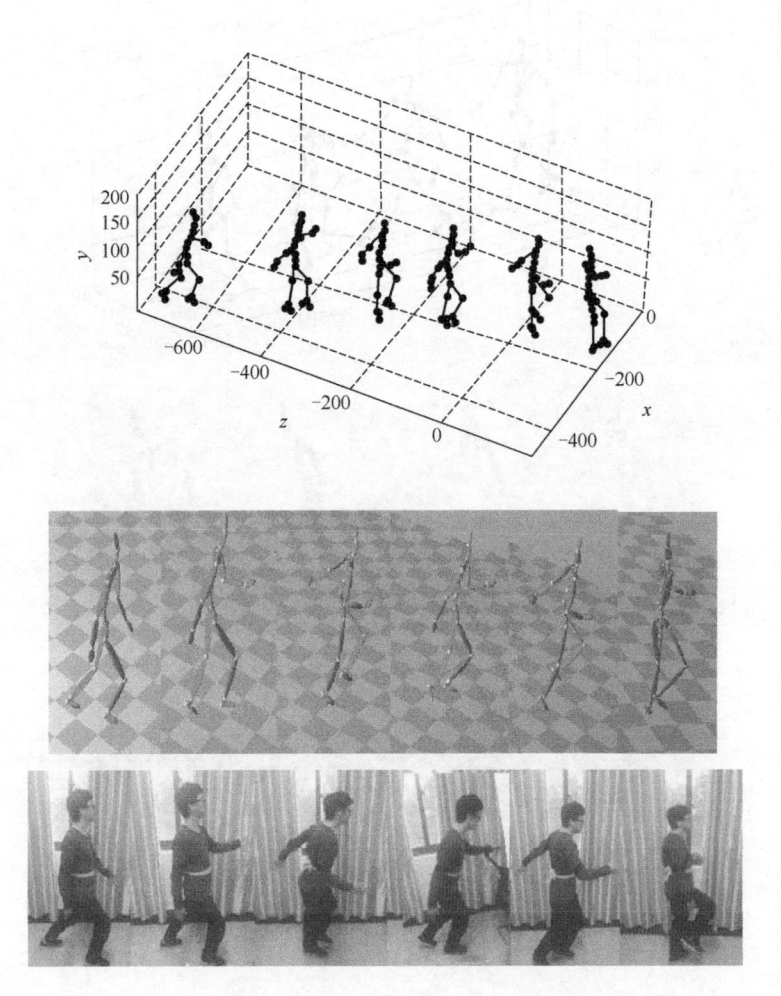

图 6.39 跑步过程的 BVH 动作捕捉数据还原效果

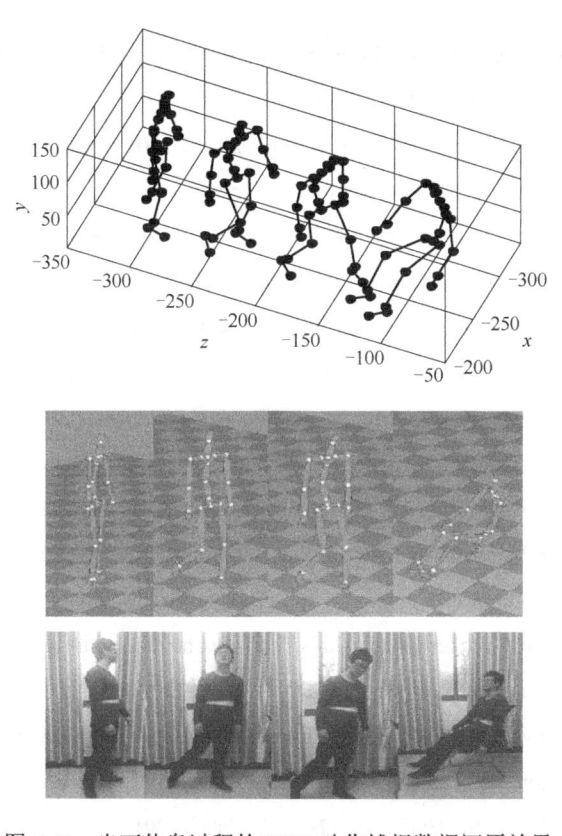

图 6.40　坐下休息过程的 BVH 动作捕捉数据还原效果

由上述的运动还原效果可以发现，6.2 节所提出的动作识别方法生成的 BVH 文件的动作还原效果基本能够对真实运动进行还原，由此可得，本书所设计的算法具有一定的参考价值，系统的性能基本能够得到保证。

参考文献

[1] Maccallum F J. Animal Locomotion [J]. Canadian Veterinary Journal, 1969, 10 (8): 222.

[2] TB Moeslund, E Granum. A survey of computer vision-based human motion capture [J]. Computer Vision and Image Understanding, 2001, 81 (3): 231-268.

[3] K Cho. Computer Vision and Image Understanding [J]. Machine Learning and Data Mining Methods and Application, 2002, 72 (2): 143-162.

[4] Wang Liang, Hu Weiming, Tan Tieniu. Recent developments in human motion analysis [J]. Pattern Recognition, 2003, 36 (3): 585-601.

[5] Collins R, Lipton A, Kanade T, et al. A system for video surveillance and monitoring [C]. In:

American Nuclear Society (ANS) Eighth International Topical Meeting on Robotics and RemoteSystems, Pittsburgh, PA, 1999.

[6] S Ali, M Shah. Airborne Intelligence, Surveillance, Reconnaissance (ISR) Systems and Applications [C]. COCOA-Tracking in Aerial Imagery, SPIE, 2006.

[7] Shreiner D. Open G L. 编程指南: 第7版 [M]. 北京: 机械工业出版社, 2010: 93-96.

[8] Cucchiara R, Grana C, Piccardi M, et al. Improving shadow suppression in moving object detection with HSV color information [J]. Intelligent Transportation Systems, 2002, 12 (4): 334-339.

[9] Huo F, Hendriks E, Paclik P, et al. Markerless human motion capture and pose recognition [J]. Workshop on Image Analysis for Multimedia Interactive Services, 2009: 13-16.

[10] Sigal L, Black M J. HumanEva: Synchronized Video and Motion Capture Dataset for Evaluation of Articulated Human Motion [R]. Technical Report CS-06. 08, 2006.

[11] Loy G, Eriksson M, Sullivan J. Monocular 3D reconstruction of human motion in long action sequences [C]. European Conference on Computer Vision, 2004: 11-14.

[12] R Kehl, Gool L V. Markerless tracking of complex human motions from multiple views [J]. Computer Vision and Image Understanding, 2006: 190-209.

[13] Kim Doang Nguyen, I-Ming Chen, Zhiqiang Luo, et al. A Wearing Sensing System for Tracki-ng and Monitoring of Functional Arm Movement [J]. IEEE/ASME TRAN SACTIONS ON M-ECHATRONICS. VOL. 16. N0, 2, April, 2011.

[14] 饶勇. 基于传感网络的人体动作捕获装置设计与实现 [D]. 成都: 电子科技大学, 2013.

[15] 肖伯祥. 运动捕捉数据处理、检索与重构方法研究 [D]. 大连: 大连理工大学, 2009.

[16] Roetenberg D, Luinge H J, Baten C T M, et al. Compensation of magnetic disturbances imp-roves inertial and magnetic sensing of human body segment orientation[J]. IEEE Trans on Ne-ural System and Rehabilitation Engineering, 2005, 13 (3): 395-405.

[17] Roetenberg D. Inertial and Magnetic Sensing of Human Motion [D]. Netherlands: University of Twente, 2006.

[18] Xiaoping Yun, Eric R Bachmann. Design, implementation and experimental results of a quate-rnion-based kalman filter for human body motion tracking[J]. IEEE Trans on Robotics, 2006, 22 (6): 1216-1227.

[19] Yun Xiaoping, Bachmann E R, McGhee R B, A simplified quaternion-based algorithm for orientation estimation from earth gravity and magnetic field measurements [J]. IEEE Trans on Instrumentation and Measurement, 2008, 57 (3): 638-650.

[20] Cheng L, Hailes S, Chen Z, et al. Compressed Inertial motion data in wireless sensing system-an

initial experiment [C]. Proceeding of 5th International Workshop on Wearable and Implantable Body Sensor Networks (BSN'08), Washington, 2008: 293-296.

[21] Wu C H and Tseng Y C. Data compression by temporal and sptial correlations in a body-area sensor network: a case study in pilates motion recognition [J]. IEEE Trans actions on Mobile Computing, 2011, 10 (10): 1459-1472.

[22] TAN W, LI W, ZHENG Y, et al. A physical game based on wireless sensor networks [J]. International Journalof Distributed Sensor Networks, 2009, 5 (1): 68.

[23] WANG Z, ZHAO C, QIU S. A system of human vital signs monitoring and activity recognition based on body sensor network [J]. Sensor Review, 2014, 34 (1): 42-50.

[24] WANG Z, QIU Sen, CAO Z, et al. Quantiative assessment of dualgait analysis based on inertial sensors with bodysensor net-works [J]. SensorReview, 2013, 33 (1): 48-56.

[25] 向泽锐, 支锦亦, 徐伯初, 等. 运动捕捉技术及其应用研究综述 [J]. 计算机应用研究, 2013, 30 (8): 2241-2245.

[26] NESBIT S. A three- dimensional kinematic and kinetic study of the golf swing [J]. Journal of Sports Science and Medicine, 2005, 4 (4): 499-519.

[27] Paolo Baerlocher. Inverse Kinematics Techniques for the Interactuve Posture Control of Artic-ulated Figures [D]. Cole Polytechnique Fdralde Lausanne (EPFL), 2001.

[28] 邵未, 张倩, 孙守迁. 面向编钟乐舞的运动捕捉技术的研究 [J]. 系统仿真学报, 2003, 15 (3): 350-352.

[29] Li Guang, Wu Zheng, Meng Xiao-li, et al. Modeling of Human Body for Animation by Micro-sensor Motion Capture [C]. 2009 Second International Symposiumon Knowledge Acquisition and Modeling, America, 2009: 99-101.

[30] Sun S, Meng X, Ji L, Wu J, Wong W. Adaptive sensor data fusionin motion capture [C]. In Proc. 13th Int. Conf. Inf. Fusion, Edinburgh, U. K., 2010, pp. 1-8.

[31] Choukroun D, Bar-Itzhack I Y, Oshman Y. Novel quaternion Kalman filter [J]. Aerospace & Electronic Systems IEEE Transactions on, 2002, 42 (1): 174-190.

[32] Li Y, Dempster A, Li B, et al. A low-cost attitude heading reference system by combination of GPS and magnetometers and MEMS inertial sensors for mobile applications [J]. Journal of Global Positioning Systems, 2006, 5 (1/2): 88-95.

[33] Cai Mei-ling. 3D Human Motion Analysis and Action Recognition [D]. Central SouthUniversity. 2013.

[34] 赵海勇, 赵志竟, 张浩. 基于模板匹配的日常行为识别 [J]. 湖南大学学报 (自然科学

版），2011，38（2）：87-92.

[35] Chen D, Malkin R, Yang J. Multimodal detection of human interaction events in a nursing home environment [C]. Proceedings of the 6th international conference on Multimodal interfaces. ACM, 2004: 82-89.

[36] Suk T, Flusser J. Affine moment invariants generated by graph method [J]. Pattern Recognition, 2011, 44（9）：2047-2056.

[37] 李新仕，王天江，刘芳. 基于高斯混合模型的视频运动对象自动分割算法 [J]. 计算机科学，2009，36（1）：205-207.

[38] Riedhammer K, Bocklet T, Ghoshal A, et al. Revisiting semi-continuous hidden Markov models [C]. Acoustics, Speech and Signal Processing (ICASSP), 2012 IEEE International Conference on. IEEE, 2012: 4721-4724.

[39] 田见光，赵荣椿. 基于连续隐马尔科夫模型的步态识别 [J]. 中国图象图形学报，2006，11（6）：867-871.

[40] Ikizler N, Duygulu P. Histogram of oriented rectangles: A new pose descriptor for human action recognition [J]. Image and Vision Computing, 2009, 27（10）：1515-1526.

[41] 杨中. 基于视频图像的混合手势识别研究 [D]. 浙江：浙江大学，2013.

[42] Mairal J, Bach F, Ponce J, et al. Online learning for matrix factorization and sparse coding [J]. The Journal of Machine LearningResearch, 2010, 11: 19-60.

[43] Benenson R, Mathias M, Timofte R, et al. Pedestrian detection at 100 frames per second [C]. Computer Vision and Pattern Recognition (CVPR), 2012 IEEE Conference on. IEEE: 2903-2910.

[44] Qin Y-H, Li H-L, Liu G-H, et al. Human action recognition using PEM histogram [C]. Computational Problem-Solving (ICCP), 2010 International Conference on. IEEE: 323-325.

[45] Merler M, Huang B, Xie L, et al. Semantic model vectors for complex video event recognition [J]. Multimedia, IEEE Transactions on, 2012, 14（1）：88-101.

[46] Wang Y, Mori G. Hidden part models for human action recognition: Probabilistic versus max margin [J]. Pattern Analysis and Machine Intelligence, IEEE Transactions on, 2011, 33（7）：1310-1323.

[47] Chang C-C, Lin C-J. LIBSVM: a library for support vector machines [J]. CM Transactions on Intelligent Systems and Technology (TIST), 2011, 2（3）：27.

[48] Oikonomopoulos A, Patras I, Pantic M. Spatiotemporal localization and categorization of human actions in unsegmented image sequences [J]. Image Processing, IEEE Transactions on, 2011, 20（4）：1126-1140.

第7章　面部特征识别与表情理解

　　对人际交往而言，除了自然语言、肢体动作以外，面部表情也是一种独特而重要的信息传递方式。面部表情往往能够传达很多语言所不能传达的东西。面部表情可以分为宏观表情和微观表情，宏观表情是人们在常规状态下展示出的面部信号；而微观表情则是短暂的、潜在的表情，这种表情通常发生在人们有意或无意地隐藏或压制他们的内心情感时。面部运动不仅反映出了情感，也反映出了其他人类情感，如社会活动和心理变化。进行面部特征识别与表情理解有助于分析人们的"隐含情感"。人脸表情是由于脸部肌肉的运动而产生的，从而导致了面部特征的变化。面部表情特征包括形状、运动、颜色、纹理等。

　　它主要应用在以下领域。

　　（1）安全领域。当前，视频摄像头已经广泛地布置在各个城市的大街小巷，为城市安全部门提供实时的现场监控。

　　（2）远程学习。随着互联网的普及，网上远程教育也迅速发展。在教学过程中，教师对学生是否完全掌握课堂的知识并不明了，而学生对课堂教师讲授的知识是否完全掌握的情况大多表现在面部区域。

　　（3）医疗领域。当医院的病人不具有语言表达或（和）行动能力时，遇到突发情况很难及时通知医护人员，由此可能造成无法挽回的结果。面部表情识别系统可以实时检测病人的表情状态，若出现异常情况系统可及时向医护人员发出警告信息。

　　人脸表情分析、检测和识别是计算机与模式识别领域一项重要且富有挑战性的研究课题。无论是从图像中定位出脸部，还是在图像中识别出少数有效的孤立物体，这些都是非常复杂的。现有的人脸表情识别系统旨在能发觉和理解人类的情感状态，但这些表情通常是在不受干扰的情况下提取出来的。对观察者而言，自然的面部表情可以暗示出一种特定的情绪，然而，在实际生活中，人们可能会先模仿了别人的表情，却在最后表达出一种完全不同的情绪。为了避免结果受到影响，我们需要一种智能的计算机系统，它能根据从脸部提取到丰富的面部信息，分析表情的真实变化。尽管现有研究成果已经表明了脸部表情、情感信号和内心状态之间的关系，但是怎样让计算机更好地提取人类面部信息仍旧是一个亟待解决的问题。

人脸表情识别是采用机器和软件对人脸表情信息进行处理，提取其特征并进行分类的过程。其目的是使计算机能够根据人的表情信息，推断人的心理状态，从而实现人机之间的智能交互。一般而言，表情识别系统主要有四个基本部分组成：表情图像获取、表情图像预处理、表情特征提取和表情分类识别。目前，表情识别方法的研究主要分为两大类：一类是视频流表情分析；另一类是静态图像表情分析。视频流表情分析的主要工作是分析视频流中人脸表情的变化，视频流可以是由摄像头采集的一段视频也可以是一组静态序列图像，目前主流的研究工作是分析人脸从无表情变化到某一类表情，而不同表情之间的变化目前基本没有相关的工作。视频流表情分析会很容易受到人物脸部姿态、光照等的影响，因此对于表情图像的预处理有着非常严格的要求。同时视频流表情分析比较看重识别方法的时耗，因此在特征选取和分类器选取上有很大的局限性。静态图像表情分析在表情识别方法研究中占有重要地位，它不仅能够解决静态图像（如照片）中的表情分析问题，还能为视频流表情分析提供识别算法。近年来，有科学家提出人脸图像可能位于一个低维的非线性子流行上[1]。Chang 等[2]证明了人脸表情数据集在低维空间中具有流形的分布，可以将高维输入数据点映射到一个全局低维坐标系，既能降低数据维数、减少运算，又能很好地保留各类人脸样本的拓扑结构。续爽等[3]得出在高维空间中，个体连续的表情变化图像会形成一个光滑的流形。王健等[4]提出的局部保持主成分分析（LPPCA）算法将 LPP 与 PCA 结合，不但实现了整体方差最大化，而且保持了局部近邻结构不变。文献[5]提出一个最大局部散度差信息保持准则，并在此基础上提取出局部结构的多样性信息；文献[6]则是采用基于隐马尔科夫模型的模板匹配方法来识别视频流中的人脸表情；文献[7]中提出一种实时的表情识别方法。Wright 等[8]则通过模拟生物视觉响应机制，提出了基于稀疏编码的分类方法（SRC），并证明了 SRC 能够解决人脸识别之中的遮挡和噪声问题。

7.1 面部的精确定位

定位人脸区域是估计驾驶员面部姿势的前提。基于人脸定位在各种应用中的重要性，已有众多研究者开发了各种各样的算法，主要有基于知识的方法、基于不变特征的方法、基于外部特征的方法、基于模板的方法 4 种。因为人脸肤色在多角度下都具有相似的聚类性，可以根据人脸肤色的特征进行人脸区域大致定位，然后根据人脸轮廓采用神经网络、模板匹配、三角结构等方法进行人脸精确定位。

分析各种人脸定位方法可以看出，利用肤色特征可以在多种姿态下检测出驾驶员的面部。基于肤色的人脸定位的难点是肤色检测效果容易受到光照变化的影响，为提高不同光照下人脸检测的鲁棒性，需要对采集的图像进行一定的光照补偿，并根据经验公式对变换后的 YCbCr 值进行非线性校正。

基于肤色的人脸定位算法一般会把人的额头、颈部同时提取出来，而这两部分并不利于检测驾驶员面部姿态。因为头发的遮挡，会使相同姿态下的颈部区域并没有多大变化。而嘴唇、眼睛、肌肉纹理等脸部特征是判断人脸姿态的显著特征。因此，分析认为利用精确定位眉毛、嘴唇区域的方法可以限定人脸的上下边界，以分割额头、颈部区域。由于人脸检测应用场合的不同，在精确定位人脸时大多没有包含人耳。

综合以上各方面考虑，本章提出基于头部运动信息与颜色信息相结合的方法检测驾驶员面部位置。首先，利用运动信息及肤色模型进行人脸与定位；其次，根据眉毛、嘴唇、肌肉纹理的特征进行人脸精确定位的方法。

7.1.1 肤色混合高斯模型

生物视觉研究表明，人脸的肤色具有聚簇的特性，即整个人脸的肤色在颜色空间中的分布范围集中在一个很小的区域。基于肤色特征的人脸检测就是利用这种肤色聚簇的特性进行人脸检测的方法。Viola Paul[9]在对人脸的检测技术进行的研究中设计了肤色模型用来表征人脸颜色，该模型首先对所输入的人脸图像进行修正或者补偿等预处理操作，然后将预处理所得到的人脸图像输入事先建立好的人脸颜色分类器，将经过该分类器处理之后的分类结果输入人工神经网络中做进一步的人脸检测。Rowley[10]则采用分解颜色空间中各颜色分量的方法将人脸肤色分解到 R、G、B 各分量的分布空间中，然后在各子空间中使用高斯混合模型进行统计，统计结果为 R、G、B 各子空间的阈值。在对人脸图像进行检测时，通过上述方法将待分析图像各像素点的 RGB 值进行分解，通过比较分解所得值与事先得到的阈值来判断该像素是否为人脸像素。基于肤色特征的人脸检测方法具有对姿态变化不敏感性、检测过程相对稳定性以及程序复杂度低、实现容易、实时性好等优点，在某些适用场合应用广泛。

不同彩色空间下的人脸检测有所不同，检测效果也不尽相同。HIS 和 YCbCr 空间上的实验效果要相对理想。而 YCbCr 空间由于转换方法简单，并且能够实现亮度和色度分量比较彻底的分离，因此我们可以选择在 YCbCr 彩色空间建立肤色模型。其中 Y 指亮度，通常把 Cb、Cr 称为色度，因而实现了亮度和色度的分离，并且在 YCbCr 彩色空间中肤色的聚类特性比较好。本书在进行人脸的检测定位时就采用了该方法进行人脸的粗定位，将上一步预处理的结果作为该方法的输入值，大大减小了人脸检测的范围，提高了系统的效率。

肤色模型是指在一定颜色空间内描述肤色像素分布规律的数学模型。即用一种查找表的或代数的（解析的）方式来表达哪些像素的颜色属于肤色范畴，或表示某一像素的颜色与皮肤颜色的近似程度。在本书中主要研究静态图片的肤色检测，以下主要简单介绍静态模型的肤色分布模型。对静态图像中的肤色区域进行检测的方法可分为两类：基于统计模型的方法和基于物理的方法。其中，基于统计模型的方法是先建立肤色的统计模型，再用此模型对图像中的皮肤区域进行检测。基于物理的方法是先研究出肤色和光照条件的相互关系，通过皮肤对光线的反射作用模型和照射光线的光谱特性对图像中的肤色区域进行检测。

基于物理的模型：当光线照射到皮肤上时，会发生反射现象和折射现象。实验表明：大约有 5%的入射光线会被皮肤表面直接反射，剩余的约 95%的光线将通过折射方式进入皮肤里面，在皮肤的各层组织中被散射或吸收。皮肤的角质层表面很粗糙，会将入射光线进行漫反射。同时角质层有很大的透射率，基本上不会使在其中传播的光线发生散射。皮肤表面对入射光线的反射作用遵循 Fresnel 公式，使得反射光具有和入射光相同的偏振方向与出射角度。射入皮肤里面的光线被多次吸收和散射后，其中有部分光线会射出皮肤表层形成体反射，这部分出射光里面包含了和皮肤深层组织关系密切的大量信息。

Storring 等研究人员依照光线的漫反射模型、图像采集设备的参数和照射光源的光谱特性建立了相关的模型，并且掌握了皮肤图像的生成原理，最后依据光源的色温等因素对皮肤的影响自适应地分割皮肤。

基于统计模型，我们通常使用多个高斯密度函数的加权和来表示高斯混合模型，具体的规定如下：我们可以使用高斯混合模型 G 来描述颜色空间中各肤色像素点的分布，高斯混合模型用权重系数 w_1, w_2, …, w_k 对相应的有限多个单一高斯模型 G_1, G_2, …, G_k 进行线性加权而得到，其中

$$\sum_{i=1}^{k} w_i \quad (w_i \geqslant 0) \tag{7.1}$$

在待测图像中某个像素点属于皮肤像素点的概率密度函数（p, d, f）由下式定义：

$$p(x;\theta) = \sum_{i=1}^{k} w_i p_i(x;\theta) = \sum_{i=1}^{k} w_i p_i(x|i;\theta)$$
$$= \sum_{i=1}^{k} w_i \frac{1}{2\pi |\sum i|^{\frac{1}{2}}} \exp\{-0.5(x-\mu_i^{\mathrm{T}})\sum i^{-1}(x-\mu_i)\}$$
(7.2)

式（7.2）中，x 是像素的颜色向量，对应有 k 个高斯概率密度函数；$p_i=(x_i,\theta)$ 对应高斯模型 G_i 的概率密度函数；u_i 为高斯模 G_i 型的均值向量；$\sum i$ 为高斯模型 G_i 的协方差矩阵，使用加权值 w_i 表示各高斯密度函数对高斯混合模型的贡献大小。肤色像素点的分布和非肤色像素点的分布各用一个高斯混合模型表示，对这两个高斯混合模型用标准的期望最大化算法 EM（Expectation Maximization）进行训练，每个高斯混合模型中的高斯密度函数个数 k 需要事先给定。

7.1.2 光线补偿

光照皮肤的颜色由于以下 3 种原因发生了改变。

① 皮肤表面存在镜面反射，使皮肤产生高光区域，其颜色和正常光照下的皮肤颜色不同。

② 入射光中的一部分被遮挡，使入射于皮肤表面的光强低于正常的光强，使皮肤产生阴影区，其颜色和正常光照下的肤色不同。

③ 肤色随着入射光的颜色变化而变化，这里入射光颜色的变化也可以称为色温的变化。

由于以上 3 种原因使肤色有很大的变化，但目前图片大多都是在较好的光照条件下拍摄的，由此得到的肤色模型很难适应各种光照的变化。

光线补偿想法的提出主要是考虑到肤色等色彩信息经常受到光源颜色、图像采集设备的色彩偏差等因素的影响，而在整体上偏离本质色彩而向某一方向移动，即通常所说的色彩偏冷、偏暖，照片偏黄、偏蓝等。这种现象在艺术照中更为常见。为了抵消这种整个图像中存在着的色彩偏差，我们将整个图像中所有像素的亮度从高到低进行排列，取前 5% 的像素，如果这些像素的数目足够多，（如大于100），就将它们的亮度作为"参考白"，即将它们的色彩的 R、G、B 分量值都调节为最大的 255。整幅图像的其他像素点的色彩值也都是按这一调整尺度进行变换。这一做法的合理性使我们可以从两个角度进行考察：一方面，绝大部分的图像中都包含有纯白色，特别是包含人脸在内的图像中，在眼球外围等处通常就是纯白色，所以将具有最大亮度的像素的色彩值调整为纯白色是合理的；另一方面，存在色彩偏差的图像在原来白色的区域有着很明显、直观的体现,所以按照这些区域的调整方法对整个图像进行调整是比较合理和有效的。

7.1.3 肤色区域检测

研究发现人的肤色具有聚类性,利用这个特性检测人脸很容易将背景分离出去[12]。首先通过统计方法确定肤色的具体范围,判别图像中每一点的像素值是否在该范围之内。若在就是肤色,否则就是非肤色。该模型的困难之处在于如何确定阈值,其阈值选择不当可能会使肤色检测正确率下降,效果不是很好。在除去亮度的二维色度平面上,肤色的区域分布比较集中,这与高斯分布有些相似,因此可以用二维高斯分布来表达肤色分布。计算图像中每个点为肤色的概率,从而得到这个图像的一个肤色概率图,这样就可以看出有哪些肤色点,这就是高斯模型检测肤色。二维高斯型函数为

$$p(\mathrm{Cb},\mathrm{Cr}) = \exp[-0.5(x-M)^\mathrm{T} C^{-1}(x-M)] \qquad (7.3)$$

其中,x 为图像点像素在 YCbCr 空间的值,$x=[\mathrm{Cb},\mathrm{Cr}]^\mathrm{T}$;$M$ 为肤色在 YCbCr 空间的均值,$M=E(x)$;C 为协方差矩阵,$C=E((x-M)(x-\mathrm{M}))^\mathrm{T}$;$p(\mathrm{Cb},\mathrm{Cr})$ 是点(Cb,Cr)为肤色点的概率。将图像各点的色度代入高斯函数,求得各个 $p(\mathrm{Cb},\mathrm{Cr})$ 的值,然后进行归一化处理,即 $p(\mathrm{Cb},\mathrm{Cr})/\max p_i(\mathrm{Cb},\mathrm{Cr})$,用这个商作为图像中点为肤色点的概率。将归一化的相似度值乘 255,就得到肤色相似度图,从这个图中可以直观地看到图像中点为肤色点的概率大小。高斯模型比区域模型能更好地表示肤色分布,相对而言,它的肤色检测正确率也较高。对人脸的相似度图进行二值化分割,将人脸区域和背景分离开。利用形态学运算,以去除噪声,修补图像内部的断裂和空洞,最后利用人脸特征先验知识得到人脸区域。

7.1.4 肌肉纹理

纹理是一种普遍存在的视觉现象,是自然界物体表面的自然属性。到目前为止,还没有一个关于纹理的公认的、统一的定义。通常将"纹理"定义为"按一定规则对元素或基元进行排列所形成的重复模式"。图像纹理一般由重复模式组成,这种重复模式的纹理元素按某种规则排列。图像纹理的相关定义是"像素灰度在二维空间变化的函数"。根据图像纹理的定义可以知道,图像纹理反映了图像中某一区域内像素灰度的分布情况,是一个区域特性,所以单纯从单个像素来分析图像纹理是没有意义的,对图像纹理的分析必须针对图像中的某个

区域[13]。人脸表情的不断变化，其实质就是人脸肌肉的不断运动。脸部肌肉运动会呈现不同的肌肉纹理。现在关于皮肤纹理的研究大都是作为肤色检测的辅助手段（作为肤色检测的预处理或肤色检测的后期处理），使用的纹理检测方法也比较简易，主要有以下三种。

方法一：将一块图像区域中各行与各列像素的灰度值的和作为判断是否为皮肤区域的标准。

方法二：该方法中提取的皮肤纹理特征是纹理幅度，具体分为三个步骤。

步骤1：将亮度图像经过中值滤波进行第一次过滤。

步骤2：用原始图像和第一次滤波的结果相减，并将相减得差值作为纹理幅度再进行第二次滤波。

步骤3：将纹理幅度小于一定阈值的纹理区域判定为皮肤区域。

方法三：设计了一种结合颜色特征进行皮肤纹理检测的方法。具体步骤如下。

步骤1：由肤色检测模型检测出原始图像中的肤色区域。

步骤2：对上一步骤中的肤色区域进行纹理检测，从而较准确地确定出皮肤区域。步骤2的具体实现中可以使用DCT变换或Gabor小波变换等提取图像中纹理的特性并将提取出来的特征作为高斯混合模型的输入，最终通过高斯混合模型来判定对应的图像区域是否为皮肤区域。本书采用方法三。

灰度共生矩阵：由于纹理是由灰度分布在空间位置上反复出现而形成的，因而在图像空间中相隔某距离的两像素间会存在一定的灰度关系，这种关系被称为图像中灰度的空间相关性，通过研究灰度的空间相关性来描述纹理，灰度共生矩阵能反映图像灰度关于方向、相邻间隔、变化幅度的综合信息，它是分析图像的局部模式和它们排列规则的基础[14]。

在计算得到共生矩阵之后，往往不是直接应用，而是在此基础上计算纹理特征量，经常用反差、能量、熵、相关性等特征量来表示纹理。

① 反差：又称对比度，它度量矩阵的值是如何分布和图像中局部变化的多少，反映了图像的清晰度和纹理的沟纹深浅。纹理的沟纹越深，反差越大，效果清晰；反之，对比值小，则沟纹浅，效果模糊。

$$\mathrm{Con} = \sum i \sum_j (i-j)^2 p(i-j)^2 \qquad (7.4)$$

② 能量：是灰度共生矩阵各元素值的平方和，是对图像纹理的灰度变化稳定程度的度量，反映了图像灰度分布均匀程度和纹理粗细度。能量值大表明当前纹

理是一种规则变化较为稳定的纹理。

$$\mathrm{Asm} = \sum i \sum j p(i-j)^2 \tag{7.5}$$

③ 熵：是图像包含信息量的随机性度量。当共生矩阵中所有值均相等或者像素值表现出最大的随机性时，熵最大；因此熵值表明了图像灰度分布的复杂程度，熵值越大，图像越复杂。

$$\mathrm{Ent} = -\sum i \sum j p(i,j) \log p(i,j) \tag{7.6}$$

④ 相关性：也称同质性，用来度量图像的灰度级在行或列方向上的相似程度，因此值的大小反映了局部灰度相关性，值越大，相关性也越大。

$$\mathrm{corr} = \left[\sum i \sum j((ij)p(i,j)) - u_x u_y\right] / \sigma_x \sigma_y \tag{7.7}$$

将上述的参数代入高斯模型，与聚类性配合确定肤色区域。

7.1.5 嘴唇定位

在单独的色彩空间中进行嘴唇区域定位有一定的局限性，如单独在 RGB 空间中做处理很难去除图像光照亮度的影响。文献[15]提出一种多色彩空间的自适应定位算法，结合 RGB 与 HSV 色彩空间，其算法流程如图 7.1 所示。

RGB 空间通过对红（R）、绿（G）、蓝（B）三个颜色通道的变化以及它们相互之间的叠加来得到各种颜色。基于 RGB 空间梯度的边缘检测算法是在 RGB 空间中求梯度图像来提取边缘轮廓，与以往的灰度梯度不同，该算法把梯度的概念扩展到向量函数，采用的是三维彩色梯度信息。标量函数 $f(x,y)$ 的梯度是一个在点 (x,y) 处，f 的最大变化率的方向上的向量。

令 r、g 和 b 是 RGB 彩色空间沿 R、G 和 B 的单位向量，并定义向量：

$$u = \frac{\partial R}{\partial x} r + \frac{\partial G}{\partial x} g + \frac{\partial B}{\partial x} b \tag{7.8}$$

$$v = \frac{\partial R}{\partial y} r + \frac{\partial G}{\partial y} g + \frac{\partial B}{\partial y} b \tag{7.9}$$

令 g_{xx}、g_{yy}、g_{xy} 是这些向量的点积，可以得到：

$$g_{xx} = \left|\frac{\partial R}{\partial x}\right|^2 + \left|\frac{\partial G}{\partial x}\right|^2 + \left|\frac{\partial B}{\partial x}\right|^2 \tag{7.10}$$

第 7 章　面部特征识别与表情理解

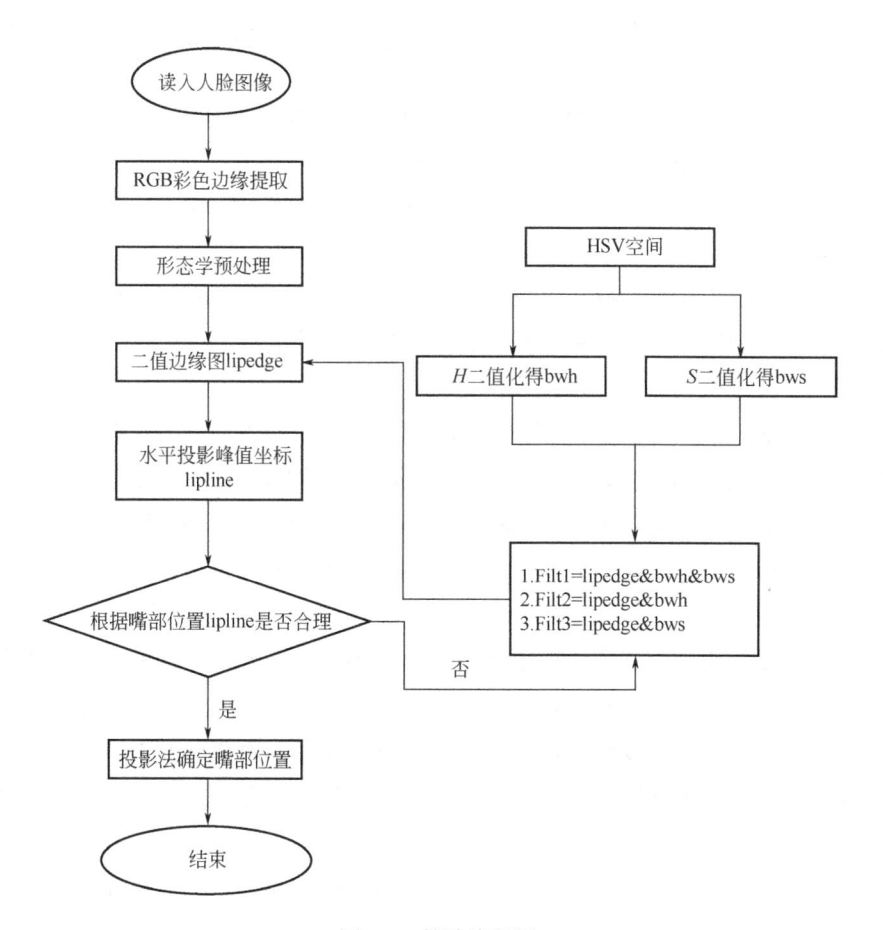

图 7.1　算法流程图

$$g_{yy} = \left|\frac{\partial R}{\partial y}\right|^2 + \left|\frac{\partial G}{\partial y}\right|^2 + \left|\frac{\partial B}{\partial y}\right|^2 \quad (7.11)$$

$$g_{xy} = \frac{\partial R}{\partial x} * \frac{\partial R}{\partial y} + \frac{\partial G}{\partial x} * \frac{\partial G}{\partial y} + \frac{\partial B}{\partial x} * \frac{\partial B}{\partial y} \quad (7.12)$$

像素点（x, y）的函数的最大变化率的方向，如式（7.13）所示：

$$\theta(x, y) = 1/2 \arctan\left[\frac{2g_{xy}}{g_{xx} - g_{xy}}\right] \quad (7.13)$$

像素点（x, y）在 θ 方向上的变化率（梯度）的值如式（7.14）所示：

$$F_\theta(x,y) = \left\{\frac{1}{2}\Big[(g_{xx}+g_{yy})+(g_{xx}-g_{yy})\cos 2\theta + 2g_{xy}\sin 2\theta\Big]\right\}^2 \qquad (7.14)$$

其中，$F_\theta(x,y)$ 为梯度图像。式（7.13）提供两个相隔 90°的值，意味着式（7.14）涉及每个点(x,y)的两个正交方向，沿着这两个方向之一 F 最大，而沿着另一个方向 F 最小，最终结果是选择每个点的最大值产生的。g_{xx}、g_{yy}、g_{xy} 用 sobel 算子计算。

在人脸二值图像中，嘴部区域、鼻子、眼睛相对脸部区域是独立的，而头发、耳朵、背景与脸框边缘轮廓相连通。这样可以对人脸的二值图进行处理去掉脸框及其相连部分，保留独立区域部分。

HSV 空间[16]是从人的视觉系统出发。在 HSV 空间中分离出色调分量 H、饱和度分量 S，结合进行处理可有效去除光照强弱的影响。将在 RGB 色彩空间下处理的边缘二值图处理的结果与在 HSV 色彩空间得到的 H 或 S 分量二值图相结合，可以突出嘴唇的部分，使得算法更适用于对不同光强的人脸图像。因此，利用嘴唇的颜色特点，如颜色偏红、饱和度较高等，在 H、S 空间选取合适的阈值对 H、S 分量进行二值化，可大致提取出人脸中嘴部的相关区域，且得色调、饱和度二值图 b_w、b_{ws}，将其与 RGB 二值图结合起来，能有效去除人脸非嘴唇器官。同时根据人脸部器官的先验知识和统计分析，嘴唇距头顶的距离一般大于 1/2 人脸长度，以 length 来表示人脸长度（图像顶边长度记为 0，长度往下递增），即 lipline 大于 length/2 才认为在嘴部区域。而 lipline 水平线的确定干扰比较大的是眼睛部分。这样可以用 1/2 人脸长度 length 为衡量标准判断 lipline 是否在嘴唇区域里，进行自适应调整，从而有效定位 lipline。算法流程如下。

步骤 1：由 RGB 边缘检测算法得到的嘴唇增强二值图像 lipedge，对二值图 lipedge 进行垂直投影将投影图像中最大峰值处定为嘴唇水平位置 lipline；判断 lipline 是否大于 length/2，若大于 length/2，算法结束。否则进入步骤（2）。

步骤 2：用 H、S 分量二值化后得到图像 b_{wh}、b_{ws}；将 lipedge、b_{wh}、b_{ws}、相"与"得二值图 filt1，对 filt1 做投影得新的 lipline。判断 lipline 是否小于 length/2，若大于 length/2，算法结束。否则进入步骤（3）。

步骤 3：用 lipedge、b_{wh} 相"与"得二值图 filt2，对 filt2 做投影得新的 lipline。判断 lipline 是否小于 length/2，若大于 length/2，算法结束。否则进入步骤（4）。

步骤 4：用 lipedge、b_{ws} 相"与"得二值图 filt3，对 filt3 做投影得新的 lipline，算法结束。

7.1.6 眉毛检测

利用人体生物特征进行身份识别认证，可靠性高且方便易用，因此有着广泛的应用前景。眉毛作为人体生物特征的一部分，具有复杂多样的轮廓、形态和细节特征，它受光照和表情的影响较小，且获取方便。相较于人脸、虹膜、步态等识别方式，眉毛识别有更好的稳定性和抗干扰性。目前，应用于眉毛识别的方法主要包括：基于特征串比较的眉毛识别方法、基于离散 HMM 的眉毛识别方法，以及基于 PCA 的眉毛识别方法。但是，对于眉毛区域的定位和选取，现在仍采取手动或半自动的方法，这在一定程度上限制了眉毛作为独立生物特征进行身份鉴别的推广及应用。

AdaBoost 算法在人脸检测定位等领域都有很好的应用[17]。它在目标检测过程中，需要使用各种特征对目标区域进行建模，这些特征都应是能区分目标区域与非目标区域的。本书针对眉毛的形状特点，采用 Haar-Like 小波特征及其扩展，如图 7.2 所示。

这些特征分别检测了边缘、对称和中心的特征。它们的计算值，即为组成这些矩形区域的灰度积分之和：

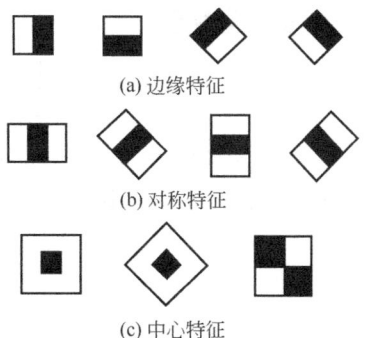

图 7.2 小波特征

$$\text{feature}_j = \sum_{i=1,\ldots,N} w_i * \text{Rectsum}(r_i) \tag{7.15}$$

式中，ω_i 为矩形的权值；Rectsum(r_i)为矩形 r_i 所围图像的灰度积分；N 为组成 feature$_j$ 的矩形个数。在实际计算中，可以通过计算图像的积分图，快速地得到这些特征值。设 $p_{i,j}$ 表示图像某点的灰度值，则图像上某一点的积分图

$$I(x,y) = \sum_{i,j=0}^{x,y} p_{i,j}$$

如图 7.3 中 I_1 为 A 区域灰度之和；I_2 为 A 和 B 区域灰度之和；I_3 为 A 和 C 区域灰度之和；I_4 为 A、B、C 和 D 区域的灰度之和。因此，图像的 Haar-Like 小波特征可通过简单的积分图加减得到。如 B 和 D 区域组成了一个 Haar-Like 边缘特征，B 区域灰度之和等于 I_2-I_1，D 区域灰度之和等于 I_4+I_1-I_2-I_3。这样，特征值的计算只与各端点的积分图有关，而与图像坐标值无

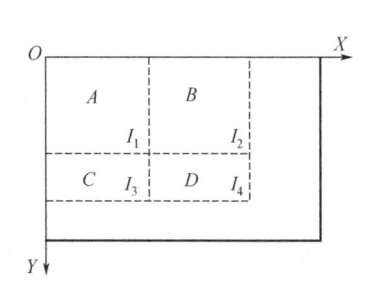

图 7.3 积分图

关。故采用积分图方法，大大加快了特征值的计算。

AdaBoost 算法是一种通过权值调整，将若干弱分类器，连接成一个强分类器的方法。它的每一个弱分类器，都由一个特征值、一个阈值和一个表示方向的参数所组成，表示如下：

$$h_j(x) = \begin{cases} 1 & (p_j f^j(x) < p_j \theta_j) \\ 0 & (条件与上相反) \end{cases} \tag{7.16}$$

其中，$f_j(x)$ 为特征值；θ_j 为阈值；p_j 为不等号的方向，仅取 ±1。由各个弱分类器连接成强分类器的过程可以描述以下对于训练样本集：$(x_1,y_1),(x_2,y_2),\cdots,(x_n,y_n)$

其中，正例 1 个，取 $y_i=1$；负例 m 个，取 $y_i=0$。

① 初始化权重：

$$w_{t,j} = \frac{1}{2m}\frac{1}{2l} \quad (j=1,2,\cdots,n; j=1,2,\cdots,n) \tag{7.17}$$

② 对于每个 $t=1,2,\cdots,T$（T 为训练次数）：

第一步，权重归一化：

$$w_{t,i} = \frac{w_{t,i}}{\sum_{j=1}^{n} w_{t,j}} \tag{7.18}$$

第二步，利用弱分类器，计算每个特征的值，并计算其相对于当前权重的误差：

$$\varepsilon_j = \sum_i w_{t,i} |hj(x_i) - y_i| \tag{7.19}$$

第三步，选择：

$$\varepsilon_t = \min_j \varepsilon_j \tag{7.20}$$

第四步，新所有权重：

$$w_{t+1,j} = w_{t,j} \beta_t^{1-e_i} \tag{7.21}$$

其中，当 x_i 被分类正确时，$e_i=0$；反之，$e_i=1$

$$\beta_t = \frac{\varepsilon_t}{1-\varepsilon_t} \tag{7.22}$$

③ 形成强分类器：

$$H(x) = \begin{cases} 1 & \sum_{t=1}^{r} \alpha_t h_i(x) \geq \frac{1}{2}\sum_{t=1}^{T} \alpha_t \\ 0 & (条件与上相反) \end{cases} \tag{7.23}$$

设计好强分类器后，就可以串行级联起来构成图 7.4 所示的 AdaBoost 级联分类系统。

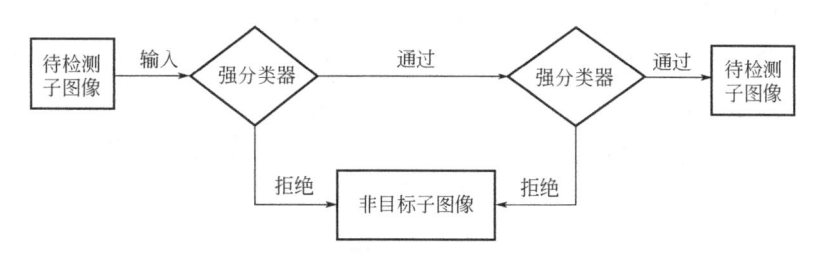

图 7.4 AdaBoost 级联分类系统

定位眉毛与嘴唇区域后，以眉毛作驾驶员面部上边界，以嘴唇作驾驶员面部下边界，以肤色检测左右边缘为左右边界。综合精确定位的面部上、下、左、右边界，可以得到面部精确定位结果。

7.2 面部图像滤波及归一化

7.2.1 面部图像滤波

图像滤波，即在尽量保留图像细节特征的条件下对目标图像的噪声进行抑制，是图像预处理中不可缺少的操作，其处理效果的好坏将直接影响到后续图像处理和分析的有效性与可靠性[18]（滤波就是要去除没用的信息，保留有用的信息，可能是低频，也可能是高频）。滤波的目的有两个：一个是抽出对象的特征作为图像识别的特征模式；另一个是为适应图像处理的要求，消除图像数字化时所混入的噪声。对滤波处理的要求有两条：一是不能损坏图像的轮廓及边缘等重要信息；二是使图像清晰视觉效果好。本书采用二维 Gabor 滤波。

Gabor 小波与人类视觉系统中简单细胞的视觉刺激响应非常相似。它在提取目标的局部空间和频率域信息方面具有良好的特性[19]。虽然 Gabor 小波本身并不能构成正交基，但在特定参数下可构成紧框架。Gabor 小波对于图像的边缘敏感，能够提供良好的方向选择和尺度选择特性，而且对于光照变化不敏感，能够提供对光照变化良好的适应性。上述特点使 Gabor 小波被广泛应用于视觉信息理解。二维 Gabor 小波变换是在时频域进行信号分析处理的重要工具，其变换系数有着良好的视觉特性和生物学背景，因此被广泛应用于图像处理、模式识别等领域。

与传统的傅里叶变换相比，Gabor 小波变换具有良好的时频局部化特性。即非常容易地调整 Gabor 滤波器的方向、基频带宽及中心频率，从而能够最好地兼顾信号在时空域和频域中的分辨能力；Gabor 小波变换具有多分辨率特性即变焦能力。即采用多通道滤波技术，将一组具有不同时频域特性的 Gabor 小波应用于图像变换，每个通道都能够得到输入图像的某种局部特性，这样可以根据需要在不同粗细粒度上分析图像。此外，在特征提取方面，Gabor 小波变换与其他方法相比：一方面，其处理的数据量较少，能满足系统的实时性要求；另一方面，小波变换对光照变化不敏感，且能容忍一定程度的图像旋转和变形，当采用基于欧氏距离进行识别时，特征模式与待测特征不需要严格的对应，故能提高系统的鲁棒性。

无论从生物学的角度还是技术的角度，Gabor 特征都有很大的优越性。研究表明，在基本视觉皮层里的简单细胞的感受野局限在很小的空域范围内，并且高度结构化。Gabor 变换所采用的核（Kernels）与哺乳动物视觉皮层简单细胞 2D 感受野剖面（Profile）非常相似，具有优良的空间局部性和方向选择性，能够抓住图像局部区域内多个方向的空间频率（尺度）和局部性结构特征。这样，Gabor 分解可以看作一个对方向和尺度敏感的有方向性的显微镜。同时，二维 Gabor 函数也类似于增强边缘以及峰、谷、脊轮廓等底层图像特征，这相当于增强了被认为是面部关键部件的眼睛、鼻子、嘴巴等信息，同时也增强了如黑痣、酒窝、伤疤等局部特征，从而使得在保留总体人脸信息的同时增强局部特性成为可能。它的小波特性说明了 Gabor 滤波结果是描述图像局部灰度分布的有力工具，因此，可以使用 Gabor 滤波来抽取图像的纹理信息。由于 Gabor 特征具有良好的空间局部性和方向选择性，而且对光照、姿态具有一定的鲁棒性，因此在人脸识别中获得了成功的应用。然而，大部分基于 Gabor 特征的人脸识别算法中，只应用了 Gabor 幅值信息，而没有应用相位信息，主要原因是 Gabor 相位信息随着空间位置呈周期性变化，而幅值的变化相对平滑而稳定，幅值反映了图像的能量谱，Gabor 幅值特征通常称为 Gabor 能量特征（Gabor Energy Features）。Gabor 小波可像放大镜一样放大灰度的变化，人脸的一些关键功能区域（眼睛、鼻子、嘴、眉毛等）的局部特征被强化，从而有利于区分不同的人脸图像。Gabor 小波核函数具有与哺育动物大脑皮层简单细胞的二维反射区相同的特性，即具有较强的空间位置和方向选择性，并且能够捕捉对应于空间和频率的局部结构信息；Gabor 滤波器对于图像的亮度和对比度变化以及人脸姿态变化具有较强的健壮性，并且它表达的是对人脸识别最为有用的局部特征。Gabor 小波是对高级脊椎动物视觉皮层中的神经元的良好逼近，是时域和频域精确度的一种折中。

Gabor 函数是一个用高斯函数调制的复正弦函数,能够在给定区域内提取出局部的频域特征。一个典型的 2D Gabor 函数 $h(x,y)$ 及其傅里叶变换 $H(u,v)$ 有以下形式:

$$\begin{cases} g(x,y) = \dfrac{1}{2\pi\sigma_x\sigma_y}\exp\left(-\dfrac{1}{2}\left(\dfrac{x^2}{\sigma x^2}+\dfrac{y^2}{\sigma y^2}\right)\right) \\ h(x,y) = g(x,y)*\exp(2\pi jWx) \\ H=(x,y)=\exp\left(-\dfrac{1}{2}\left(\dfrac{(u-W)^2}{\sigma_u^2}+\dfrac{v^2}{\sigma_v^2}\right)\right) \end{cases} \quad (7.24)$$

其中,$g(x,y)$ 为用来调制的高斯函数;σ_x 和 σ_y 为其在两个坐标轴上的标准方差,它们决定了滤波器作用区域的大小;W 为复正弦函数在横轴上的频率。

将 Gabor 函数分解为实部 $h_R(x,y)$ 和虚部 $h_I(x,y)$ 两个分量,则用它滤波得到的图像为

$$S(x,y) = \sqrt{(h_R*I)(x,y)^2+(h_I*I)(x,y)^2} \quad (7.25)$$

其中,$(h*I)$ 为图 I 和滤波器 h 的卷积;$S(x,y)$ 经过高斯平滑,即为该 Gabor 滤波器提取出的特征图像。

如果以 $h(x,y)$ 为母小波,通过对其进行适当的尺度变换和旋转变换,可以得到一组自相似的滤波器,称为 Gabor 小波。

复数:

$$g(x,y,\lambda,\theta,\psi,\sigma,\gamma)=\exp\left(-\dfrac{x^2+\gamma^2 y^2}{2\sigma^2}\right)*\exp\left(2\pi\dfrac{x'}{y}+\psi\right) \quad (7.26)$$

实部:

$$g(x,y,\lambda,\theta,\psi,\sigma,\gamma)=\exp\left(-\dfrac{x^2+\gamma^2 y^2}{2\sigma^2}\right)*\exp\left(i\left(2\pi\dfrac{x'}{y}+\psi\right)\right) \quad (7.27)$$

虚部:

$$g(x,y,\lambda,\theta,\psi,\sigma,\gamma)=\exp(-\dfrac{x'^2+r^2 y'^2}{2\sigma^2})*\sin(2\pi\dfrac{x'}{\lambda}+\psi) \quad (7.28)$$

其中,λ 为正弦函数波长;θ 为 Gabor 核函数的方向;ψ 为相位偏移;σ 为高斯函数的标准差;γ 为空间的宽高比。

7.2.2 面部图像归一化

采用上述由粗到精的逐步定位方法获得的面部图像,无论其高度还是宽度基

本都是不同的。而大小不一的图像不利于估计驾驶员面部姿态,需要进行归一化处理。图像归一化就是通过一系列变换(即利用图像的不变矩寻找一组参数使其能够消除其他变换函数对图像变换的影响),将待处理的原始图像转换成相应的唯一标准形式(该标准形式图像对平移、旋转、缩放等仿射变换具有不变特性)[20]。本书中采用基于插值变换的归一化方法。

该方法通过归一化图像中的像素对应在原图像中的位置来决定归一化后像素点的灰度值,设 $f(x,y)$ 是原图像,$g(x_0,y_0)$ 是归一化后的图像,设 (x_0,y_0) 是图像 $g(x_0,y_0)$ 中的任意一点,对应于 $f(x,y)$ 中的点 (a,b),根据 (a,b) 的具体情况来表示 $g(x_0,y_0)$ 中各像素点的值。归一化图像中像素点和原图像中像素点的映射公式为

$$\begin{cases} a = \dfrac{wid'}{heig} x_0 \\ b = \dfrac{heig'}{heig} y_0 \end{cases} \quad (7.29)$$

其中,wid 和 heig 分别为原图像的宽度和高度;wid′ 和 heig′ 分别为归一化后图像的宽度和高度。当 a、b 为整数时,有 $g(x_0,y_0)=f(a,b)$;当 a、b 不是整数时,通过插值变换得到整数坐标值。常采用的插值变换方法有最近邻插值、双线性插值和三次线性插值等。

① 最近邻插值。

最近邻插值运算中归一化图像 $g(x_0,y_0)$ 的灰度值用 (a,b) 邻接的四个网络点 $(i+1,j)$、$(i,i+1)$、(i,j)、$(i+1,j+1)$ 中最接近的点的灰度值来近似表示,即

$$g(x_0, y_0) = f(a', b') \quad (7.30)$$

其中,(a',b') 为 (a,b) 距其相邻四个网络点中最近的一个网络点。从图 7.5 中可以看出,(a,b) 与 $(i,j+1)$ 的几何距离最小,所以 $(i,j+1)$ 是 (a,b) 的最近邻点 (a',b')。

② 双线性插值。

双线性插值中 $g(x_0,y_0)$ 的灰度值用 (a,b) 邻接的四个网络点 $(i+1,j)$、$(i,j+1)$、(i,j)、$(i+1,j+1)$ 的灰度值由下面的公式决定,即

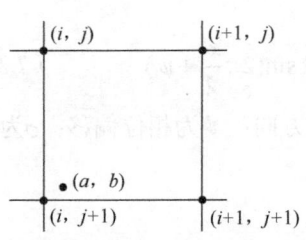

图 7.5 最近邻插值示意图

$$g(x_0, y_0) = f(i,j)(1-\delta)(1-\beta) + f(i, j+1)\beta(1-\delta) \\ + f(i+1, j)\delta(1-\beta) + f(i+1, j+1)\delta\beta \tag{7.31}$$

双线性插值计算量较最近邻插值要大，但是缩放后的图像质量高，不会出现像素不连续的情况。但是，由于双线性插值具有低通滤波器的性质，使高频分量受损，所以可能会使图像轮廓在一定程度上变得模糊。

③ 三次线性插值

三次线性插值中 $g(x_0, y_0)$ 的灰度值是用与 (a,b) 临域的 16 个网络点的灰度值来近似表示，它可以修正这种退化，但是需要增加计算量，并且计算方法复杂。

双线性插值避免了最近邻插值中边缘部分的灰度不连续现象和毛刺现象，归一化效果明显提高；三次线性插值的归一化图像质量与双线性插值相比，没有明显提高，但是计算时间增长比较明显。因此，本书采用双线性插值作为面部图像的归一化方法。

7.3 面部表情的疲劳状态检测

7.3.1 疲劳状态面部特征

驾驶疲劳是由于驾驶员长时间驾驶操作导致的困倦和瞌睡造成的，疲劳驾驶使驾驶员的反应速度和操作灵活性都大幅度下降。面部表情是驾驶员疲劳的表现之一，疲惫和困倦导致面部发生无意识的表情变化，这些表情具有很强的共性特征。"驾驶疲劳"和普通的"疲劳"或"瞌睡"有很大的共性，都是精神状态兴奋程度下降，所以它们在某些表情表现上十分相似。例如，面部肌肉组织松弛、情绪表情减少和眼睛活跃程度下降等。不同之处在于，"驾驶疲劳"的发生环境比较复杂，且伴随着很大的危险性。因此，驾驶员通常会主动做出反抗疲劳的行为，如调整坐姿、摇晃头部以及勉强睁眼等，以维持基本的驾驶操作和警觉意识。综上，疲劳表情可分为"抗拒疲劳"的表情和"顺从疲劳"（或"放弃反抗疲劳"）的表情两类。

"抗拒疲劳"表现为面部表情肌肉不正常收缩。驾驶员在疲劳时，为继续维持驾驶操作，需要进行自我调节来抵抗疲劳。疲劳程度较轻时，皱眉肌和眼轮匝肌收缩，产生轻微皱眉和眯眼睛的表情；疲劳程度较严重时，枕额肌额腹收缩，产生眉部上扬带动上眼睑勉强睁开。此外，摇头、挤眼睛、打哈欠、调整坐姿等也是抗拒疲劳的表现，此类表情和行为因个体习惯差异和环境因素而异。

"顺从疲劳"表现为面部肌肉松弛,相较于清醒(且无情绪表情)状态,枕额肌额腹、眼轮匝肌的眶部和睑部、颧大肌、颊肌和咬肌都会不同程度的松弛。在面部表情上表现为睁眼程度减小、眉毛下降、嘴角下降和咬合不紧。其中,疲劳时睁眼程度减小的眼部形态,与清醒时因光照等原因眯眼睛的形态有所不同。疲劳时,上眼睑下垂明显但下眼睑无动作,所以虹膜被上眼睑遮盖的部分往往大于被下眼睑遮盖的部分。而清醒时,因光照等原因眯眼睛的眼部形态,多表现为上下眼睑一同向中心收紧,睑裂变窄,下眼睑比平时覆盖更多的虹膜。嘴角下降与咬合不紧有一定相关性,主要由于颧大肌、颊肌和咬肌的放松导致,表现为嘴形下弯、嘴角内缩。此特征有较大的个体差异性,部分人群在疲劳时不会发生明显的嘴形变化。

7.3.2 疲劳程度判断

驾驶疲劳检测系统的开发和效果验证,需要有客观的疲劳评价准则,以给出驾驶员真实疲劳状态作为"标杆"。疲劳程度的评价方法和等级划分,目前仍没有统一的标准。本书采用面部视频评分方法作为客观的疲劳状态评价标准。该方法的步骤:首先,开展疲劳驾驶实验,获取驾驶人面部图像;其次,实验结束后,将面部图像数据分割成等长度的视频单元;最后,按照面部视频评分方法的规定操作方法,对视频段进行评级。评价期间,由3名有经验的评分专家独立对每一段时长15s的视频进行疲劳等级评价,评价过程中允许反复观看,允许修改结果。若3名评分者评分结果一致,则作为该视频段驾驶人的真实疲劳等级;若3名评分者评分结果不一致,则重新确认原视频段评分。

清醒:眼睛正常睁开,眨眼迅速,眼球状态活跃,精神集中,对外界保持注意力,头部端正,面部表情丰富。疲劳:眼睛出现闭合趋势,睁开程度变小,眨眼速度变慢、频率变快,眼球活跃程度下降、目光呆滞;嘴部有打哈欠、深呼吸、叹气、下咽动作,出现挤眼、摇头、挠脸等抗拒疲劳的动作,对环境关注变少。严重疲劳:眼睛闭合趋势严重,眼睛半闭、眼皮变重睁不开,出现较长时间持续闭眼,打盹点头,头部歪斜,失去继续驾驶能力。

7.3.3 基于粗糙集理论的疲劳状态判断

粗糙集作为一种处理含糊性和不确定性信息的新方法,由波兰学者 Pawlak 于20世纪80年代初提出的,是一种研究不完整、不确定知识和数据的表达、学习、归纳的理论方法[21]。目前，粗糙集理论已成为信息科学最为活跃的研究领域之一，同时在医学、化学、机械、地理学、管理科学和材料学等其他学科得到了广泛的应用。

知识约简（Reduction）是粗糙集理论的核心内容之一。知识库中知识（属性）并不是同等重要的，甚至其中某些知识是冗余的。所谓知识约简，就是在保持知识库分类能力不变的条件下，删除其中不相关或不重要的知识。

设 $S=\{U,A,V,f\}$ 是一个决策表，其中 $U=\{x_1,x_2,\cdots,x_n\}$，$A=C\cup D$，$C\cap D=\phi$，$C=\{C_1,C_2,\cdots,C_m\}$ 称为条件属性集，$D=\{d\}$ 称为决策属性集。$a(x)$是记录 x 在属性 x 上的值，即 $a(x)=f(x,a)$，C_{ij} 表示 S 区分矩阵的第 i 行第 j 列的元素，其中 i、$j=1,2,\cdots,n$，区分矩阵的定义为

$$C_{ij}=\begin{cases}\{a|a\subset C, a(x_i)\neq a(x_j)\} & (D(x_i)\neq D(x_j))\\ 0 & (D(x_i)=D(x_j))\\ 1 & (D(x_i)=D(x_j), a(x_i)=a(x_j))\end{cases} \quad (7.32)$$

由于区分矩阵是以主对角线为对称轴的对称矩阵，所以只考虑其上三角或下三角部分即可（这里只考虑下三角）。当两个样本的决策属性取值相同时，它们所对应的区分矩阵元素为 0；当两个样本的决策属性不同且可以通过某些条件属性的取值不同加以区分时，它们所对应的区分矩阵元素为这两个样本属性上取值不同的条件属性集合，即可以区分这两个样本的条件属性集合；当两个样本发生冲突时，即所有的条件属性取值相同而决策属性的取值不同时，它们所对应的区分矩阵的元素为1。区分矩阵元素中是否包含1，可以作为判定决策表是否包含不一致信息的依据，即不相容决策表的依据。

由区分矩阵的定义可知，C_{ij} 是区分样本的所有属性的集合，若 $C_{ij}=\{a_1,a_2,\cdots,a_k\}\neq 0$ 或 1，则指定一个布尔函数 $a_1\vee a_2\vee\cdots\vee a_k$，用 $\sum C_{ij}$ 来表示；若 $C_{ij}=0$ 或 1，则指定 C_{ij} 为布尔常量1。区分函数 Δ 可定义如下

$$\Delta=\sum\nolimits_1 C_{ij}\wedge\sum\nolimits_2 C_{ij}\wedge\cdots\wedge\sum\nolimits_n C_{ij}=\prod C_{ij} \quad (7.33)$$

考虑到在驾驶员疲劳检测过程中，各种测量的数据类型不同，且数据量较大的特点，本书采用分布式信息融合结构，首先，对各传感器的原始观测数据进行初步分析处理，做出本地判决结论；其次，将结论信息传递到融合中心，在决策级按照粗糙集理论将多方面的数据做进一步的合成处理，得出最终判断。

将下列参数作为粗糙集中的条件属性：$\{a$=P80，b=眨眼时间，c=眨眼频率，d=点头时间，e=点头频率，f=打哈欠频率，g=车道偏离率，h=车道偏离量变化率$\}$。

由于这些参数是连续的数值型数据，因此要将数据进行离散化处理。

根据驾驶员相关条件属性的分析，采用数据分割的方法进行离散。由于不同属性表示的意义不同，故数据分割区域也不同。本书将属性离散为三个等级，分别以{0，1，2}表示，具体如下。

0：表示在正常范围内；

1：表示超出正常范围程度较小；

2：表示超出正常范围程度较大。

具体离散规则如表 7.1 所示。

表 7.1 离散规则

条件属性	0	1	2
P80	$a<20\%$	$20\%\leqslant a<40\%$	$A\geqslant 40\%$
眨眼时间/s	$b<0.3$	$0.3\leqslant b<0.5$	$b\geqslant 0.5$
眨眼频率	$C<20$	$20\leqslant C<25$	$c\geqslant 25$
点头时间/s	$d<0.3$	$0.3\leqslant d<0.5$	$d\geqslant 0.5$
点头频率	$e<2$	$2\leqslant e<5$	$e\geqslant 5$
打哈欠频率	$f<2$	$2\leqslant f<5$	$f\geqslant 5$
车道偏离率	$0.7<g<1.4$	$1.4\leqslant g<2.3$	$g\geqslant 2.3$
车道偏离量变化率	$h<0.1$	$0.1\leqslant h<0.15$	$h\geqslant 0.15$

决策属性 O 代表驾驶员疲劳程度，$O=\{0，1，2\}$，表示驾驶员的三种疲劳状态。

0：驾驶员处于清醒状态，能够胜任各种任务；

1：驾驶员处于轻度疲劳状态，此时驾驶员虽然感到疲劳但仍可驾驶车辆；

2：驾驶员处于深度疲劳状态，此时继续驾驶将存在重大安全隐患，易发生交通事故。

由于上述任何一个条件属性只要值为 2，就可判断驾驶员已经出现了深度疲劳状态，因此任何一个属性都是必需的，不能约简，决策表是协调的，其核值为 $\{a, b, c, d, e, f, g, h\}$，共有 264 个最小决策算法。

7.4 面部表情的情感理解

7.4.1 面部情感类别及标准库

面部情感类别如下：

① 18 种单纯表情，包括 smile、laugh、sneer、worry、anger、fury、surprise、fear、disgust、doubt、impatience、contempt、plea、despair、sadness、curiousness、gape、shyness 。

② 3 种混合的面部表情，包括 surprise-happiness、surprise-sadness、surprise-anger。

③ 4 种复杂的面部表情，包括 smile & hand、smile & talk、anger & hand、anger & talk。

标准库如下。

① The Japanese Female Facial Expression（JAFFE）Database。

该数据库是由 10 位日本女性在实验环境下根据指示做出各种表情，再由照相机拍摄获取的人脸表情图像。整个数据库一共有 213 张图像，10 个人，全部都是女性，每个人做出 7 种表情，这 7 种表情分别是 sad、happy、angry、disgust、surprise、fear、neutral。每个人为一组，每一组都含有 7 种表情，每种表情大概有 3 张或 4 张样图。这样每组大概 20 张样图，目前在这个数据库上的识别率已经很高了，不管是 person independent 或者是 person dependent。识别率都很高。这个数据库可以用来熟悉人脸表情识别的一些基础知识，包括特征提取、分类等。

② The Extended Cohn-Kanade Dataset（CK+）。

该数据库是在 Cohn-Kanade Dataset 的基础上扩展来的，发布于 2010 年。这个数据库比起 JAFFE 要大得多。而且也可以免费获取，包含表情的 label 和 Action Units 的 label。这个数据库包括 123 个 subjects，593 个 image sequence，每个 image sequence 的最后一张 Frame 都有 action units 的 label，而在这 593 个 image sequence 中，有 327 个 sequence 有 emotion 的 label。这个数据库是人脸表情识别中比较流行的一个数据库，很多文章都会用到这个数据做测试。

③ GEMEP-FERA 2011。

该数据库是 2011 年，IEEE 的 Automatic Face & Gesture Recognition and Workshops（FG 2011），2011 IEEE International Conference on 上提供的一个数据库，如果要获取这个数据库，需要签署一个 assignment，而且只有学术界才可以免费使用。这个数据库拥有的表情图很多，但是 subjects 很少。

④ AFEW_4_0_EmotiW_2014。

该数据库用作 ACM 2014 ICMI The Second Emotion Recognition In The Wild Challenge and Workshop。已经进行了第一届的竞赛，这个数据库提供原始的 video clips，都截取自一些电影，这些 clips 都有明显的表情，这个数据库与前面的数据库的不同之处在于，这些表情图像是 in the wild，not in the lab。所以一个比较困难的地方在于人脸的检测与提取。

⑤ GENKI-4K。

该数据库专门用于做笑脸识别的，整个数据库一共有 4000 张图片，分为"笑"和"不笑"两种，图片中的人脸并不是 posed，而是 spontaneous 的，每张图片的人脸的尺度大小也不一样，而且还有姿势、光照的变化，以及头的转动，相对于 posed facial expression，这个数据库的难度要更大。

⑥ The UNBC-McMaster shoulder pain expression archive database。

该数据库用于做 pain 的表情识别，目前发布的数据库包含 25 个 subjects，200 个 video sequences，每个 video sequence 的长度不一，从几十帧图到几百帧图，每张图都有 66 个 facial landmarks，pain 的 intensity（0~15），以及 facial action units 的编号，每个 video sequence 也有一个整体 pain 的 OPI。

⑦ Bimodal Face and Body Gesture Database（FABO）

该数据库与其他数据库相比，多了 gesture 的信息，目前利用 multimodality 做情感计算的尝试取得很多进展，利用语音信息，人脸表情，body language 等做 emotion analysis 正在受到越来越多的关注，这个数据库就是从 facial expression 与 body gesture 两个方面考虑人的情感。

7.4.2 融合 LBP 及 LPQ 特征的面部情感识别

人脸表情含有丰富的信息，可以表达人们的喜怒哀乐，是人类交流的重要方式之一，"察言观色"便是人类对表情识别的具体应用。近年来，随着人工智能与模式识别的快速发展[22]，对人脸表情识别的研究越来越深入。表情识别是实现人机交互的重要组成部分。人脸表情识别的主要工作是在图像区域提取出对识别有利的特征，在此基础上进行表情分类。该工作的难点之一就是如何提取鲁棒性强且能提升识别率的特征。在保证识别率的情况下，实时性也是一个不可忽视的问题。

本书提出一种新的改进型 Gabor 融合算法，其基本思想是，该融合算法能兼顾准确率与实时性。在 Gabor 表征的基础上，分别提取 LBP 以及 LPQ 特征。LBP 算法能提取局部信息，且提取的是 Gabor 表征中的空域信息；LPQ 也能提取局部信息，且提取的是 Gabor 表征中的频域信息，LBP 与 LPQ 两者结合提取 Gabor 表征的特征，既保留了重要的局部特征又降低了特征维数，再经 PCA 降维后作为双输入在 ELM 神经网络中进行分类识别。

本书提出的方法既保留了 Gabor 在纹理特征中提取的优势，又可以改善其带来的识别速度方面的缺陷，使系统在准确性与实时性上得到优化。

7.4.2.1 二维 Gabor 小波特征提取

Gabor[23]滤波器是用于边缘检测的线性滤波器，它常用于纹理表述。在二维坐标 (x, y) 系统中，Gabor 滤波器包含 1 个实部和 1 个虚部，原理如下：

$$g(x,y,\lambda,\theta,\psi,\sigma,\gamma) = \exp(-\frac{x'^2 + \gamma^2 y'^2}{2\sigma^2})\exp\left[i\left(2\pi\frac{x'}{\lambda} + \psi\right)\right] \quad (7.34)$$

$$x' = x\cos\theta + y\sin\theta \quad (7.35)$$

$$y' = -x\sin\theta + y\cos\theta \quad (7.36)$$

其中，λ 为正弦平面波的波长，它的值以像素为单位；θ 为 Gabor 核函数的方向；ψ 为相位偏移；σ 为高斯包络的标准差；γ 为空间纵横比；参数的值由 λ 和 Gabor 滤波器的半响应空间频率带宽 b_w 来决定，其关系定义如下：

$$\sigma = \frac{\lambda}{\pi}\sqrt{\frac{\ln 2}{2} \times \frac{2^{b_w} + 1}{2^{b_w} - 1}} \quad (7.37)$$

为了降低参数维度，Gabor 在 2 个尺度、4 个方向提取特征，如图 7.6 所示。

图 7.6 Gabor 特征

LBP[24]可以提取图像的局部纹理特征，具有旋转不变性和灰度不变性。它只提取 Gabor 表征中的空域特征，既减少了特征维数，又减少了数据量，提高了识别速度，能够有效提升识别率，故选用 LBP 作为第二步的特征提取方法。

用正式的公式定义如下：

$$\text{LBP}_{P,R}(x_c, y_c) = \sum_{n=0}^{7}\delta(g_n - g_c)2^n \quad (7.38)$$

$\delta(x)$ 是符号函数，定义如下：

$$\delta(x) = \begin{cases} 1 & \text{if } x > 0 \\ 0 & \text{otherwise} \end{cases} \tag{7.39}$$

LBP算子定义在3×3窗口内。3×3邻域的中心元素(x_c, y_c)，它的像素值为g_c，邻域内其他像素值记为g_n，如图7.7（a）所示。LBP 编码过程：用g_n与g_c一一比较，若某g_n大于g_c，则编码为1，否则编码为0。以顺时针为方向，从左上角开始读取二进制数值，由低到高依次组成一个8位二进制数。将其转换为十进制，则得到该编码对应的 LBP 值，如图7.8（c）所示。

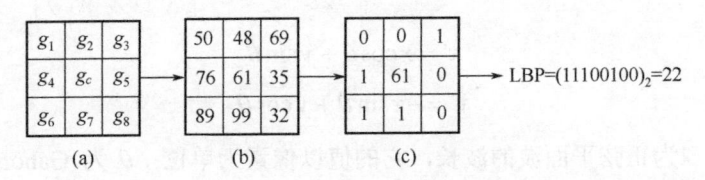

g_1	g_2	g_3		50	48	69		0	0	1
g_4	g_c	g_5		76	61	35		1	61	0
g_6	g_7	g_8		89	99	32		1	1	0

(a)   (b)   (c)

LBP=(11100100)$_2$=22

图7.7 LBP 编码示意图

在上述的基础上提取的 LBP 特征，再经过 PCA 降维后计算的直方图如图7.8所示。

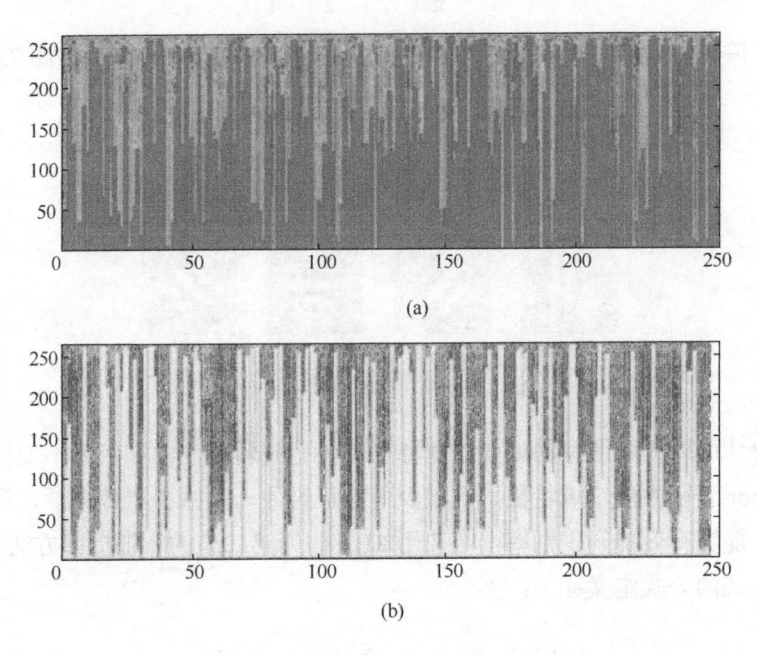

图7.8 LBP 直方图

LPQ 的简介：对于图像$f(x)$，$M \times M$ 邻域N_x采用离散的短时傅里叶变换[25]，如下式所示：

$$F(u,x) = \sum_{y \in N_x} f(x-y)\mathrm{e}^{-j2\pi uTy} \qquad (7.40)$$

局部傅里叶系数通过 4 个频点 $u_1=[a,0]^\mathrm{T}, u_2=[0,a]^\mathrm{T}, u_3=[a,a]^\mathrm{T}, u_4=[a,-a]^\mathrm{T}$ 来计算，a 表示很小范围，$a=1/M$。对于每个像素位置，通过向量表示：

$$F(x) = [F(u_1,x), F(u_2,x), F(u_3,x), F(u_4,x)] \qquad (7.41)$$

傅里叶系数相位可以通过每个部分的实数和虚数的符号来表示：

$$q_j = \begin{cases} 1 & (g_j \geqslant 0) \\ 0 & (g_j < 0) \end{cases} \qquad (7.42)$$

g_j 是向量 $G(x) = [\mathrm{Re}\{F(x)\}, \mathrm{Im}\{F(x)\}]$ 的第 j 个部分。然后 q_j 对其进行二进制编码，如式（7.43）所示。

$$f_{\mathrm{LPQ}}(x) = \sum_{j=1}^{8} q_j 2^{j-1} \qquad (7.43)$$

LPQ_M 表示窗口大小为 $M \times M$ 的算法，图 7.9 所示窗口是 5×5 的 LPQ 算法。

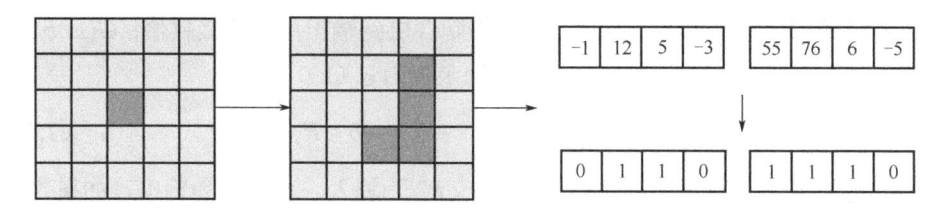

图 7.9 LPQ 编码示意图

在上述的基础上提取的 LPQ 特征，再经过 PCA 降维后计算的直方图如图 7.10 所示。

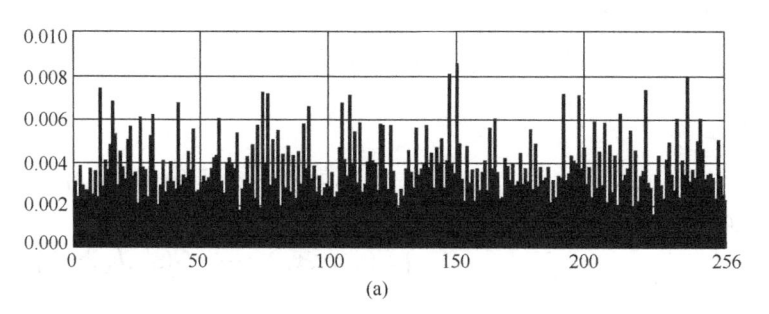

(a)

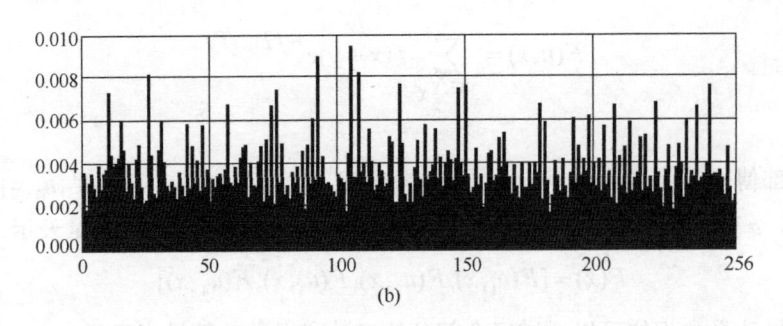

图 7.10　LPQ 直方图

7.4.2.2　ELM 神经网络

ELM 是 Huang[26]针对单隐层前馈神经网（SLFN）提出的新算法。含有 L 个隐含层节点的 SLFN 的输出表达式为

$$f_L(x) = \sum_{i=1}^{L} \beta_i G(a_i, b_i, x) \tag{7.44}$$

其中，$x \in \mathbf{R}^n$；$a_i \in \mathbf{R}^n$；$\beta_i \in \mathbf{R}^m$；a_i 为输入层到节点的连接权值；b_i 为隐含层节点的阈值；$\beta_i = (\beta_{i1}, \beta_{i2}, \cdots, \beta_{im})^\mathrm{T}$ 为隐含层到输出层的连接权值；$G(a_i, b_i, x)$ 为隐含层节点与输入 x 的关系，假设激励函数为 $g(x)$，则有

$$G(a_i, b_i, x) = g(a_i x + b_i) \quad (b \in \mathbf{R}) \tag{7.45}$$

给定任意 N 个样本，其中 $(x_i, t_i) \in \mathbf{R}^n \times \mathbf{R}^m$ 为输入，$t_i \in \mathbf{R}^m$ 为输出，如果含有 L 个隐含节点的 SLFN 以任意小误差来逼近这 N 个样本，则存在 β_i、a_i、b_i 使

$$f_L(x_j) = \sum_{i=1}^{L} \beta_i G(a_i, b_i, x_j) = t_j \quad (j=1,\cdots,N) \tag{7.46}$$

式（7.46）可以简化为

$$\mathbf{H}\boldsymbol{\beta} = \mathbf{T} \tag{7.47}$$

其中，

$$H(a_1,\cdots,a_N, b_1,\cdots,b_N, x_1,\cdots,x_N) = \begin{bmatrix} G(a_1,b_1,x_1) & \cdots & G(a_N,b_N,x_1) \\ \vdots & \ddots & \vdots \\ G(a_1,b_1,x_N) & \cdots & G(a_N,b_N,x_N) \end{bmatrix}_{N \times N} \tag{7.48}$$

$$\boldsymbol{\beta} = \begin{bmatrix} \beta_1^{\mathrm{T}} \\ \vdots \\ \beta_N^{\mathrm{T}} \end{bmatrix}_{N \times m} \quad \boldsymbol{T} = \begin{bmatrix} t_1^{\mathrm{T}} \\ \vdots \\ t_N^{\mathrm{T}} \end{bmatrix}_{N \times m} \tag{7.49}$$

其中，$\boldsymbol{H}$ 为隐含层输出矩阵；

$\boldsymbol{\beta}$ 可以通过求解以下方程组的最小二乘解获得。

$$\min_{\beta} \| \boldsymbol{H}\boldsymbol{\beta} - \boldsymbol{T} \| \tag{7.50}$$

其解为

$$\hat{\boldsymbol{\beta}} = \boldsymbol{H}^{+}\boldsymbol{T} \tag{7.51}$$

其中，$\boldsymbol{H}^{+}$ 为隐含层输出矩阵 $\boldsymbol{H}$ 的 Moore-Penrose 广义逆。因此，ELM 分类器的决策函数可以构造的形式为

$$f_N(x) = \mathrm{sign}(\sum_{i=1}^{m} \beta_i h_{ix}) = \mathrm{sign}(h(x)\boldsymbol{\beta}) \tag{7.52}$$

通过上述的处理，可以得到提取的特征。我们将图像表情划分标签，高兴、悲伤等表情分别对应着 1～7 号标签。应用训练集做训练，使网络中的权值与偏重达到设定的阈值。接着将测试集中图像的特征输入分类器中，ELM 给出一个结果，该数值与某标签最相近，则该图像表情即为该标签对应的表情。

参考文献

[1] 黄鸿，李见为，冯海亮. 基于有监督核局部线性嵌入的面部表情识别[J]. 光学精密工程，2008，16（8）：1471-1477.

[2] Chang Y, Hu C, Turk M. Manifold of Facial Expression[C].IEEE International Workshop on Analysis and Modeling of Faces and Gestures. IEEE, 2003: 28-35.

[3] 续爽，贾云得. 基于表情相似性的人脸表情流形[J]. 软件学报，2009，20（8）：2191-2198.

[4] 王健，冯健，韩志艳. 基于流形学习的局部保持 PCA 算法在故障检测中的应用[J]. 控制与决策，2013（5）：683-687.

[5] 宋枫溪，杨静宇，刘树海，等. 基于多类最大散度差的人脸表示方法[J]. 自动化学报，2006，32（3）：378-385.

[6] Cohen I, Sebe N, Garg A, et al. Facial expression recognition from video sequences: temporal and static modeling[J]. Computer Vision & Image Understanding, 2003, 91 (1–2): 160-187.

[7] Anderson K, Mcowan P W. A real-time automated system for the recognition of human facial

expressions[M]. IEEE Press, 2006.

[8] Wright J, Yang A Y, Ganesh A, et al. Robust Face Recognition via Sparse Representation[J]. IEEE Transactions on Pattern Analysis & Machine Intelligence, 2009, 31（2）: 210-227.

[9] Viola P, Jones M. Rapid object detection using a boosted cascade of simple features[C]// Computer Vision and Pattern Recognition, 2001. CVPR 2001. Proceedings of the 2001 IEEE Computer Society Conference on. IEEE, 2003: I-511-I-518 vol.1.

[10] Rowley H, Baluja S, Kanade T.Neural network-based face detection[J]. IEEE Transaction on Pattern Analysis and Machine Intelligence, 1998, 20（1）: 45-62.

[11] 章毓晋. 图像处理和分析[M]. 北京: 清华大学出版社, 2000.

[12] 王建国, 华继钊, 杨静宇. 基于 YCbCr 颜色空间的光照自适应的肤色区域检测[J]. 计算机应用研究, 2008, （2）: 467-468.

[13] 周翔, 张青萍, 乐桂蓉. 肌肉高频超声成像及其纹理分析[J]. 中国超声医学杂志, 2001, （1）: 70-72.

[14] 任国贞, 江涛. 基于灰度共生矩阵的纹理提取方法研究[J]. 计算机应用与软件, 2014, 31（11）: 190-192.

[15] 奉小慧, 王伟凝, 吴绪镇, 潘爵雨. 基于多色彩空间的自适应嘴唇区域定位算法[J]. 计算机应用, 2009, 29（7）: 1924-1926.

[16] 张丽, 李志能. 基于阴影检测的 HSV 空间自适应背景模型的车辆追踪检测[J]. 中国图像图形学报, 2003, （7）: 60-64.

[17] 李厚君, 李玉鑑. 基于 AdaBoost 的眉毛检测与定位[J]. 计算机与数字工程, 2010, 38（08）: 175-176.

[18] 康牧, 王宝树. 一种基于图像增强的图像滤波方法[J]. 武汉大学学报（信息科学版）, 2009, 34（7）: 822-825.

[19] 张刚, 马宗民. 一种采用 Gabor 小波的纹理特征提取方法[J]. 中国图像图形学报, 2010, 15（2）: 247-254.

[20] 张斌, 常雷, 童钟灵. 基于矩的图像归一化技术与 Matlab 实践[J]. 四川兵工学报, 2010, 31（4）: 75-77.

[21] 于洪, 王国胤, 姚一豫. 决策粗糙集理论研究现状与展望[J]. 计算机学报, 2015, 38（8）: 1628-1639.

[22] 王晓华, 黄伟, 金超, 胡敏, 任福继. 多特征多分类器优化匹配的人脸表情识别[J]. 光电工程, 2016, （3）: 73-79.

[23] 曾召华, 卢建军. 基于 Gabor 滤波器的边缘检测方法[J]. 无线电工程, 2000, （3）: 31-34.

[24] 王一丁，黄守艳. 基于 LBP 和多层次结构的异质手背静脉身份识别[J]. 计算机测量与控制，2017，25（3）：134-139.

[25] 马彦. 利用局部相位量化实现图像质量评价的方法[J]. 计算机应用与软件，2013，30（1）：284-286.

[26] Upper bounds on the number of hidden neurons in feedforward networks with arbitrary bounded nonlinear activation functions[J]. Guang-Bin Huang，Babri，H.A. Neural Net-works，IEEE Transactions on, 1998.

第8章　基于个体行为理解的人机协同系统

自人类基本行为活动开始，即有辅助行为活动的需求。中国古代很早就出现了辅助人类行为的活动、现象与工具。周朝，我国已开始使用算筹这种计算工具，直到唐代被算盘所代替。古代战争使用的烽火、信鸽、军事地图、计算尺、沙盘、兵棋等其本质都是辅助人类决策行为的工具。随着社会的变迁、经济与科技的发展，人类对辅助行为的广度和深度需求大幅度增加，辅助行为及活动的工具和方式得到不断发展，大到宏观政策制定，小到日常生活及出行，时时刻刻都离不开个体活动及其辅助行为，它们也是社会、经济、政治、军事、管理等领域决策者及决策研究者共同关心的热点话题和前沿领域。面对复杂决策环境[1]，行为决策者需求的真实反映与传统 DSS 的行为决策支持效能之间的基本矛盾所带来的问题日益凸显。传统的发展重心在技术，主要依靠数据和模型从技术层面支持人的决策，忽略了不能完全模型化（定量化）的非技术因素（人的认知），人只是系统的看客（使用者），单纯考虑技术因素往往让决策者认为技术不符合决策需求，而作为非技术因素的人又是决策系统的一个重要组件，其高级思维以及决策经验和艺术不能由软件服务来代替，特别是系统现有的体系架构在个体参与意识逐渐增强的形势下往往显得无能为力。然而，在对传统的理论研究、系统实践的不断深入与推进过程中，许多研究者和设计者都有共识，即认为应该协调人机分工以充分发挥人的参与作用来提升系统效能，初步探讨了人机融合机制，并提出很多关于人与系统关系的思想和理论（如人机智能、人机结合、人机交互等）且研究了很多概念形态与生成技术（如软件人、人工任务等）[2]。

如何突破传统的设计理论与体系架构以构建体现以人为本、人机协同、提升智能等特征，能够提供复杂的、个性化的辅助行为活动服务，满足决策者的实时性要求与真实参与需求，进而使系统效能大大提升的新型的基于个体行为理解的人机协同系统，成为我们亟须解决的一项具有重要理论意义与实践价值的课题，这也是一项具有战略性、前瞻性、前沿性和挑战性的研究与探索工作[3]。

8.1 人机协同的基本概念

在学科上，对人机协同系统的研究主要归属于人工智能，相应地，对其中的哲学问题的研究也包括在人工智能哲学里。在国内，已经有不少学者和专家对人机结合系统或人机协同系统进行了研究。1984年，张守刚、刘海波在讨论机器求解问题时就已经提出，在机器推理和求解问题的过程中，必须由人来参与。如何将问题形式化，如何将推理规则及程序放到机器中，如何解决机器在求解问题时遇到的难题，都需要人来处理。机器求解问题，实际上是人机求解问题系统。人的智能加上物化的智能—机器智能所构成的人—人机协同智能机系统将是今后智能系统发展的一个重要方向。1988年，马希文提出了人与机器结合的观点，人利用机器，机器辅助人，共同完成一项复杂的工作。1990年，钱学森在研究系统科学和工程时，第一次提出了"综合集成工程"（Meta-synthetic Engineering）的构想，在对开放复杂巨系统的研究基础上提炼、概括和总结出来的一种工程研究方法。开放复杂巨系统的研究通常需要借助计算机技术和相关专家的参与，建立起包含大量参数的模型；这些模型通过人机交互，反复实验，逐次逼近，最后形成结论。其本质是将计算机及与跟主题相关的专家有机结合起来，构成一个高度智能化的人机交互系统。其中计算机和人（专家）在该系统中均是不可替代的。1994年，路雨祥和陈鹰在研究机械科学和工程的基础上，首次提出了"人机系统"（Human-machine System）的概念。人机系统强调人与机器相互合作，将人的智能（创造性）与计算机智能（计算、推理）有机结合起来，发挥出各自的优势，弥补对方的不足，争取最高效地完成一项工程或工作。

在国外，大量学者对人机结合或人机协同系统进行了研究。其中，比较有代表性的如下。1991年，美国著名人工智能与计算机学家费根鲍姆（Edward Albert Feigenbaum）与里南（Douglas Lenat）提出了"人机合作预测"（Man-machine Synergy Prediction）的概念，认为人与计算机之间可以成为一种同事的关系，人与计算机所需要做的工作就是执行自己所最精通的工作。2014年，美国学者艾萨克森（Walter Isaacson）指出，当下最重大的创新来自人的灵感与计算处理能力的结合。人类和计算机共同发挥各自的才能，共同合作，总会比计算机单独行事更具创造力。人脑和计算机将会非常紧密地结合起来，二者的协同合作将会产生一种人脑未曾想到过的思考方式，能够产生人类当前所熟知的信息处理机器所不能实现的数据处理方式。2007年，人工智能专家伯特尔（Sven Berte）在其论文中提出的人机协同推理的概念（Human-computer Collaborative Reasoning）及一种方法论概念（即人机协同系统），即创造出一种结合人和计算机的协同推理系统，目的是为了解决基于联合图的各类问题，例如包括空间配置及任务设计等，使计算机能够更好地适应人类的心理过程和状态，从而允许更高效的合作的出现。人机协同系统是一个由人与计算机组成的系统，能够共享和操作一个通用的表示（或者图表），从而共同解决一个推理问题。其设置是不对称的，因为人和计算机的推理策略和处理能力并不相同；因此，良好的合作质量和满意的工作效率是必需的。一种能够实现优势互补的方法是，事先预测对方的行动。对于计算机推理而言，计算机通常需要做到：①监测人类的推理行动；②建立基于计算机系统的认知推理模型，并将人类的推理行动数据输入进去；③根据人类当前的和即将发生的精神状态及下一步可能的行动来生成假设；④根据假设来调整计算机推理的行动。

综上，人机协同系统是由人和机器构成并依赖于人机之间相互作用而完成一定功能的系统，系统可参照人机功能优势（表 8.1）将实际情况把系统的操作看作一个整体并根据任务要求进行人机功能分配、协同决策、协同工作，使人机系统可靠、有效地发挥作用，达到人与机器的最佳配合。

表 8.1 人类与机器的优势对比

人类	机器
灵敏的视觉、听觉、嗅觉和味觉	快速响应，精准发力
遍布全身的触觉	重复执行任务能力
随机应变、灵活处置	短暂存储、快速擦除
长段存储、回忆联想	演绎推理、超强计算
原因归纳、自我学习	操作高复杂、并行多任务

8.1.1 人机协同的定义

本章将人机协同系统的概念定义为：人和计算机相互协同、共同组成的一个计算推理系统，其中计算机主要处理部分计算和推理工作（如演绎推理、归纳推理、类比推理等），在计算机力不能及的部分，需要人的参与，特别是需要做出选择、决策化及评价时；人与计算机相互协同，可更高效地处理各种复杂的问题。

人机协同关系是人类和机器在统一时空的交联作业，它们共享时空资源。如果人机两个个体满足下面最小化两个条件，就认为它们处于协作状态：一方朝着自身目标努力时，可能会干扰另一方的工作过程、资源使用和目标实现等；双方企图管控干扰和分歧，促进各自个体活动和共有任务的完成。国外学者 Sheridan 于 1980 年就人机协作等级进行了 10 级划分，按照等级依次为：人类考虑一个备选方案，做出并实施决策；计算机提供了一组人类可能会忽视决策的备选方案；计算机提供了一组限制性选择，由人类决定并实施；计算机提供了一组限制性选择和建议，由人类最终决定；计算机提供了一组限制性选择和建议，人类许可计算机，它就实施；计算机做出决定，在实施前，给人类否决权；计算机做出决定并实施，但必须事后通知人类；计算机做出决定并实施，只有人类要求才通知人类；计算机做出决定并实施，只有感觉必要才通知人类；计算机凭感觉决定并实施，只有感觉必要才通知人类。

人机协同系统的合作分为 5 个层次，分别为意图识别、合作模式、任务分配、人机接口、交流接触。人机协作经历不接触、可能接触、有意识接触 3 个阶段，其协作等级不断增强。不接触阶段：最低级的协作是安装防护栅栏，人与机器不能接触，其工作空间是分割开的；可能接触阶段：虽然没安装护栏，但有感应安全防护，如光栅，可进行无意识接触；有意识接触阶段：最高级别，人与机器共享工作空间，机器人可以移动，与人进行有意识接触。根据人机作业中危险降低和工效改善的测定，划分人机安全等级，如表 8.2 所示，其级别越高，安全性越好，协作性越高。

表 8.2　人机安全等级

等级	状态描述
1 级	低负载和低机器人惯性
2 级	机械设计和软垫，避免伤害
3 级	功率和速度限制
4 级	软垫碰撞检测，手动撤回
5 级	人身保护设备
6 级	实时感知适应环境

本章所述的基于个体行为理解的人机协同系统将人机协同思想概括为：系统设计执行过程中，把人作为必不可少的成员参与到整个系统中去，让计算机和人之间形成一种同事关系，形成"人机一体化"，使人和计算机各自完成排课中自己最擅长的部分，并且相交互，使二者动态融合，发挥各自优势，构成达到，甚至超过人的能力乃至智能的人机结合的"超智能"协作系统，提高任务的执行效果。基于个体行为理解的人机协同系统任务的完成，建立在人和机器共同协作的基础

上，强调人和机器各自的重要性。人机协同过程主要体现在环境感知、任务分配决策和任务执行三方面：在环境感知层面上，人类个体通过灵敏的视觉、听觉、嗅觉和味觉、遍布全身的触觉等感官来感知系统外部信息，计算机则通过毫米波雷达、超声波雷达、视觉摄像头等传感器获取内部和外部的工作环境，两种途径获取的环境信息经人机交互过程实现数据融合；在任务分配决策层面上，人主要负责创造性思维，依靠直觉、经验等对信息进行判断，做出决策，而计算机主要凭借其超强计算能力，根据自身的数据库演绎推理做出决策，完成高复杂、并行重复性的工作；在任务执行层面上，人主要从事创造性、灵活性的工作，机器主要完成复杂、危险、重复率大且功率大的工作。基于个体行为理解的人机协同系统采用人机协同的方式，可借助人机交互界面实现数据输入和决策及动作输出的交互过程，参与操作的人类个体可根据交互界面边查看、边调整、边修改，使错误和不足之处及时得到改正和补充。同时人和机器各取所长，共同感知、共同决策、共同执行，相互约束和制约、相互监护，实现人机之间的整体结合。人机协同系统可模拟人的智能，处理繁重的计算和推理工作，可使人们将时间和精力投入发现和创造性工作上去，从而大大提高了人类认识世界与改造世界的能力。整个人机协同系统框架如图 8.1 所示。

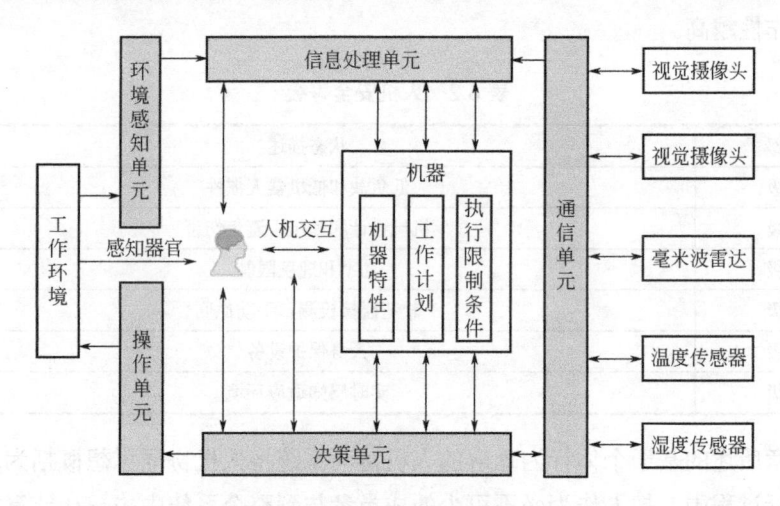

图 8.1 人机协同系统框架

8.1.2 人机协同的问题

空间任务人机协同作业主要涉及两个方面的问题：一是机器的能力，对于特定的环境和任务，机器应具备何种能力；二是人与机器如何配合，空间任务中机器人适于承担哪些任务，怎样实现人机交互。对于机器人的能力，这是整个人机协同的核心，关系到人机协同的程度。其中，人与机器如何配合可以延伸为3个技术问题：人机任务分配、人机安全控制和人机信息交互。

8.1.2.1 人机任务分配

人机协同要求人和机器人既独立又相互配合开展作业，因此人和机器人的分工十分重要。人机协同作业系统设计的第一个问题就是明确人机各自的任务，包括：哪些任务需要人机协同开展，哪些任务应当属于人或机器负责，现场临时任务如何分配等一系列问题。尤其是对于地外天体表面人机协同作业，任务复杂，天地通信延时更严重，这一问题显得更为突出。人机任务分配须考虑到系统论、运筹学和工效学等多方面因素，虽然有很多学者进行了研究，但只解决了某个领域中的部分问题。目前还没有一个系统的、可普遍采用的任务分配决策方法。根据国内外的实际经验，一般需要根据操作者能力、机器水平、支持费用等因素进行分配，而且与具体的任务相关。通常而言，在任务开展前将完成任务的分配，但是对于空间任务而言，虽然任务规划时可进行大部分任务的分配，但仍需要作业现场根据既定原则进行决策。总的原则是：在人机任务分配时，要充分发挥人和机器操作的各自特长，避其所短，使得任务设计在整体上达到高效、安全、可靠而经济的目标。具体而言，在确保安全可靠的前提下，可以采用以下一种或几种分配原则。

① 匹配性分配原则：谁能完成任务的质量和速度更快，就将任务分配给谁。

② 机器人优先原则：优先将任务分配给机器，剩下的分配给人。

③ 能动性分配原则：注重发挥人的主观能动性，将体现个人价值和能力的任务分配给人。

④ 经济性分配原则：以任务成本为首要依据，任务的分配视经济与否而定。

8.1.2.2 人机安全控制

安全是机器与人近距离开展工作的首要要求。人和机器协同作业，除了满足操作者独立开展作业的各项安全要求外，还需要防止机器对人的伤害。伤害主要在以下三种情况时产生：人进入机器作业路径内，机器可能对人产生碰撞等危险；操作人员可能会发送不正确或不合理的操作指令，导致空间服务机械臂等非正常的运动从而给处于人机协同空间的人员带来威胁；机器硬件或软件发生故障进而失去控制[4]。

对于第一种情况，通常在机器作业时是划定机器人技术研究较多，本书不再详细论述。第二个工作区域，禁止人员进入。但对于人机协同作业，这显然是不合适的，因为航天员与机器人位置关系，不能有固定约束。为解决这个问题，机器通常通过多传感器来确定人与机器人之间的相对位置，进入不同的工作状态：若判定机器人机械臂工作区域内没有航天员存在时，机械臂可以以最快的速度工作；若航天员在工作区域内，但在一个安全距离，则以特定速度进行工作。一旦有人闯入机械臂运动路径时，机械臂能马上停止，或是通过改变运动路径，规避航天员。

两项原则：对于误操作，通常设定了机器人作业的原则，即机器人不能伤害人，或者说，不能因无所作为而使人受到伤害；机器人必须服从人给出的指令，除非它与第一条原则相违背。

按照上述的两项原则进行安全性设计，能确保机器人不对航天员进行直接的伤害。但是仍无法确保避免间接伤害。对于机器人故障，除了加强机器人鲁棒性设计外，通常是建立应急保护系统，可以由现场工作者进行控制，也可以由其他操作人员远程控制，在发生突发情况时，能紧急暂停机器人工作。以上所有的策略，均需要有足够灵敏度的传感器和运算速度足够快的计算机。但是就目前的技术，尤其是在空间条件有限的情况下，运算速度难以保证。在处于人机协同工作现场的工作人员进行应急避险或操作时，可能伤害已经造成。

8.1.2.3 人机信息交互

通过人机交互能将人的意图准确实时地传递给机器，也能将机器的状态信息以及对现场的检测信息准确、快速地反馈给人，以使人和机器能够高效自然地协同完成任务。目前机器感知的主要形式有形式化计算机语言、自然语言理解与处理以及图形图像识别等。此外，研究比较多的基于多模态脑电波信号的脑机交互技术，也取得了丰硕成果，但到目前为止，仍然处于探索阶段。

形式化计算机语言是目前人与计算机通信的主流，由于输入不方便难以在人与机器人协同作业中广泛应用。由于空间任务时人与机器人的距离可能在目视范围内，也可能是在远距离作业，因此对自然语言交互的需求更为强烈。目前理解和处理自然语言有许多方法，本质是通过计算机做基于规则的匹配、推理或统计等工作。自然语言理解面临以下难题：一是用词无明显的规律性；二是用词不规范；三是不同的语境汉语有多种理解。总而言之，自然语言远未达到人机自然"对话"水平。图形、图像人机交互主要是通过对人的肢体动作、表情等进行识别，进而准确判断出人的意图信息。但是人的肢体动作形状复杂而且多变，从二维图像或视频序列中准确识别，需要面临很多困难。目前地面基于视觉的手势识别系统也不成熟，存在识别率不稳定、实时性较差等缺点。空间任务图形图像交互还将面临以下影响因素：肢体动作的形变、光照变化、肤色漂移、遮挡及硬件条件约束等。

8.1.2.4 人机协同隐含的风险

人机协同系统可大幅度提高人的价值。一方面，计算机可替代人类做非常繁重的计算与推理工作，极大地节约了人们的时间与精力，人们可将时间与精力投入更多的、富有创造性的工作上去。另一方面，人们可以有更多的时间和精力去创新或改进计算机的硬件、程序以及网络环境，从而可以使计算机具备更多、更强大的功能。人与计算机相互协同、相互促进，这使得人与计算机形成了一种"正反馈"的关系，然而，人机系统在推进人类文化进化的同时，也可能存在风险。

1. 弱人工智能与强人工智能

随着人机协同系统的发展，人与计算机协同合作，不仅可以更好、更高效地处理各种各样的问题；同时，随着计算机技术与人工智能的发展，计算机的计算水平、推理水平，以及学习能力、智能水平也在不断进步之中，因此可以更好地替代人类做各种不同的繁重的工作，从而将人从各种任务处理中不断解放出来。那么，随着人工智能与人机协同系统的发展，一个可能需要面对的问题是：人工智能会不会完全达到人类的智能水平，甚至超越人类？如果人工智能水平会达到，乃至超越人类的话，人类将如何从价值、道德以及伦理的角度解决这个问题？

对于第一个问题，涉及的是弱人工智能与强人工智能的分歧。国内外的学者对弱人工智能所持观点基本是一致的：能真正地进行推理和解决问题的智能机器是不可能被制造出来的。与弱人工智能的观点相反，强人工智能认为真正能进行推理和解决问题的智能机器是可以被制造出来的，并且机器能够进行思考。大多数人工智能专家认为，弱人工智能当然是可以实现的，并且实际上也在不断实现的过程中。对于强人工智能，专家的分歧就比较大了，有些人赞同，有些人反对。通常来说，反对强人工智能的理由主要集中在一点上：机器并不具备意向性（Intentionality）。所谓意向性，是一个非常重要而又充满争议的哲学概念。通常认为，意向性是人类心智状态的基本特征，意向性代表人类具有的信念、愿望或意图。一些哲学家就认为，意向性是人类所持有的心智属性，机器并不具备运用意向性。同时，一些专家认为，机器不具备意识，无法体验到情感。

2."技术奇点"

弱人工智能与强人工智能分歧的焦点其实在于，人类智能和人工智能之间究竟有没有一个类似"天堑"的隔断？如果有，那么"天堑"在哪里？美国科学家赛尔（John Searle）于1982年提出了"中文屋"（Chinese Room）思想实验。"中文屋"思想实验试图用"意向性"来充当这个天堑，然而从哲学与技术的角度分析，并不能完全成立。如果没有这个"天堑"，那么随着人工智能的发展，可能终将有一天，人工智能将会达到或者超越人类智能；实际上，从计算能力、演绎推理的角度，无论是速度、精确性，计算机都早已超过人类。这就不可避免地面临"技术奇点"（Technological Singularity）的问题。数学家古德（Irving John Good）在他著名的论文 *Speculations Concerning the First Ultraintelligent Machine* 中提到，可以把超级智能机器定义为一台能够远远超越任何人的全部智能活动的机器。结果毫无疑问将会出现智能爆炸，而人类的智能则被远远抛在后面。如果这台机器足够驯良，并告诉我们如何保持对它的控制的话，那么第一台超级智能机器人就是人类需要完成的最后发明。著名数学家、科幻作家文奇（Vinge）将"智能爆炸"也称为"技术奇点"；他认为，如果"技术奇点"出现的话，那么人类时代就将会结束。古德和文奇都注意到当前技术进步的曲线呈指数增长（如"摩尔定律"）。然而，该曲线将持续增长到一个接近无限的奇点则是相当大的一步飞跃。迄今其他每项技术几乎都遵循了一条"S"形曲线，其指数增长最终会逐渐减少以至停止。有时当旧技术停滞不前时会出现新技术，有时则会突破极限。很难预测，几十年甚至数百年之后，"技术奇点"会不会真正到来。如果奇点真的出现的话，那么接踵而至的价值、道德、伦理等问题就会出现。实际上，在众多科幻电影中，这一场景已经被"实现"了，诸如《终结者》（*The Terminator*）系列电影、《黑客帝国》（*The Matrix*）系列电影以及2015年的《机械姬》（*Ex Machina*）等。在人工智能超越人类之后，发现人类居然是如此的弱小与无知，反而会对人工智能自身构成威胁，所以人工智能首先对人类展开了歼灭战。

8.1.2.5 风险的应对策略

为了防止这种可能景象的出现，阿西莫夫（Isaac Asimov）于1942年在其科幻小说 *Runaround* 中提出了设计机器人的三个法则，也称"机器人学三定律"（Three Laws of Robotics）：

① 机器人不可以伤害人类，或通过交互的方式伤害人类。
② 机器人必须遵守人类发出的指令，除非该指令与第一法则冲突。
③ 机器人必须保护自身，只要这种保护不与第一、第二法则冲突。

阿西莫夫试图通过订立"机器人学三定律"，来阻止机器人或人工智能对人类造成危害。在未来人工智能的发展历程中，人们也应当坚持"机器人学三定律"，并制定相关的法律与行业规范来阻止这种现象的出现。实际上，关于"技术奇点"与"超级智能机器人"的讨论远没有上文描述的那么简单，很多人工智能专家与哲学家对此的争论也在不断进行中。然而可以预见的是，随着人工智能与人机协同系统的发展，计算机会更好、更高效地替代人类的工作，并且把人类从繁重、单调的计算与推理任务中解放出来。人类需要做的工作更多集中到选择、评价、预测等创造性工作上去；人类可以花费更少的时间和精力来解决更多更复杂的问题。无论未来人工智能与人机协同系统发展如何，持有一种乐观的态度——这会使得人类的未来更加美好[5]。其原因不仅仅在于科技的发展与人类创造性的发挥所促使的社会的进步，还在于人类面对危险和威胁时所拥有的顽强的意志力与无穷的智慧。而后者，则支撑着人类在面对人工智能可能出现的危险和威胁时，会做出不懈的努力，以化解这种危机。可以说，人类在面对"核战争"的威胁时所做出的对于和平的努力就是一个最好的例证。

8.1.3 研究现状与发展趋势

人机协同系统经历了逐步积累、渐进发展的历程；尤其是最近的 30 年，随着人工智能的不断发展，人机协同系统也步入了发展的"快车道"。人机协同系统经历了数十年的发展，在很多领域已经取得了良好的应用效果与经济效益。以下，以新近出现的协同式专家系统、计算机集成制造系统为例来进行说明。

8.1.3.1 协同式专家系统

当前存在的大部分专家系统（计算机等），在规定的专业领域内，它是一个"专家"，但一旦超出特定的专业领域，专家系统就可能无法工作。协同式专家系统正是为了克服一般专家系统的局限性而逐渐发展起来的。20 世纪 80 年代中叶，随着常识推理和模糊理论实用化及深层知识表示技术的成熟，专家系统开始向着多知识表示、多推理机的多层次综合型转化。协同式专家系统立足于纠正传统专家系统对复杂问题求解的简单化，开始追求深层解释和推理，实现原则是技术互补，起始于单纯的知识表示和推理方法的结合，并逐渐发展到专家系统结构上的综合。

该系统能综合若干个相近领域或一个领域多个方面的分专家系统相互协同工作，共同解决一个更广泛的问题。在研究复杂问题时，可将确定的总任务分解成几个分任务，分别由几个专家系统来完成。各个专家系统发挥自身的特长，解决一个问题再进行子系统的协同，确保专家系统的推理更加全面、准确、可靠。协同式专家系统协同推理解题的过程可分为四个阶段：问题划分、子问题的分配、核心子问题求解和推理结果的综合。这四个阶段是递归的，对于非核心子问题需继续这一过程，而且可能反复"递归—回溯"，直到问题解决为止。协同式专家系统广泛应用于医疗领域，当今的恶性肿瘤疾病包括多种，肺癌、胃癌、肝癌、食道癌、鼻咽癌、白血病等。如果针对每一种恶性肿瘤开发一款专家系统，那么这样的专家系统就只能辅助诊断一种癌症；这显然是人力与资源的浪费。专家们开发出了"沃森医生"（Doctor Watson）及"十大常见恶性肿瘤诊疗专家系统"等协同式专家系统，可很好地辅助医生们诊断出各种不同的癌症，并给出相应的治疗方案。医生与专家系统（计算机等）相互协同，不仅节约了医生的时间与精力，而且极大地提高了诊断的准确率，取得了良好的效果。此外，协同式专家系统也广泛应用在医疗诊断、天气预报、化学工程、金融决策、地质勘探、语音识别、图像处理等领域[6]。

8.1.3.2 计算机集成制造系统

人机协同系统也已经应用在现代制造业中，并取得了很好的成效。在现代制造业中，计算机集成制造系统正在迅速发展起来。计算机集成制造系统由美国学者哈林顿（Joseph Harrington）于1973年首次提出，指的是综合运用现代管理技术、制造技术、信息技术、系统工程技术等，将企业生产全部过程中有关的人、机（计算机、生产及控制设备等）有机集成并优化运行的复杂的大系统。在这样的系统中，人与机器配合工作，各司其职。人主要从事感知、推理、决策、创造等方面的工作；机器则在生产过程的实施与控制方面发挥作用，或者从事由于生理或心理因素人们无法完成的工作。在最近的几十年中，尤其是自1990年之后，美国、西欧、日本、韩国及中国的多家化工、钢铁及机械制造等企业纷纷采用了计算机集成制造系统；据调查表明，多家企业在采用了计算机集成制造系统之后，明显地提高了生产效率、产品质量与设备利用率，并显著地减少了工程设计量，缩短了生产周期，取得了良好的经济效益。以工业生产领域的协同机器人的任务完成过程为例来进行说明。协作机器人旨在协助人类并与人类一同作业且无须使用安全围栏进行隔离，解决人类较难以达成的精确度或让人类远离危险的环境和工作，协作机器人具有协作性、安全性、快速学习、适应能力强、高效和低成本等特点。据国外相关统计数据显示，2014年，协作机器人市场规模约为1亿美元，目前正以每年50%的速度增长。预计到2020年，机器人将形成"人机共融"的新局面。人类的生产经历了全手工劳动，到半自动、全自动等生产模式，未来必将走进人与机器人的协作时代，并且成为一种常态的工作模式。今天，可能只在生产线的上下料等上下游使用机器人，在装配过程中，采用手工来装配，配合输送带系统，追求单元的精益生产。未来，在生产线中，人与机器人将实现混合搭配，协作型机器人将使用多功能的爪钳，采用引导式的高效编程，提高整个装配系统成本竞争力。多自由度运动学冗余机械手与人类一起工作，它们紧凑运动不扰乱工人工作。未来的协作机器人在人机的工作分配方面，将简单重复、劳动强度大的劳动留给机器人，复杂的智力劳动留给人类自己，协作机器人正在打破传统机器人的桎梏，在追求低价、高效、安全和生产多样化的今天或将掀起一场制造业机器换人的风暴。

虽然当前人机协同系统已经广泛应用在生产生活等各个方面，已经或正在改变人类的认知世界和改造世界的方式。然而，关于其本身的协同决策及任务有效分配问题的研究却相对比较少，人机协同系统也面临知识获取的技术困境及社会问题。把握人机协同系统的发展趋势与对人工智能的理解存在着一定的关联。本章暂时搁置弱人工智能与强人工智能的哲学分歧，只将其列为人工智能发展的不同阶段。目前人机协同系统的发展，已经很好地实现了或正在实现弱人工智能，并取得了丰硕的成果，如目前的各种专家系统。在诸多人机协同系统中，计算机已经很好地完成了人们分配和指定的计算与推理任务，在很大程度上解放了人们的双手和大脑。

目前，强人工智能仍面临很多哲学和现实问题，但是人工智能专家仍在积极努力探索，试图突破各种局限。随着强人工智能的发展，人机推理系统也将不断地发展，将更好地替代人们的工作，把人们从繁重的工作中进一步解放出来。不久的人机协同系统必将实现。

① 人机友好协作。自动化过程仍然需要人，人作为解决方案的一部分，现有的技术不能完全自动化。一个完整的人机协作系统具有更简单的编程，意味着工厂不需要许多工程资源。

② 更有效和更美好。安全风险最小、作业空间紧凑的自动化使得工厂更容易利用现有场地进行有效生产，人机混搭的协作装配线使得生产节奏更快、更有效。

③ 质量更高，浪费更少。人和机器人协同工作超越了人类自身可达的工作精度与速度，使产品质量更高、浪费更少。

④ 简化编程技术。引领编程技术，有别于传统复杂性编程。任何人都能掌握，无须特殊培训或拥有编程技能。

8.2 个体行为的习惯建模

8.2.1 行为习惯认知及意义

人类的行为遍布政治、经济、文化、科技等各个领域，是社会发展和经济进步的主导力量，因此对针对人类行为习惯进行的定量研究具有极为重要的价值。在以往的研究中，人类的行为一直被认为是稳态与随机的，可以用泊松过程来描述。但是，最近大量的实证结果表明，在普通书信往来、网页浏览、移动电话通信、在线音乐欣赏、无人驾驶汽车出行等基于时间选择机制的人类活动中，时间间隔分布具有明显的非泊松特性，体现出阵发和胖尾现象。这些针对不同行为模式的实证研究可能反映了人类动力学中一些潜在的普适特征，因此建立相应的模型探索行为的产生机制是非常必要的。

人的一切经验和习惯都建立在对新知识不断学习的基础上，操作和熟悉的基础之上。不同人群具有突出的群体特征，比如认知能力、生活节奏、周围环境等。这些群体特征背后所反映的内涵，影响了交互设计启示性的设计，可用性与效率。比如，认知水平影响了个体对事物的思考程度，复杂度和知识的多寡。工作类型影响了个体对特定领域的熟悉，特定领域认知的缺乏，甚至一些学习能力的偏差。生活方式影响了个体所接收到信息的来源、思维方式、行为观念等。人们的行为习惯总是处于不断学习新事物，提升认知，逐渐积累形成新的惯性思维进而产生习惯性行为的过程。

在人类动力学建模研究方面，基于优先权排队机制的理论模型最为常见，这类模型均认为行为的发生等同于任务的处理，且个体处理任务的顺序主要依据自己感知的轻重缓急来决定。然而人作为一种高等生物，并不会像机器一样被动地等待任务，并以特定的某种次序完成任务。此外，包括看电影、玩网络游戏、运动锻炼在内的一些行为也不能以任务的形式来看待基于这些因素的考虑，国内外研究者陆续提出了基于记忆和兴趣的非排队理论模型。

与此同时，互联网规模和用户数量的飞速增长，针对互联网用户的使用日志的研究逐步提上日程。研究互联网用户的使用日志行为可掌握用户的访问规律,提供更好的用户体验。因此,挖掘个体用户行为习惯的相似性有着非常重要的研究意义和应用价值。近年来,越来越多服务型机器人或者辅助系统被广泛地应用于医院、博物馆、家庭、道路交通等不同环境中。例如,助老机器人可以在一定程度上帮助老人完成类似清扫、取物、安保、定时送药等日常家务作业。当依靠服务机器人独自生活的老年人因摔倒、疾病突发等问题而处于异常行为状态时,往往伴随丧失自行呼救或控制机器人呼救的能力。如果服务机器人能够主动学习服务对象的日常行为习惯,那么就可以依靠机器人来及时发现服务对象的异常行为,从而有效地进行呼救。此外,了解服务个体的日常行为习惯、动作特点有利于提高系统智能化水平,实现个性化服务。因此需要对服务对象日常行为习惯进行建模,进而根据模型对服务对象在所处环境中的当前状态进行自主学习,一方面,准确地发现服务对象的爱好倾向;另一方面,检测、分析并判断个体的当前状态是否异常,以便及时采取处理措施。

此外,随着互联网技术和业务的迅速发展,网络用户数量的逐年增加。就用户而言,他们在网络中的行为也趋向于多样化,既可以浏览新闻、收听音乐、收看视频,又可以发表言论、购买商品、游戏娱乐等,因此网络平台上保存了大量的用户行为数据,甚至包括了用户性别、年龄等个人信息,这些丰富类型的数据使得理解用户的行为习惯相似性变得可能,特别随着"人的社会行为的网络化"及"信息的社会化"的发展趋势,这些行为习惯能够在较大程度上反映用户在真实世界的行为习惯。就消费个体而言,对特定作用对象往往具有相似性行为,通过收集个体日常生活中的习惯动作,可使智能服务型产品成为更人性化的服务个体。与传统人工调研的方法相比,基于数据的用户行为习惯挖掘和相似性分析方法有着相对较低的成本代价,因此吸引了大量关注和深入的研究。

8.2.2 个体行为习惯挖掘的相关工作

由于基于行为习惯的用户相似性挖掘包括两个主要的过程:首先,基于用户的行为数据挖掘用户的行为习惯;其次,基于用户的行为习惯表示计算用户的相似性。很多早期研究用户行为习惯的工作主要是通过分析用户的属性信息或者在社团中的在线行为信息。代表性方法如下:

① 以配置文件的形式去记录用户隐性的交互信息,并将其标为用户长期的行为习惯,然后基于这样的行为习惯实现用户个性化的新闻故事检索和推荐。

② 通过分析用户交易数据和网页浏览数据来发现重复出现的配置信息，并将其描述为用户的行为习惯。

③ 基于概率混合模型分析用户在线行为数据，并进而将挖掘到的隐含主题变量用来描述用户的行为习惯。

然而，此类行为挖掘的习惯行为数据建立在虚拟世界的行为兴趣之上，很难捕捉用户"真实"世界的行为特性。

随着移动设备的广泛普及，越来越多的用户开始使用移动设备看邮件、听歌、浏览网页、查地图、手游，与此同时，用户的数据也正从 PC 端转向移动设备端。移动设备中具备的强大的多类型传感器系统，一方面，用户与移动设备的交互数据以及使用互联网的各种行为数据都被记录下来；另一方面，用户的各种环境情境信息也被传感器捕获并保存在移动设备上，这些丰富的数据使得基于移动情境日志数据挖掘用户的行为习惯变成了现实。与基于的行为习惯的挖掘结果相比，这些情境信息直接反映了用户在真实世界所处的状态，能够有效地抓住用户在真实世界的行为特性。此外，人类对具体服务型产品如辅助驾驶汽车执行端的日常操作规律也可挖掘出用户的现实行为习惯。总体来说，基于移动用户情境日志数据的行为习惯挖掘研究工作大致包括以下两类。

第一类研究工作仅仅关注了用户的位置和时间信息，因为在很多时候，位置和时间都被认为是同用户最相关的情境信息。在这类研究工作中，部分研究人员从用户的移动轨迹中抽取出几何特征来刻画用户的行为习惯相似性。可执行方法如下：

① 通过采用用户移动轨迹的序列特性和几何位置空间的层次特性来建模单个用户的重要位置，并基于此比较不同用户之间的相似性。

② 通过采用移动序列模式中的最长公共序列去计算两个移动用户的相似性。

与之不同的是，这类工作中的另外部分学者考虑了位置的语义特性，也就是说，他们都通过采用语义位置历史数据去建模用户的移动轨迹行为，如购物商场—饭店—电影院。它们的不同点在于移动轨迹的语义相似度度量方法上，代表性方法如下：

① 采用最长行程匹配算法用于度量语义位置历史的相似性。

② 采取最大语义轨迹模式相似性方法度量不同轨迹之间的语义相似度。

第二类研究工作也是与本章最相关的一些研究工作，开始考虑和采用移动设备上丰富的情境信息与交互行为记录，将用户在真实环境下的位置与移动设备在网络服务模式下的服务请求结合起来挖掘用户的行为习惯。然而仍然还有其他一些对描述用户行为习惯非常有用的情境信息（如交通状态及移动设备的情境设置等）没有在这些工作中被考虑到。Karatzoglou 等将两维用户—项—矩阵分解问题扩展到 n 维用户—项—情境 tensor 建模和分解问题，并提出了一个基于 Tucker tensor 分解模型的 multiversre 推荐算法。尽管该算法能够灵活地对多种情境信息进行整合和建模，然而它存在着多个限制：分解维的时间复杂性与情境的数目成指数倍关系，从而限制了可以使用的情境数目；要求的情境数据类型必须是类别型的。正由于这些限制条件使得直接将该模型用于真实应用中的丰富情境数据建模变得有待商榷。为了有效地使用用户的情境信息以及交互信息，可通过挖掘移动设备上的交互数据与用户情境的关联关系，即"行为模式"来表示用户的行为习惯及其维度和稀疏程度。

8.2.3 个体行为习惯模式

行为模式挖掘问题分为两个方面：

① 挖掘关联关系。用户所处的环境情境与用户和移动设备的交互之间的关联关系，并且其支持度和置信度都大于事先定义的一个阈值。尽管行为模式和关联规则有一定的相似性，然而挖掘数据中情境记录和交互记录具有一定的不平衡性。

② 了解个体活动因素。具体分为以下方面。

一是捕捉有效的个体行为特征。人性化的服务的实现，需要有效捕捉到服务对象的基本特征。不同的应用领域，个体的行为基本特征不同。家庭服务型机器人需要采集服务对象的日常生活轨迹及方式，辅助安全驾驶系统关键在于采集构成驾驶行为的一系列驾驶操纵动作，医疗恢复设备则需采集所需训练部位的行为惯性轨迹等。

二是分析个体行为的影响因素。任何事物的运动都是有其内在和外在原因。影响个体行为的因素包括：个体的心理因素、文化因素、体质能力等主观因素和视角大小、操作对象性能、天气因素等客观因素。

三是初步估计个体能力。个体的能力倾向是客观存在的，并且总是在一定的质和量的界限中表现出来。因而对于人的能力结构和倾向，不仅可以定性分析，例如，助老机器人检测到服务对象的身体倾角大且变化快，则可初步判断老人的摔倒趋势，而不会想象为进行街舞表演；检测到个体长时间处在地上，则可以判定为摔倒行为的发生，及时报警通知家人此危险行为的发生，而不会判断为趴在地上玩耍。

8.2.4 基于个体行为习惯的人类动力学建模

8.2.4.1 基于个体行为习惯建模的意义

建模理论是一种重要的科学方法，利用建模结果不仅能够大大减少系统的设计时间，还能提高系统的设计质量。通过统计建模对结果集进行训练与预测是建模领域中一项重要的应用。最初提出的一种基于统计建模的可训练单元挑选语音合成方法。仅处于对人类行为建模的研究的初始阶段。因为人类行为不但由人类复杂的决策模式决定，还受到外界资源等各种因素的影响，因此人类行为的规律往往是难以发掘的。然而随着科学技术的进步，人类的各信息都可以通过数字化的方式方便地统计与获取，可通过人类活动的时间选择机制来定量研究人类行为，解决社会经济系统来源复杂性的问题。

8.2.4.2 基于人类心理学的非排队论

人类日常行为活动，如网页浏览、移动电话通信等，具有明显的非泊松特点，常常在短时间内频繁发生，然后在很长的一段时间内销声匿迹。数据分析结果表明，这种人类活动模式的事件间隔时间分布由幂律分布刻画，并带有衰减缓慢的重尾特征，这种非泊松的阵发行为可能反映了某些人类动力学基本和潜在的普适特征，产生行为习惯。人类活动的阵发现象是基于排队过程的决策结果：若个体依据某种感知的轻重缓急来执行任务，那么任务等待完成的时间分布就会出现重尾特征——其中大部分工作很快被处理，而少数工作需要忍受漫长的等待时间。然而，人类作为一种高等的智能生物，并不会像机器一般一直被动地等待任务，再以某种次序完成任务。按照排队论模型，一个人可能要一直面对无穷无尽的待完成的"任务"。为此，一些研究人员尝试通过考虑人类的心理特性研究人类行为动力学。将人类的记忆特性作为导致幂律分布的另一个重要原因，认为人类对他们过去的活动率有一个直观感觉，并根据以前的活动率确定加速或减速活动，并认为这种与人类以往的活动经验相联系的加速或减速趋势是导致幂律的关键因素。人类的很多活动是被个人的兴趣或欲望所驱动，而一般并不能被视作"任务"，并基于人类对自身行为的兴趣或活性的自适应调节现象，提出了一个非排队论的人类动力学模型。

本节通过综合考虑排队模型与人类的心理特征，提出了一个基于习惯的人类动力学模型。习惯是人类行为中的一项重要特征，人类多数行为都是由习惯决定或受习惯影响的，从每天吃饭、睡觉到每天处理邮件，每天浏览网页，每周末看电影、玩游戏等。这些行为依照每个人的习惯不同而按照一定的周期定时发生,这种习惯性行为导致的周期性事件的发生有可能是导致人类行为的重尾特征的一项重要原因。而对于同类事件中的不同任务,人类则按照一定的方式排序完成。例如,在处理邮件时,先处理重要的,或者先处理较早接收的;浏览新闻时先浏览自己更关注的。为解释这类行为中出现的非泊松特性,本书通过事件已发生的次数与已发生事件的平均间隔时间调整分布函数,模拟人类习惯行为的养成过程;加入随机参数以模拟现实中可能出现的打断习惯行为的突发事件,如资源短缺等,并考虑了每项队列在服务台停留一段时间的情况,以模拟人类对某一件事项的持续关注;最后将模型得到的数值结果与实际数据进行拟合,并得到了较好的拟合结果。

8.2.4.3 模型规则及建立

心理学研究认为,一个人一天的行为中,大约只有5%是非习惯性的,而95%是习惯性的。即使是打破常规的创新,最终也会演变成习惯性的创新行为。心理学研究结果显示:3周以上的重复会形成习惯,3个月以上的重复会形成稳定的习惯。人类的习惯行为通常表现出有规律的周期性,如每天处理邮件、浏览新闻,处理邮件、浏览新闻这些事件以一天左右的时间为周期发生;又如每个周末进行看电影、玩游戏等娱乐活动,则以一周左右的时间为周期发生。其中每个事件中又可能包含多项任务,如多封等待处理的邮件,或多条等待浏览的新闻等。因此模型需包含若干项队列,每个队列代表一项习惯行为,每个队列包含若干等待的任务。这里模型中队列的数目是被忽略的,而着重讨论的是同一队列所代表的事件发生的间隔时间及队列内部的任务执行情况。队列长度为不定长,到达的任务一直在队列中等待。习惯行为导致人类每间隔一定的时间后会重复做同样的事情,同类事件连续发生的间隔时间在某一固定周期时间左右波动,该习惯越稳定,波动就越小。但即使是非常稳定的习惯,事件发生的间隔时间也不会严格地固定在指定的周期时间。对于每日发生的事件来说,当间隔时间在22~26h即可看作稳定的习惯,而不稳定的习惯会导致事件的间隔时间在几小时到上百小时甚至几百小时间波动。对于每星期发生的事件来说,不稳定的习惯会导致事件的间隔时间在几天到上百天波动。事件发生的时间间隔不是服从一个固定不变的分布函数,其分布情况是随时间的变化根据事件已经发生的情况而动态变化的。当该习惯行为被重复的次数越多,发生的间隔时间越接近标准周期时(如24h),该习惯就越稳定,事件发生的时间间隔也越稳定。对于已经养成的稳定的习惯,仍然有可能被临时出现的事情打断,如资源的短缺、不定期的休假等。而当临时事件结束时,如在结束假期后，人们通常回到原来的生活状态，继续保持原有习惯。

按照以上思想，模型建立过程如下。

① 为使习惯行为的周期在多数情况下表现出较稳定的状态，模型假设每项队列连续被选择的时间间隔，即该类事件连续发生的时间间隔的分布函数的概率密度函数服从正态分布：

$$p(\tau,t) = \frac{1}{\sqrt{2\pi} \times \exp(1/\xi)\sigma(r(t),f(t))} \times \exp\left(\frac{(\tau-T)^2}{2\times(\exp(1/\xi)\sigma(r(t),f(t)))^2}\right) \quad (8.1)$$

其中，$p(\tau,t)$表示在时刻 t 事件发生的时间间隔分布；正态分布的参数 σ 是关于 $r(t)$ 和 $f(t)$ 的函数，其中 $r(t)$ 表示到时刻 t 为止事件已经发生的次数，$f(t)$ 表示已经发生的事件的平均间隔时间，使得该分布随着事件已发生的次数和发生的平均间隔时间而变化。

② 参数 σ 的公式为

$$\sigma(r(t),f(t)) = a \times \exp(1/r(t)) + b \times \ln(|f(t)-T|+1) \quad (8.2)$$

其中，a、b 为参数。该式使用相加的两部分分别控制事件的重复次数与已发生事件的平均间隔时间对时间分布的影响。事件已发生次数在初始状态下为 1，$r(t)$ 值为 1，$\exp(1/r(t))$ 值为 e，为使初始时连续事件发生的间隔时间波动的幅度较大，使用参数 a 与之相乘以对 $\exp(1/r(t))$ 放大；随着事件重复次数的增多，$r(t)$ 增大，$\exp(1/r(t))$ 减小，参数 σ 也随之减小，时间间隔分布趋于稳定，人类的习惯行为也越来越稳定。在极限状态下，$r(t)$ 趋于无穷，$\exp(1/r(t))$ 的值减至极小值为 1，此时的时间间隔分布也最稳定。该式后半部分 $b \times \ln(|f(t)-T|+1)$ 用以控制已发生事件的平均间隔时间 $f(t)$ 对时间分布的影响，当 $f(t)$ 与指定的标准周期 T 相差越小时，$\ln(|f(t)-T|+1)$ 越小，参数 σ 也随之减小，时间间隔分布趋于稳定。在理想情况下，$f(t)$ 的值与 T 相等，即人类行为完全按照指定的标准周期定时进行，$\ln(|f(t)-T|+1)$ 为 0，时间间隔分布最为稳定。在极限情况下，$f(t)$ 的值趋于无穷大，$\ln(|f(t)-T|+1)$ 的值也趋于无穷大，则参数 σ 同样趋于无穷大，此时分布情况波动巨大，几乎难以存在习惯行为。参数 b 用于对 $\ln(|f(t)-T|+1)$ 的值适当放大或缩小，控制平均间隔时间对分布造成的影响程度及参数 σ 的大小。因此，习惯的稳定程度决定了连续事件发生的间隔时间波动的幅度。

③ 参数 ξ 是连续区间[0, 0.1]上的随机数。该参数设置的作用是为了模拟现实中随机出现的打断人的习惯安排的事件发生。将该参数的范围设置为[0，0.1]

这个较小的范围，使得习惯行为在较低的概率情况下出现较大的波动。

④ 在排队论中经常假设新任务相互随机独立，并以稳定的速率到达队列，因此本书模型假设队列所代表的事件类型的任务到达的时间间隔服从正态分布，使得任务以理想的稳定速度到达：

$$p(t_{av}) = \frac{1}{\sqrt{2\pi}} \exp\left(\frac{(t_{av} - T_{av})^2}{2}\right) \tag{8.3}$$

⑤ 模型假设每项队列被选择后，服务台将在该队列上停留一段时间 t_{last}，该时间长度服从正态分布：

$$p(t_{last}) = \frac{1}{(\sqrt{2\pi} \times \sigma_{last})} \exp\left(\frac{(t_{last} - T_{last})^2}{2\sigma_{last}^2}\right) \tag{8.4}$$

该项的设置用于模拟人类对某项事件的持续关注。

⑥ 在排队模型中，服务过程通常被模拟为泊松过程，任务选择协议有先进先出、随机选择，或者选择具有最高优先级的任务。本书模型简单地假设每项队列被选择后，顺序执行当前队列中等待的任务，这也相当于每个到达的任务被按照到达的先后顺序赋予优先级，具有高优先级的任务被优先处理，任务的处理时间同样假设为服从泊松分布：

$$P(t_{proc} = k) = \frac{\lambda_{proc}^k}{k!} u e^{-\lambda_{proc}} \tag{8.5}$$

其中，参数 μ 的计算方法如下：

$$\mu = \begin{cases} 1 & (\omega \geqslant \Omega) \\ \dfrac{1}{\omega} & (\omega \leqslant \Omega) \end{cases}$$

其中，ω 为（0,1）之间的随机变量；Ω 为（0,1）之间指定的门限值，用于模拟实际中偶尔出现的需要长时间处理的任务。

8.3 人机协同决策与推理机制

人机协同系统是人与计算机（严格地说为计算机所实现的人工智能子系统）协同组成一个计算系统，来完成认知和决策等任务。而理解与利用这样的系统的关键之处是需要把握人的推理和机器推理各自的长处和短处,便将两者有机地结合起来,更有效地解决问题。因此,有必要对人机协同系统的推理机制进行系统地阐述和分析。为了论述的全面性和系统性,在本节中,首先,对逻辑学中关于推理的一般性知识作简要的介绍;其次,再通过分析人的推理和计算机推理各自的特点,来阐述人机协同系统的实现条件;最后,则论述人机协同系统的结构特征与推理机制。

8.3.1 推理的基础知识

8.3.1.1 逻辑学中的推理概念

推理是从一个或几个已知命题推出新命题的思维形式。任何推理都是由前提和结论两部分构成的。作为推理根据的已知命题称为"前提",根据已知命题推出的新的命题称为"结论",而前提和结论之间的逻辑连接方式,称为推理形式。在探究人机协同系统的推理及其哲学基础时,我们不但要考察推理的形式结构,而且要关注推理的内容和实际发生的过程。

按照有效性的标准,推理分为"必然推理"与"或然推理"。就"思维过程"而言,推理又可分为两大类:抽象推理和形象推理。抽象推理的主要载体是语言,一般包括演绎推理(Deductive Reasoning)、归纳推理(Inductive Reasoning)、类比推理(Analogical Reasoning);形象推理的研究对象却是形象性的事物,包括图像、颜色、图示及形象性的符号等。

无论是传统逻辑还是现代逻辑,所研究的主要对象都是抽象推理的规律。例如,上文中提到的演绎推理、归纳推理及类比推理等,都属于抽象推理的范畴。逻辑学之以所将抽象推理作为主要的研究对象,是因为有一个重要的假定,那就是人类的推理是以语言为载体的。应当说,大部分人在大多数情况下是以语言为载体进行推理或思维的。然而,并不是所有的人在所有的情况下都仅以语言为载体进行推理的,例如,丧失语言表达能力的个体。此外,科学家的创造性思维也有很多不是语言为载体而进行思维的。例如,德国地质学家魏格纳(Alfred Lothar Wegener)提出"大陆漂移假说"的过程,就使用了形象推理的方法。今天,我们已经置身于一个到处都充满了图形世界之中,图形已经构成了我们生活中不可或缺的部分。总而言之,对于人类的智能而言,形象推理的研究也是非常重要的,抽象推理和形象推理缺一不可[7]。

8.3.1.2 人的推理方式

人类在认知世界、获取知识的过程中,对于存在的推理类型和推理的机制做了大量的经验与理论研究。目前比较公认的观点是双重推理假设：在人的认知系统中存在着两个相区别的推理子系统，分别称作系统 1 和系统 2。系统 1 的推理模式具有快的、平行的、自动的、情境依赖的、直觉的、联想的和无意识的等特点；系统 2 的推理则是慢的、串行的、慎思的、抽象的、基于规则的和意识的。从进化的角度看，系统 1 居先于系统 2，且为人类和一些高等动物所共有（程度则有所不同），系统 2 则通常认为是人类所独有的。从功能特征上看，系统 1 的推理与我们通常所说的形象推理相接近，能更直接地表征外在世界的结构和过程，故能快速而直接地反映外在世界中事物的属性和状态，并有效地指导行动；而对命题性知识所进行的操作，则更多地需由系统 2 来完成，因此其接近于抽象推理。

在认知过程中，系统 1 和系统 2 一般处于相互合作与协调的活跃状态，前者自主运行，不断为后者提供印象、直觉、意向和感觉等信息。后者通常处于不费力的放松状态，接受了前者发出的信息后将印象、直觉等转变为信念，将冲动转化为自主行为，运行时只有部分能力参与。系统 1 接近于形象推理，除了具有联想、直觉的基本推理能力外还具有人类的灵感与顿悟等创新性的思维方式。通过灵感与顿悟得到的思想需要更加审慎的推理和更为细致的论证以真正实现科学的发现、技术的发明及思想的创新。

总而言之，人的推理方式是多种多样的。究其原因，是因为人类在进化过程中，只有具有高效的推理系统，才能在残酷的生存竞争中取得优势。在通常情况下，只需快速地对环境做出认知响应，就能够成功地行动，因此，系统 1 就能够胜任并且代价小。而当系统 1 遇到麻烦，特别是需要做出具有前瞻性的决策时，系统 2 就能更好地发挥作用。当然，人之所以有多种多样的推理方式，与人脑的复杂的工作机制密不可分。人脑的工作机制及信息在脑中的形成方式、结构形式和转化过程如图 8.2 所示。

由图 8.2 可以看出人脑最基本的思维过程和思维方法。

外部的光、声、刺激等信息进入感知器官，并转化为神经脉冲。这些含有外部信息特征的原始的层次图形和层次结构的神经脉冲进入脑细胞，脑细胞记住并积累这些外部脑抽取出原始图形集合中各子集的共同部分，从这些共同部分中，生成等价关系。由等价关系将集合划分成等价类，在脑中形成高一层次的集合，集合的整体形成最原始的抽象概念。通过交流信息，进一步深化这种层次关系，并从这些层次关系中，生成更高层次的关系。图形和关系的综合构成了脑对外部世界的看法和认知——一个统一的、连续的整体，即概念。一方面，将各层次关系中的某些具有特殊意义的关系固定下来，组成一个相对稳定的系统——逻辑系统或因果系统；另一方面，概念进一步升华，即产生意识、情感等高级智能因素。在这里，概念和意识是整个思维的基础。概念是人们对事物最直接、最表象的认知，是同一种同一类事物的集合在大脑中的映射。它来源于人们的感知器官对外部事物的感觉、印象或认识，这种感觉、印象或认知多了、深刻了，就形成了概念。而较高级的概念都是从较低级的具体概念或原始概念中派生出来的。而概念进一步组合和发展，就会产生出命题、推理、意识、情感等更高级的因素。总而言之，由于人的大脑有着复杂的工作机制，从而使得人类具有多种多样的推理方式。

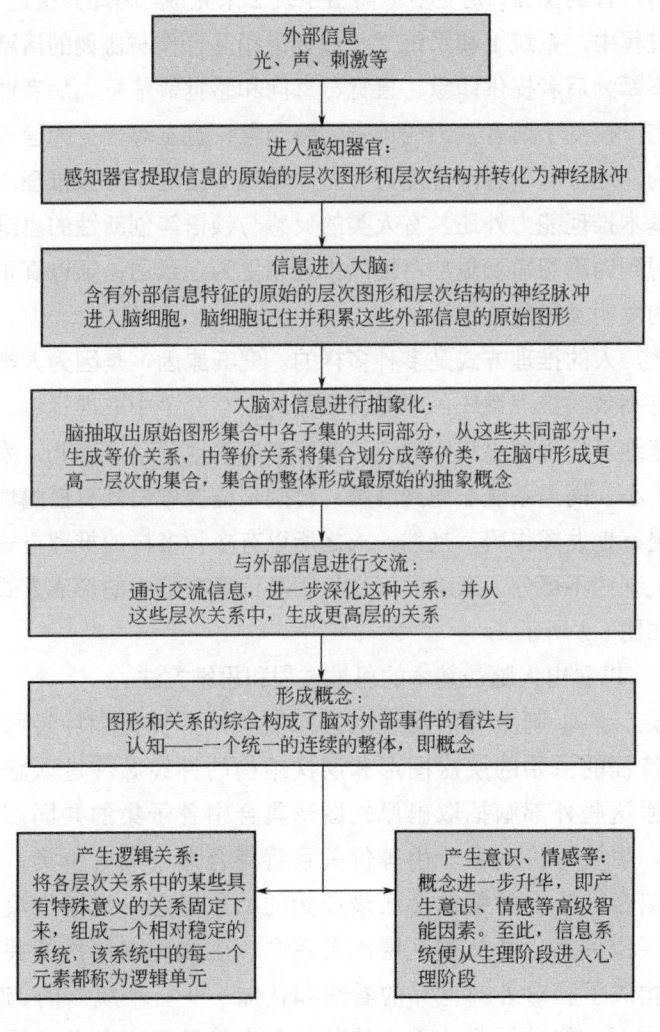

图 8.2 人脑的工作机制

8.3.1.3 计算机的推理方式

计算机的推理功能由计算机实现，而目前的计算机普遍采用的都是冯·诺依曼结构，因此计算机所实现的推理类型，无论是演绎推理、归纳推理、类比推理等抽象推理，还是形象推理，以及不确定推理，都需要人类将推理前提和推理过程形式化与程序化，以便在计算机上实现。

1. 抽象推理

计算机的演绎推理、归纳和类比推理的能力在不断发展之中。例如，计算机在面对一些数学定理的证明，还有四色问题的证明等问题时，计算机的自动推理已经很好地完成了证明任务。

自动推理（Automated Reasoning），就是用计算机帮助人们进行推理。到目前为止，想要用计算机全面取代人进行推理是尚不能达到的。但是在各种不同领域、相对狭窄的范围内，逐步用计算机推理取代人的工作，却是切实可行的。例如，波兰数学家塔斯基（Alfred Tarski）在1950年证明了初等代数与初等几何的定理证明都是可机械化的。王浩于1959年在"IBM704计算机"上仅用9min，就证明了罗素、怀特海所著《数学原理》（*Principia Mathematica*）中数百余条数理逻辑定理。1976年，数学家阿佩尔（Kenneth Appel）和哈肯（Wolfgang Haken）借助于计算机证明了"四色定理"，引起了数学界的轰动。

2. 形象推理

计算化形象推理能力跟人比尚有差距，但是也在不断发展之中。例如，2011年，在美国加利福尼亚州山景城中的Google X实验室里，研究人员从YouTube视频中抽取了大约1000万张的静态图片，并且导入一个由1000台计算机组成的像幼儿大脑一样的神经网络系统Google Brain里。在开启了寻找模式的3天之后，Google Brain能够只依靠自己就能区分出某些特定的分类：人脸、身体，还有猫。

目前，计算机科学和技术及人工智能的发展非常迅速，在计算机上可实现推理的种类的范围也在不断扩展。尤其是"机器学习"（Machine Learning）的不断发展，计算机已经有了初步的自主学习能力及推理能力。然而，就当前的技术水平而言，计算机可实现的推理种类、范围较人类相比，还有很大的差距。计算机在复杂系统推理方面，欠缺人类所具有的灵活性。而且，如灵感、顿悟等创造性的推理方式，计算机尚不能实现。

8.3.2 人机推理对比

8.3.2.1 人机推理方式对比

人脑与计算机的工作原理大致相同：人脑通过感官系统获取信息，然后存储与加工信息，再通过身体产生反应信息。计算机通过输入设备获取信息，然后存储与加工信息，再通过输出设备输出信息。然而，人脑和计算机在结构、工作机制和所实现的功能上也有着诸多不同。人脑中包含数百亿个乃至数千亿个的神经元，每一个神经元独立工作，可处理大量信息，即人脑是采用并行方式工作的。而且人脑处理信息不是按照特定的程序进行的，而是依靠神经元之间的结构来进行的。人脑中，每个神经元有约10000条通路与其他神经元相连接，形成了一个非常复杂的网络，可处理各种各样非常复杂的信息。而计算机则不同，冯·诺依曼结构计算机是采用串行方式工作的，必须依照规定的程序顺序运行，无法避免"冯·诺依曼瓶颈"的问题。另一方面，冯·诺依曼计算机结构简单，在遇到一些复杂系统的时候就显得无能为力了。

同时，人脑的结构、工作机理和实现的功能非常复杂，虽然人类对大脑的研究已经进行了不懈的努力，研究资源的投入也在不断地增加，美国政府计划出台一项探索人类大脑工作机制、绘制脑活动全图的研究计划，但是直到目前为止，人类对大脑的结构、工作机制和功能也没有完全研究清楚。对照之下，尽管现代计算机发展也非常迅速，还出现了很多新型的计算机，如光子计算机、量子计算机、生物计算机等，但是由于人脑的结构、工作机制和功能的研究没有完全清楚，用计算机来完全模拟人脑、完全实现甚至完全超过人脑的机理和功能目前看来似乎也是比较遥远的事情。

8.3.2.2 人机机能优缺点对比

人和计算机在信息处理与推理机能方面各有优缺点，以下分四个方面分别描述。

① 信息的输入方面。

视觉感受上，人眼的成像分辨率很高，但人眼视野狭小，且只能感受可见光部分。而计算机的视觉感应设备的分辨率非常之高，而且可对远至数十亿光年之外的星系，近至物体的原子、分子、可见光、非可见光等都可以感应到且感应范围非常广泛。在听觉感受上，人耳对声音的物理特征不太敏感，而对其社会特征十分敏感，如对音乐的感受、话语的感受等。计算机对声音的物理特征，如频率、振幅、相位等十分敏感，但对声音的社会特征感觉迟钝。

在触觉、嗅觉、味觉方面，人的感受性非常敏感，而计算机远远比不上人脑，目前还停留在物理和化学探测水平之上。

② 信息的加工和存储方面。

首先，人脑的计算能力比较弱，精度也不是很高，经常容易犯错误。而计算机的计算功能和信息处理能力目前达到了非常高的水平，在大量的、重复的计算能力、精确度和速度方面超过了人脑，而且还在不断地高速发展和完善之中。因此，广泛应用于一些规律性或者精度要求很高的领域，如运算、统计、控制、制图、设计等领域。其次，人对于抽象推理、形象推理都很擅长，对于语言的应用也非常灵活。计算机对图形的区分、语言语音的翻译等方面还有诸多困难。在自我学习与推理方面跟人相比还有很大差距。最后，人脑的记忆存储能力非常强大，想象与联想能力也很突出。计算机的存储能力在不断扩展，然而对信息的优化组合以及关联存储能力跟人脑相比还存在很大差距，这也是计算机的发展目标之一。

③ 信息的输出方面。

计算机可以使用文字、图像、声音、视频等多种方式来实现输出。而人的表达方式则更加多种多样，如语言、文字、表情、肢体动作等。在其他一些方面，人还具有情感、意志及人的社会性等多种表现形式，而这目前是计算机所不具备的。

④ 信息处理的可靠性与效率方面。

人的可靠性较差，特别是在疲劳时出错率大为增加；而计算机的可靠性很高。并且人的计算速度、精度比计算机也要低得多。

总而言之，人与计算机在推理方面各有优缺点。计算机的优势在于强大的计算能力、演绎推理能力，归纳推理、类比推理、形象推理的能力也在不断完善中。人则具备计算机所欠缺的灵活性、创造性等。人与计算机相互协同，共同处理各种复杂的问题，应当说是一条可行乃至必由之路。

8.3.2.3 人机协同系统的实现条件

由于人类面对的问题越来越多，也越来越复杂，仅靠人类自身的力量难以解决。计算机自发明之日起，就成为协助人类工作的优秀工具。特别是涉及一些计算和推理问题时，计算机有着人类难以比拟的速度和精度。但是与此同时，计算机与人类相比也有一些缺陷，尚不能完全模拟人类的智能，缺乏灵活性与创造性，尚不能完全代替人进行工作。

人和计算机相互协同，各自发挥自身的推理长处，组成人机协同系统，目的是更好、更快地实现一系列问题的解决。在人机协同系统中，人机任务分配体制如图 8.3 所示。

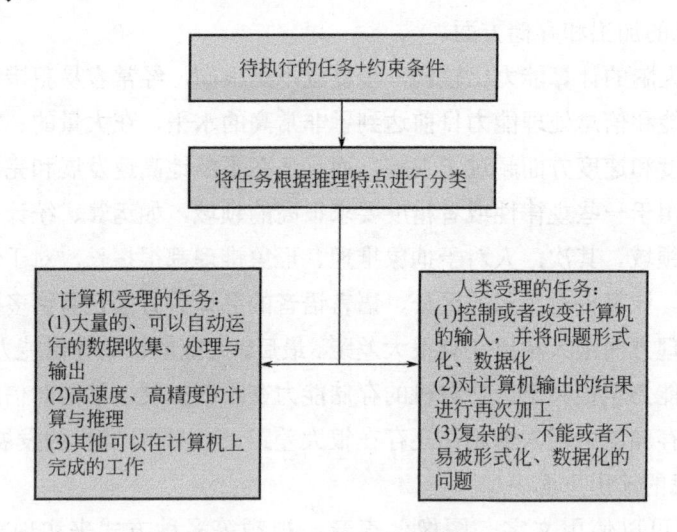

图 8.3　人机任务分配体制

由图 8.3 可知，计算机通常可以负责：大量的、可以自动运行的数据收集、处理与输出；高速度、高精度的计算与推理；其他可以在计算机上完成的工作。而人类通常可以负责：控制或者改变计算机的输入，并将问题形式化、数据化；对计算机输出的结果进行再次加工；复杂的、不能或者不易被形式化、数据化的问题，例如，在计算机上不同的算法得出的结果可能不同，这就需要人类综合考虑各方面因素，进行评估与决策，从所有的结果中选择出最优解；其他一些计算机不能处理的工作。

人类与计算机合理分工，共同协作，可以更好、更有效地处理各种复杂的问题；人机协同系统因此成为必要与可能。

8.3.3　人机协同系统的结构特征与推理机制

8.3.3.1　人机协同系统的结构特征

人机协同系统可简单分为三大部分：人、人机交互接口、计算机，其结构如图 8.4 所示。其中：人通过观测得到的数据，通过分析、推理和决策判断得到的结果，经过人机交互接口传输给计算机。对计算机输出的结果进行再次加工，例如，进行结果的评估与决策。人机交互接口为人与计算机进行信息交互的接口界面。人机交互接口应当尽可能提供全面、透彻、灵活的直观信息；人与计算机可以通过计算机语言、自然语言以及图形等方式进行对话。计算机可以分为数据库、规则库、进程方法库以及推理机。数据库是概念、事实、状态以及假设、证据、目标等的集合。规则库是规则、指示等因果关系或函数关系的集合。进程方法库是问题分解、搜索、匹配和文件链接等过程和步骤的集合。推理机则主要用来实现推理功能。计算机中，关于数据和知识的存储应当安全可靠，不受扰动和破坏。

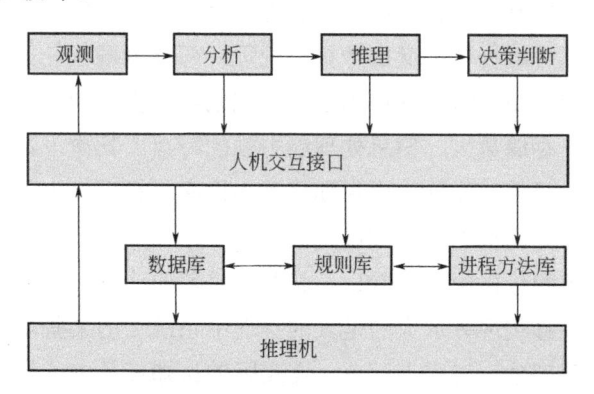

图 8.4 人机协同系统结构图

8.3.3.2 人机协同系统的推理机制

人机协同系统的推理过程可以分为以下步骤：

① 人把观测到的数据，经过分析、推理和判断之后的结果通过人机交互接口输入计算机；

② 计算机通过数据库、规则库、进程方法库，对输入的结果进行分析、搜索、匹配和评价，并传输给推理机进行数据推理，推理机再把推理的结果反馈给人；

③ 人化协同推理：如果有些算法或者模型已知时，通过人机交互接口确定某些参数，选择某些多目标决策的满意解；

④ 如果算法或者模型未知，则基于人自身经验，对结果进行评价和选择，实现最终的推理与决策。

在人机协同系统中，如何使得人与计算机充分发挥各自的优越性？即人与计算机的工作任务如何分配?人与计算机的工作任务应当按照以下的原则进行：

$$\min_{\beta_i^h}\sum_{i=1}^n \beta_i^h E_i^h = A - \max_{\beta_i^c}\sum_{i=1}^n \beta_i^c E_i^c \qquad (8.6)$$

其中，A、E_i^h、E_i^c 分别为任务的总工作量、人担负的工作量和计算机担负的工作量，$i=1,2,\cdots,n$ 是任务序号。β_i^c、β_i^h 分别定义为

$$\beta_i^c = \begin{cases} 1 & (\text{计算机执行任务时}) \\ 0 & (\text{其他}) \end{cases} \qquad \beta_i^h = \begin{cases} 1 & (\text{人执行任务时}) \\ 0 & (\text{其他}) \end{cases} \qquad (8.7)$$

为了实现这一原则，可将全部任务分为三类：可编程任务、部分可编程任务和不可编程任务。可编程任务交由计算机处理，部分可编程任务通过人机交互接口由人机协同处理，不可编程任务则由人来完成。人机协同系统首先可以发挥计算机计算速度快、存储量大、信息处理能力强的特点。其次，计算机的知识库具有很大的灵活性；可随时删除、更新和修改知识库。最后，由于采用了人机交互接口，可以使人与计算机更为高效地交换信息。

从以上的阐述和分析中可以看出，就基于目前的计算机所建立的人工计算系统来说，其真正能够实现并放大的是人的推理中系统 2 的某些功能，特别是基于规则的计算和推理部分。对于人而言，在实际的认知任务中，如果能够从具体的计算、推理和可形式化的评判的重负中解脱出来，就能够在创造性思维中投入更多的精力。这样，人机协同系统可以使人与计算机充分发挥各自的优越性，从而共同完成更为复杂、更为困难的工作。然而在人类运用人机协同系统去解决面临的各种问题时，是否能够通过构建越来越具有更多学习和推理能力的人工智能系统，从而不断地将人的推理能力向人工系统迁移，产生出更为自主的认知系统呢？从目前人工智能发展的状况和趋势看，答案无疑是肯定的[8]。实际上，我们可以看到，近年来人工智能的发展过程恰好显现出这样一种迁移：从开始只是人工智能系统帮助人进行辅助性的计算、推理和决策，到人工智能系统本身具有越来越多的自主学习和推理能力，甚至一些系统已经具备了原本只有人的推理子系统 1 才具有的直觉能力。这样一种迁移表明人机协同系统的推理机制实际上是一个动态过程。

8.4 人本控制系统架构

虽然关联特征向量是一种非常优秀的故障特征组织和故障表征方式，但是，

要成功地将关联特征向量应用于故障诊断,还必须解决两个问题:一个是对于一个具体的故障样本空间,如何确定其主导特征、依赖特征,以及它们之间复杂的联系,即建立其关联特征向量的组成结构和逻辑结构;另一个是对于一个具体的故障样本空间,当知道其关联特征向量的组成结构和逻辑结构时,如何提取每一个样本的关联特征向量。

8.5 人机协同系统案例

实例分析:"沃森医生"——"肿瘤专家顾问"专家系统。

8.5.1 "沃森"简介

"沃森"墙由 IBM 公司的首席研究员费鲁奇(Ferrucci)所领导的"DeepQA 计划小组"于 2007 年开始研发的一个人工智能系统,以 IBM 创始人托马斯·沃森(Thomas John Watson)的姓命名。沃森是一个智能认知系统,可以通过"理解自然语言,基于证据生成假说,自我学习"等方式处理信息。

硬件方面,沃森是由 90 台 IBM Power750 服务器(还包括 10 个机柜里额外的输入/输出端口、网络和集群控制器节点)组成的集群服务器,共计 2880 颗 Power 7 处理器核心以及 16TB 内存。Power 7 处理器是当前 RISC 架构中最强的处理器。它采用 45nm 工艺打造,每台处理器拥有 8 个核心,32 个线程,主频最高可达 4.1GHz,其二级缓存更是达到了 32MB。沃森的硬件配置可以使它每秒处理 500GB 的数据。软件方面,沃森使用 Linux 操作系统,采用的是 Apache Hadoop、Apache UIMA 框架;沃森的软件由 Java 语言和 C++语言写成的,使用 IBM 开发的软件及其 DeepQA 软件以及其他各种应用软件。沃森使用了 100 多项不同的技术和算法,包括上文提到的主观贝叶斯方法、证据理论、模糊推理、粗糙推理等方法,用来分析自然语言、识别来源、寻找并生成假设、挖掘证据以及合并或者推翻假设。

目前,沃森最为著名的成就是,2011 年 2 月 16 日,在美国广受欢迎的电视智力竞赛节目《危险边缘》中击败了该节目历史上两位最成功的选手肯·詹宁斯(Ken Jennings)和布拉德·鲁特(Brad Rutter),成为《危险边缘》节目新的冠军,并赢得了 100 万美元的奖金。这是该节目有史以来第一次人与计算机的对决,并因为计算机的胜出而广为人知。

8.5.2 "沃森"的工作机制

以下从沃森参加《危险边缘》为例,阐述沃森的核心——DeepQA 系统的推理机制,如图 8.5 所示。

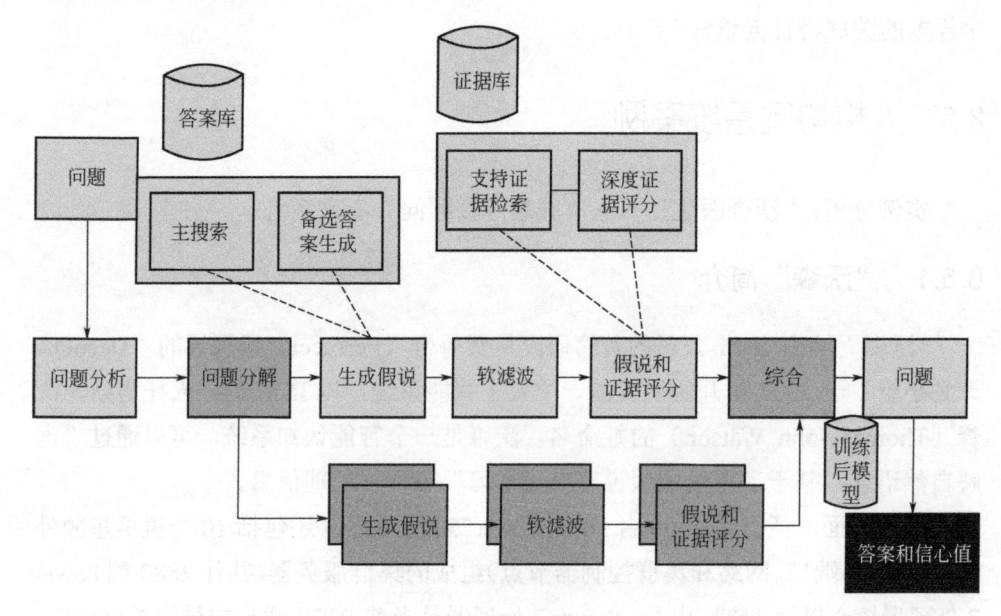

图 8.5 DeepQA 顶层架构图

DeepQA 系统是沃森的核心,其推理机制如下。

8.5.2.1 准备工作:建立知识库

想要用 DeepQA 系统来回答《危险边缘》里的问题,需要预先搜集各个领域的材料。研究小组会分析一些模拟问题,并基于这些问题来指定沃森的知识库需要覆盖的基本范围,形成一个包含了各种字典、百科全书、文学、历史、艺术、科技、新闻等内容的知识库的基本包。然后 DeepQA 会运用以下方法自动生成一个知识库的扩展包,分为四个步骤:依据知识库基本包中的某个"基本文档",从网上取得可能的相关文档资料;摘录相关文档资料中出现的知识点;根据这些知识点所覆盖到的新信息来给知识点打分;将新信息中详细的知识点加入知识库的扩展包中。

在比赛中,沃森将断开网络,只能使用保存在内存和硬盘中的知识库的基本包加扩展包作为自己的知识储备。

8.5.2.2 问题分析

在这一环节，DeepQA 尝试去"理解"问题，企图"理解"清楚问题到底在问什么；同时做一些初步的分析来决定选择哪种方法来应对这个问题。

① 问题分类：

面对一个问题时，DeepQA 首先会分析问题语句的主语、谓语、宾语等结构，进而提取问题中需要特殊处理的部分；包括一词多义、从句的语法、语义、修辞等可能为后续步骤提供信息的内容。然后 DeepQA 会判断问题的类型。问题可能属于解谜题、数学题、定义题等不同的类型，而每种类型都需要各自的应对方法。DeepQA 在这一步还会识别出双关语、限制性成分、定义性成分，甚至有时能识别出解决问题所需的整个子线索。

② 定型词（LAT）：

有些题目中的关键词能让 DeepQA 在没有进行语句分析时就判断出答案的类型。这类关键字称为定型词（Lexical Answer Type，LAT）。判断某一个备选答案是否对应一个定型词是重要的评分方法。DeepQA 系统的一大优势就是可以利用各种相互独立的不同的分类算法，其中大部分的算法都依赖于自己的分类系统。DeepQA 研究小组发现，最好的方法不是将它们整合到同一个分类系统中，而是将定型词映射到各自不同的分类系统中，即在不同的分类系统中使用不同的算法。

③ 问题分解：

DeepQA 使用"基于规则的深度语法分析"算法来确定一个问题是否应该被分解，以及运用"统计分类"的算法来明确问题应当怎样被分解。这种分解的基本假设和遵循的原则是：在考虑了所有证据和相关算法之后，最优的分解所得的答案将会在评分环节占据优势。虽然有些问题并不需要分解就能形成答案，但是这种方法仍然会提高 DeepQA 对于所得答案的信任指数——也就是正确的可能性。对于可以并行分解的问题，DeepQA 会对分解后的每一个子问题做一套完整的备选答案生成流程，然后使用"专用的答案合成模块"来综合形成最终的备选答案。DeepQA 也支持那些分解后的子分支呈网状交织的问题。对于这类问题，DeepQA 会对线索网中的每一条线索进行一次完整的备选答案生成流程，然后使用专用的算法来合成最终的备选答案。为某些特定问题开发的专用的合成算法可以作为插件轻松地加入整个"专用的答案合成模块"的公共框架中。

8.5.2.3 生成假说

使用问题分析和问题分解的结果，DeepQA 可以从知识库中寻找那些接近答案所需长度的知识片段，产生备选答案。当每个备选答案填入题目中的空缺处后就成为一种假说，而DeepQA则需要怀有不同程度的信任指数来证明这种假说的正确性。对于在"生成假说"中进行的搜索，称为"主搜索"，以区别后面将会提到的在"证据搜集"中的搜索。

8.5.2.4 软滤波

在备选答案的数量与备选答案准确度的平衡中，一个关键步骤是进行初步量化评分的算法。这个算法会将数目庞大的初始备选答案缩减到一个合理的数量，然后才交给深度评分算法，这一步称为"软滤波"。

8.5.2.5 假设和证据评分

通过了软滤波考验的备选答案将会经历一段非常严格的评估过程，包括收集额外的支持证据以及应用各种不同的深度评分算法来评估这些支持证据。

8.5.2.6 最终融合及排位

最终融合及排位的目的是基于当前的证据和评分，从数十种、数百种备选答案中找到一个最优解，并计算对它的信任指数。

8.5.2.7 答案融合

一个问题的不同备选答案可能形式各异，但含义相同。沃森可以识别等价或者相关的备选答案，例如"孙悟空"和"齐天大圣"，"长江"和"扬子江"，并通过"共指消解"将等价或者相关的备选答案相互合并来得到最终融合分数。

8.5.2.8 排名和信任指数计算

在答案融合之后，DeepQA系统必须给备选答案排名，并且根据答案融合后的分数来计算信任指数。在这里，DeepQA系统使用了机器学习的方法：工程师们先准备一套已知正确答案的问题，让DeepQA来尝试给出对应的备选答案，并将备选答案中的正确答案赋予最高的评分，从而逐步训练出一个最终的评分模型。在沃森经历了所有计算和排名之后，如果排名第一的备选答案信任指数超过50%，沃森将确定该备选答案为最终答案，并将最终答案以及信任指数展示出来。

沃森的DeepQA系统有别于经典的人工智能技术，因为沃森使用的方法基于日常语言的模式，而不是依赖于由固定关系支配控制的词汇规则。实际上沃森处理问题的能力比经典的人工智能系统更加精确。

从《危险边缘》的最终结果来看，沃森回答问题的正确性是非常之高的，并且成功击败了两位非常强劲的人类对手，获得了最终的冠军。在此之后，沃森以及 DeepQA 系统处理问题的效率和准确性无疑得到了广泛的认同。

8.5.3 沃森医生——"肿瘤专家顾问"专家系统

2013 年 10 月 18 日，"沃森医生"在美国得克萨斯大学 M.D.安德森癌症中心正式投入应用。该中心与其他机构开发出一款用于诊断和治疗癌症的专家系统，命名为"肿瘤专家顾问"（Oncology Expert Advisor，OEA）。"肿瘤专家顾问"的核心也正是沃森，沃森从病人病例和丰富的研究资料库中寻找资料，为临床医生提供有价值的见解，从而帮助医护人员找到最有效的治疗方案。"肿瘤专家顾问"目前已经在处理白血病、乳腺癌、肺癌等领域取得了一定的效果。沃森民生——"肿瘤专家顾问"的诊断过程如图 8.6 所示。

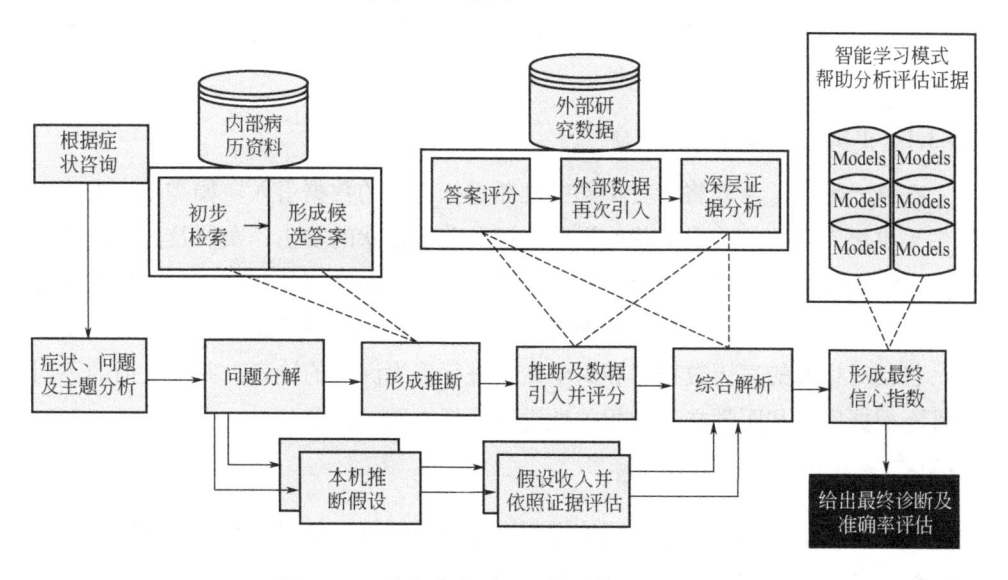

图 8.6 "肿瘤专家顾问"的诊断过程结构图

沃森的"肿瘤专家顾问"，与《危险边缘》中一样，同样采用的是 DeepQA 框架结构。"肿瘤专家顾问"专家系统的诊断过程与《危险边缘》答题过程类似。

8.5.3.1 建立知识库

在此过程中的第一步，沃森会摄取一系列文献（如关于乳腺癌治疗的公开发表的文献，作为给定领域的基础信息来源）即建立知识库。这些文献可以是各种不同的数字编码格式，包括 HTML、Microsoft Word 或者 PDF 格式，然后沃森会进一步验证这些文献的相关性和正确性，并且会剔除任何可能会产生误导或者不正确的内容。例如，一个受人尊敬的研究员对乳腺癌的临床报告对于评估手术具有相当大的参考价值——除非这是一篇发表在 1870 年《英国民学杂志》上的文章，并指出乳房切除手术是最好的选择。在这一步，沃森的工作就是要选择出合适的文章，并放入自己的数据库中。

8.5.3.2 基于症状的问题分析

在这一环节，沃森会基于病人的症状进行问题分析、分类和分解，并根据病人的症状（如"痰液中有血丝"）对知识库进行初步检索，包括对相关的医学文献以及相关的病历内容进行检索，并形成候选答案。

8.5.3.3 形成推断

沃森会基于不同的候选答案排列出不同的推断，沃森需要怀有不同程度的信心指数来证明这种推断的正确性。

8.5.3.4 推断及数据引入和评分

在这一阶段，沃森将会对不同的推断进行再次的数据引入，如需要病人或者医生提供更为详细的关于症状的说明，以及关于症状的发生、发展及其变化的经过；同时提供病人的既往史，即病人本次发病以前的健康及疾病情况，特别是与现有症状有密切关系的疾病。沃森将根据更为详细的症状描述进行深层的数据分析，包括对相似的病历数据库和医学文献进行更为深层的检索；并对之前的不同的推断根据病历和医学文献的相关性进行信任指数的评分。

8.5.3.5 最终诊断和准确率估算

在这一步中，沃森会对不同的推断进行综合解析，并根据不同推断的信心指数进行排名，如果某个推断超过了规定的最小，沃森将会认定该推断为最终的诊断结果，并给出最终诊断结果的信心指数——即准确率的估算阈值。同时，沃森将根据最终的诊断结果，结合相关的病历和医学文献，给出治疗该疾病的建议。根据测算，在输入病人症状的描述之后，沃森只需 30s 就可以得出最终的诊断结果，并给出治疗建议。沃森的诊断准确率达到 73%，并且在不断地提高。作为世界公认的最好的肿瘤专科医院，M.D.安德森癌症中心每年有超过 10 万名来自世界各地的病人，其累积的肿瘤临床数据和医学知识不计其数，不论深度和广度，都为病人护理和临床试验提供了宝贵数据。沃森可以把这些数据有效部署到病人治疗流程当中，有了它，M.D.安德森癌症中心得以建立一套全新的诊治体系。病人来中心就医后，系统将创建一套医疗过程、临床病史档案，与来自中央病例数据库中的临床案例信息进行纵向收集、提取以及整合，并对接与已发表医学文献、研究知识库，沃森的肿瘤专家顾问可以迅速生成诊断结果，并提供个性化治疗与病情管理选项。

沃森会将癌症病人自动匹配到适当的临床试验中，在证据和经验的基础上，为病人提供参与临床试验中新型疗法的机会，从而更有效地与癌症展开斗争。沃森还可通过比较来确定病人对于不同疗法的机体反应，发现分歧之间的共性，以帮助分析检验的结果，从而推进研究人员和临床医生不断推进癌症治疗的方法。

8.5.4 沃森医生与人类医生共同协作

目前，计算机的基本能力在于大量、复杂的计算以及一定程度的逻辑推理，而人的长处包括细微的感知、经验判断，以及形象思维、综合把握。以"沃森医生"等医疗辅助诊断系统为例，人们希望这些专家系统可代替或者一定程度上代替人的工作或作用。医生所促使做的工作主要包括：检查、诊断、开药等工作，实际上，"沃森"等专家系统已经很好地实现了诸如数据收集、复杂计算、逻辑推理、辅助诊断等功能。

但是，这并不意味着，沃森或者计算机就可以完全取代甚至超越医生的工作。目前来说，要考虑"计算机能否取代医生"这一问题，还为时过早。虽然人们认为"沃森医生"非常有效，但人们仍然强调"沃森医生"暂时还不能完全替代人，仍然只能充当医生助理的角色。实际上，在医疗诊断中，计算机可以辅助进行正常、异常的分类，然而计算机缺乏人脑对于知识理解和应用的灵活性，也不具备一名医生通常所需要的判断力和直觉；但是疾病的判断和结论通常离不开有经验的医生及其会诊，而医生的诊断过程，往往离不开经验、直觉的作用。在真正的医疗实践中，医生在任何时候都不会盲目接受一台计算机的建议，而是要经过自己的思考和分析才能确诊与提出治疗方案。而且，行医远远不是处理数据这么简单，对病人和家属的情绪抚慰，在实践中把握细微差别、学习掌握不确定性，都离不开人类医生。因此，人机协同、共同完成医疗诊断的推理过程，才是最终的发展方向。

参考文献

[1] 希玛，拉斯马森，等.无人机协同决策与控制——面临的挑战与实践应用[M].北京：国防工业出版社，2012：45-50.

[2] 黄长强，王勇，等.多无人机协同作战技术[M].北京：国防工业出版社，2012：65-69.

[3] 曹文静.多无人机协同体系结构研究[M].北京：国防工业出版社，2017：32-36.

[4] 拉巴特，莱舍万，等.协同无人机系统安全性与可靠性[M].北京：国防工业出版社，2015：83-85.

[5] 付艳，汤贤，等.基于人机协同的人形机器人实时任务规划[J].华中科技大学学报，2017（1）：96-100.

[6] 符小卫，李建，等.带通信约束的多无人机协同搜索中的目标分配[J].航空学报，2014（5）：134-139.

[7] 张建明，魏小鹏，等.创新概念设计的人机协同方法[J].工程图学学报，2004（03）：91-95.

[8] 郭红，张丽敏，等.人机协同制造系统可靠性试验与评估[J].中国工程机械学报，2007（2）：55-61.